金融兴衰

2007–2009年全球金融危机启示录

Financial Boom and Gloom

The Credit and Banking Crisis of 2007–2009 and Beyond

[美] 迪米特里斯·肖拉法（Dimitris N. Chorafas） 著

应惟伟 校

应惟伟 刘 鹏 金华 等 译

中国财政经济出版社

图书在版编目（CIP）数据

金融兴衰：2007—2009 年全球金融危机启示录/（美）迪米特里斯·肖拉法著；应惟伟译．—北京：中国财政经济出版社，2010. 5

书名原文：Financial Boom and Gloom

ISBN 978 - 7 - 5095 - 1823 - 6

Ⅰ. 金…　Ⅱ. ①迪…　②克…　③应…　Ⅲ. ①信贷管理 - 研究　②金融危机 - 研究　Ⅳ. F830. 51　F830. 99

中国版本图书馆 CIP 数据核字(2009)第 163826 号

责任编辑：付克华　　责任校对：张　凡

封面设计：中国人民大学艺术学院科研中心　　版式设计：北平面

中国财政经济出版社出版

URL：http：//www. cfeph. cn

E - mail：cfeph @ cfeph. cn

社址：北京市海淀区阜成路甲 28 号　邮政编码：100142

发行处电话：88190406　财经书店电话：64033436

北京财经印刷厂印刷　各地新华书店经销

787 × 1092 毫米　16 开　20. 25 印张　241 000 字

2010 年 5 月第 1 版　2010 年 5 月北京第 1 次印刷

印数：1—3 060　定价：48. 00 元

ISBN 978 - 7 - 5095 - 1823 - 6/F · 1525

图字：01 - 2009 - 4284

（图书出现印装问题，本社负责调换）

本社质量投诉电话：010 - 88190744

“它喝醉了，现在正头疼呢”

乔治·W. 布什对华尔街风暴的分析，

见《经济学人》2008 年 8 月 9 日第 4 页

目录

第三篇　银行监管者及其职权范围

前言

如果金融与经济学是一门艺术的话，那么对于我们的子孙后代来讲，2007 年 7 月和 8 月以来在次级贷款领域发生的一切就会是一件博物馆的收藏品，然而事实并非如此。约翰·梅纳德·凯恩斯曾经说经济学是沉闷的科学。由于艾伦·格林斯潘，经济学变得的确沉闷，这算是近十年来第二大泡沫的副作用吧。

信用评级机构标准普尔公司认为，虽然越来越多的个人与公司不得不在 2008 年就寻求再融资，但是再融资的高峰直到 2011—2014 年才会出现。在此之前，最具可能性的是，由担保债务凭证（CDOs）给西方金融体系带来的灾难性打击，则由信用违约互换（CDSs）带来的规模更大的打击所延续。所以我们从 CDOs 上学到的教训，必须用于提前应对 CDSs 和拍卖利率证券（ARSs），后两者恰恰是华尔街最近沉迷的东西。

* * *

现在的信贷危机、银行危机、信心危机都肇始于 2007 年中期的美国住房泡沫以及次级抵押贷款市场的崩溃。这种崩溃本身就已经非常严重，但它又被抵押银行、商业银行、投资银行以及其他对有问题住房贷款进行证券化和出售的机构的高杠杆行为所恶化。

抵押贷款和其他抵押贷款组合成资产池，这种资产池被分割成不同档次，然后在全世界范围内当作债券出售给银行、养老基金、保险公司、对冲基金以及其他各种各样的被称为“投资者”的机构。没有人知道，或者想知道，他们承担了多少风险以及在最坏的情况发生时如何管理风险敞口。

在被打包成一种复杂的结构化金融工具——担保债务凭证之后，次级抵押贷款资产池中质量较好的种类被独立评级机构评为最高的资信等级——AAA 级，尽管人人都知道它们不过是垃圾债券而已。有的银行甚至把它们列为可调整的资本，而监管机构也睁一只眼闭一只眼，直到 CDOs 成为“信贷飓风”的风眼。在这场危机中：

• 净资产很少的家庭购买了他们负担不起的房子，因为美国人梦想得到房屋所有权，他们认为“你的房子就是你的城堡”。

• 所有的银行家都剥削了这些人，其目的不仅是为了收取费用，而且主要是为了创造能够提供丰厚回报的新型高风险金融产品的原材料。

• 银行购买它们知之甚少的其他银行的 CDOs，使其自己的杠杆率高达 30 倍（如现在已经不存在的贝尔斯登公司）至 40 倍（如雷曼兄弟公司）。

然后它们把抵押支持证券进行重新组合与分割，再卖给美国与欧洲的其他银行，以及各种各样的投资者。当这些抵押贷款被重新打包出售，如此反复 10—30 次时，监管机构视若无睹。这些交易的杠杆程度甚至比能源期货市场还高，而在石油期货市场，一桶原油在被抽出地面之前就已经被买卖了 14 次之多。美联储、证券交易委员（SEC）以及其他监管机构都抱着市场能够自我修正的错误理念，眼睁睁地看着这一切发生。

格林斯潘的美联储非但没有对市场进行控制，反而对每个投资者的高杠杆行为表示欢迎，因为新房主很高兴。布什政府愉悦地看着金融版图被重新规划，并且 CDOs 的全球销售给美国带来了英镑、欧元、日元和人民币以填补（至少是暂时性的）部分美国的经常账户赤字的好处。

但这种金字塔式的运作最终走到了尽头。只要美国房价上涨，每个人都能获利。而一旦次贷泡沫崩溃，房屋所有者和银行业都深陷泥潭。然而，次贷虽然是 2007 年危机的源头，但是已经成为历史事件——尽管它们的火焰还在燃烧，而其广度、深度和持续时间仍不得而知。国际货币基金组织认为次贷的“黑洞”最终将达到 1 万亿美元。

没有一个银行的交易头寸或资产组合是无风险的，因为只有承担风险，银行业才能赚钱。但是我们必须根据限制条件、可控条件和审计规范来稳步测算风险。

今天的问题在于不仅需要加强银行特别是大银行的管理，而且也需要加强对它们的监管。2008 年 4 月 1 日，亨利·考夫曼博士——也许是健在的最优秀的经济学家——在接受电视采访时说：

- 如果有些银行太大了以致于不能倒闭，
- 那么就需要对它们进行非常严格的监管。

考夫曼建议说，有 25—30 家美国银行和其他金融机构是规模太大而不能倒闭的，因此需要有一个特别的监管机构严密监管它们，以确保金融体系的稳定性。同样的原则也适用于欧洲、亚洲、太平洋盆地和美洲的大银行。

2008 年 4 月 9 日，在哈佛俱乐部的讲演中，德高望重的美联储前主席保罗·沃尔克博士指出，如果实体经济没有出现问题，一般不会发生金融危机，他补充说道金融体系没有经受住市场的考验。他还强调当前情况说明我们所使用的风险管理工具不管用。沃尔克的主要观点是：

- 世界经济需要一个全球监管解决方案；
- 在面临危机时，被监管机构的情况比未被监管机构的情况要好；

- 一个国家不能通过通货膨胀来解决当前的经济问题；
- 美元的不稳定可能损害世界经济。

“我认为这是我一生中所经历的最严重的金融危机”，乔治·索罗斯 2008 年 4 月中旬接受采访时如是说。这个著名的对冲基金投资者和慈善家补充道，当前的超级泡沫在最终崩溃前已经膨胀了 1/4 个世纪。不过，次贷和 CDOs 远远不是威胁世界金融体系的仅有的问题。

人们容易把次贷危机误认为是迎面而来的 2008—2009 年危机的一场预演，实际上后者的起源并非如此。它和次贷泡沫的联系仅仅在于抵押贷款是一种贷款，而银行利用各种贷款——特别是企业贷款——作为信用违约互换的原材料，而这种互换市场是完全不受监管的。这将导致第二次规模更大的超级泡沫。

一份 CDS 使得卖方和买方能够将一笔贷款或债券的某种性质如利率的违约风险相互分离。所以，在理论上它就像防止违约风险的保单一样。而在实践中，这是一种针对信贷质量的投机工具，它在银行和许多投资者的投资组合中占有很大比重，但现在已然变成了不良资产。

不仅 CDSs 远远不是用来进行套期保值的，而且它还有 50 万亿美元的存量没有平仓。相比之下，它们背后的真实贷款数额显得微不足道。CDOs 是高杠杆的金融工具，集中在少数几个大玩家手上，而其一旦扩散则具有撕裂全球金融体系的能量。据市场传闻，贝尔斯登有 10 万亿美元的 CDSs。如果这些都违约，那么整个美国银行业就得崩溃。

全球银行发生接踵而至的巨额亏损也将是致命的。随着经济的下行，专家们认为大量的金融问题将导致美国的违约率上升到 3%，这将意味着 13 万亿美元的巨额亏损——相当于迄今为止次贷窟窿的

4倍！没有人能够确保破产率在今后不会升高（美国次贷的破产率已达到12%），也没有人能保证由于银行业的高杠杆率和低资本比率所引起的行业亏损不会像雪球一样越滚越大。

信贷危机对整个全球经济的滞后影响刚刚开始显现。有消息说美国银行监管机构正准备接受更多的银行破产。其他的接管将随之而来。起初人们认为次贷问题仅限于美国，后来逐渐认识到这其实是一场全球危机，而大型金融机构在这场第二次大萧条中将首当其冲。

我要感谢许多帮助此项研究并使之得以成书的学识渊博之士。没有他们的帮助，读者手中的这本书不可能出现。他们不仅贡献了许多思想，而且对本书手稿提出了许多建设性批评意见。

请允许我借此机会感谢建议我做这个项目的丽莎·冯·菲尔科斯（Lisa von Fircks），感谢凯斯·波文（Keith Povey）和马克·亨迪（Mark Hendy）的编辑工作。以及维德亚·贾雅普拉卡什（Vidhya Jayaprakash）的制作。感谢伊娃·玛丽亚·宾德（Eva – Maria Binder）整理了研究成果、打印文稿并准备好了立即付印的稿件。

迪米特里斯·克拉法斯（DIMITRIS N. CHORAFAS）

于瓦勒梅尔（VALMER）和威茨瑙（VITZNAU）

2009年1月

专业术语

理解现代金融学中的术语

近年来，金融和银行业不仅创造出了一系列令人眼花缭乱的尖端的、神秘的、复杂的同时还充满风险的工具，而且还发展了一套术语，用以彰显和描绘这些工具。

汇编这部分专业词汇的目地就是通过对本书使用的术语进行简要的解释，以帮助读者更好地理解原文。我们在将这些定义简化的同时，努力保持了其准确性。更细致并附有例子的解释可以在各章节中找到。以下按英文字母顺序排列：

可调整利率的抵押贷款（ARM）：在初始某一固定期限内利率处在一个较低的水平，但此阶段后利率由贷款者调整到一个较高水平的抵押贷款。

次优抵押贷款（Alt－A）：该抵押贷款的信用评级低于最优贷款（prime）但高于次级贷款（subprime）的信用评级；另类抵押贷款一般没有

或只有很少的借款文件。

套利（arbitrage）：对同质金融产品或其他商品在不同市场上的价格差，进行发掘利用。

资产抵押证券（ABS）：以一个资产池如贷款支持的证券，并通过该资产池未来的偿付流支持证券投资者的投资收益。

拍卖利率证券（ARS）：对于投资期限长的债券工具，典型的如市政支持或其他的政府支持债券和公司债券，它们的利率都是通过拍卖来定期重新确定的。

巴塞尔协定 II（basel II）：由巴塞尔委员会为进行银行业监管重新制定的针对商业银行资本充足率的规定。

套息交易（carry trade）：以较低的利率借入资金并将其以较高的利率重新投资，这种操作通常在不同货币中进行。

抵押品（collateral）：对资产转移的一种担保，保证对贷款的再次偿付；同时资产在回购协议中被卖出。

担保债务凭证（CDO）：一种结构性金融产品，它依靠资产池（债务工具）作为抵押。

贷款抵押债券（CLO）：参款见担保债务凭证（CDO）。

商业抵押作为担保的证券（CMBS）：参见以房地产抵押作担保的证券款（MBS）。

商业票据（CP）：一种被用作短期融资的无记名债券，通常以循环票据形式发行，在欧洲期款限为 1—360 天，在美国期限为 1—270天。

渠道（conduit）：一种特别目的工具，用以购买应收账款或者通过发行商业票据融资。

合并资产负债表（consolidated balance sheet）：通过对从母公司、子公司及其拥有的分公司汇总的资产负债表进行轧差（贷款和存款）获取的资产负债表。

信用违约互换（CDS）：一种互换合约，合约的买方购买信用违约互换合约并支付买价给卖方。当某种具体的信用事件如违约或延迟付款等发生时，合约的卖方应支付赔偿金给合约的买方。

信用衍生工具（credit derivative）：一种将信用风险从标的金融交易中分散，或款将此风险转移给某个投资者的金融工具，如信贷违约互换（CDS）。

加强信贷措施（CE）：一种旨在提高证券组合、证券化交易、基金份额和其他头寸交易的信贷质量合约。

信用评级（credit rating）：对借款者的商誉或其发行的债券进行分类。

信用风险（credit risk）：由于交易对手违约或不愿意偿付所导致的其不完全履行应承担金融义务的风险；交易对手风险是广义的信用风险。

信用风险转移（CRT）：从理论上讲可通过降低不希望的暴露来减少银行对交易对手风险关注的一种技术。

经常账户（国家角度）：国际收支平衡表中含括了一个经济主体（东道国）与另一主体（非东道国）所有的商品、服务、收入所得和经常性转移交易的账户。

债务证券（debt security）：借款人或证券发行人承诺将来以某一特定利率支付本息给贷款者或证券持有人。

违约风险（default risk）：由于破产借款人不再履行对贷款人的义务，贷款人可能面临损失的一种风险。违约风险是信用风险的基础。

通货紧缩（deflation）：物价水平的全面下降，通常表现为消费者价格指款数（CPI）的下降。

衍生工具（derivative）：一种价格直接或间接与其他金融产品或商品的市场价格相关的金融工具。

股票（equities or shares）：反映对上市公司股份所有权的证券。

欧元区（euroland）：由欧盟国家形成的经济区，在此区域内欧元遵循马斯特款里赫特条约（Maastricht treaty）作为唯一的通用货币流通。

资本账户（financial account）：国际收支平衡表中涵盖了一个经济主体（东道国）与另一经济主体（非东道国）所有组合投资、金融衍生产品和储备资产交易的账户。

丧失抵押品赎回权（foreclosure）：当借款人违约时，贷款人获得或再次获得抵押贷款资产的法律程序。

国内生产总值（GDP）：一个经济体商品和服务的总产出，减去中间消耗，再加上生产和进口净税收的价值。

家庭负债率（household debt service ratio）：债务偿还与可支配个人收入的比率——包括发行在外的抵押贷款和消费债务。

隐含波动性（implied volatility）：商品、服务、房地产、证券和其他工具的价格变动的期望波动性。

通货膨胀（inflation）：以消费者价格水平和其他统计指标衡量的价格水平总体上涨的经济现象。

利率互换（IRS）：一种互换合约，交易双方同意基于某特定条款在将来某些确定的日期交换利率偿付现金流。

国际财务报告准则（IFRS）：由国际会计准则委员会制定的准则，旨在提高财务报告的可靠性、透明性，并促进财务报表的国际间可比性。

投资级证券（investment grade securities）：等于款或高于 BBB 评级的证券。最高评级证券为 AAA。

垃圾债券（junk bond）：信用评级低于投资级的证券；也被称作高收益债券或投机级债券。

法律风险（legal risk）：由法律的不确定性、糟糕的法律架构或法律实施的腐败所导致或加重信用风险和流动性风险的情况。

杠杆（leverage）： 典型的杠杆操作是，利用债务融资借款，旨在获得不断提高的收益（同时也伴随日益提高的风险）。

杠杆贷款（leverage loan）： 一种贷款形式，或者属于非投资级贷款，或者比伦敦银行同业拆借利率至少款高出150个基点的贷款。

流动性工具（liquidity facility）： 由银行保证的还未使用的信用；它担保将来支付给借款人一定数量的流动性。

流动性风险（liquidity risk）： 当债务到期时，交易对手没有足够的流动性来偿还债务，虽然它可能拥有清偿债务的能力。

伦敦同业拆借利率（LIBOR）： 一个被广泛采用的银行间利率，个体金融机构通常基于LIBOR计算其各自所需应用的利率。

伦敦国际金融期货与期权交易所（LIFFE）： 在伦敦的衍生品交易市场。

M3： 广义款货币总量，包括流通中的货币和隔夜存款（M1）、3个月内的可赎回存款（M2）加上可交易的金融工具——如回购协议、货币市场基金和由银行发行的期限在2年内的债务性证券。

主要再融资操作（main refinancing operation）： 中央银行一种常规的逆向交易公开市场操作手段，期限通常为1星期（欧元体系内）。

边际贷款工具（marginal lending facility）： 商业银行从中央银行以某一特定利率得到隔夜的贷款。

市场流动性（market liquidity）： 一种衡量某一给定资产在某一给定市场上交易容易程度的指标。

市场风险（market risk）： 由于市场价格波动所导致的表内和表外损失的风险。

逐日盯市（market - to - market）： 根据证券、商品期货、期权合约或其他可商议定价的资产的现行市场价格重新计算其价值，这是对其公允价值的最近似代表。

货币金融机构（MFI）： 一个贷款款机构或货币市场基金与其他MFIs一起形成了欧元区的货币发行部门。

抵押支持债券（MBS）： 由抵押贷款池支持的证券。它们可以细分为CMBS和RMBS。

非投资级（non - investment grade）： 信用评款级在BBB以下。此种证券，如垃圾债或高收益债一般用于投机。

不良贷款（NPL）： 完全偿付具有不确定性的贷款。

运营收入（operating income）： 金融机构所有的利息、手续费和交易收入。

操作风险（operational risk）： 由于糟糕的管理、商业欺骗、操作失误、技术故障或其他原因导致或加深信用风险、流动性风险的风险。

期权（option）： 一种衍生金融工具，它赋予了期权的买方这样一种权利而并非义务，即买方可以在将来的某个时点从交易对手那儿买入（看涨期权）或卖出（看跌期权）标的资产。

发行并分散化模式（originate to distribute model）： 一种有问题的银行模式，在此模式中债务被购买（消费者或公司层面）、组成资产池、再被分成一个个证券包卖给投资者。

发起人（originator）： 在自己的账户上建立了证券化的投资组合或拥有可交易的应收账款并将其证券化卖出给投资者的金融机构。

场外交易（OTC）： 金融工具的交易在以建立的交易所外进行——通常是银行间交易。

一级市场（primary market）： 发行新股的市场。

一级经纪人（prime broker）： 向对冲基金提供一系列服务的金融机构，这些服务包括托管、证券放贷、低压贷款、交易交割和其他证券管理方面的服务。

私募股权（private equity）：由私人公司投资的资本，通常投入到非上市公司。

住宅抵押支持债券（RMBS）：见抵押支持证券。

风险溢价（risk premium）：对投资者投资具有较高信用风险、流动性不足或其他形式的信用质量不佳证券的溢价补偿。

风险概况（risk profile）：银行或投资者暴露的风险权重资产与总资产的比例。

风险准备金（risk provisioning）：对风险暴露进行评估后在资产减记、信贷损失和其他措施上的净支出。

风险加权资产（risk - weighted assets）：基于巴塞尔协定II对信用等级的规定，对表内和表外项目在评估违约风险后进行调整。

二级市场（secondary market）：已经发行的证券进交易的市场。

有担保债务（secured debt）：有抵押品支持的债务，当借款人违约时抵押品将被出售。

证券化（securitization）：基于资产池（债务产品）的交易，这些资产的信用风险被分散到至少两个以上具有不同风险概况的资产包。

优先债务（senior debt）：偿还顺序在其他债务之前的债务；例如对一家公司的贷款被要求收回时，该债务的偿还在其他债务之前。

清算风险（settlement risk）：由信用风险和流动性风险导致的风险。由于一方或多方的违约，清算并不如预期中那样在清算系统中完成。

空头（short position）：银行或对冲基金为了在价格下降时投机，卖出自身不拥有的证券。

偿付比率（solvency ratio）：金融机构自身资产与负债的比率。该比率越高，此金融机构的状况越好。

特殊功能公司（SPVs）：为了进行证券化交易而建立结构性投资公司和渠道，该交易的目的在于将特殊功能公司与其他发起人分开。

瞬间波动（spike）：价格在即期市场上在一个非常短时间内变动。

压力测试（stress test）：模拟正常市场产生偏离时的影响，通常标准款差为1、10和15。

结构性融资工具（structured financial instrument）：一种衍生产品；通常来讲，由不同金融工具打包在一起所产生的新的金融工具比原来资产池中的工具具有更高的风险。

结构性投资公司（SIV）：一种特殊目的金融公司，类似于渠道，但同时也通过发行中期票据和资本票据再融资。

次级债（subordinated debt）：偿还无抵押债权人的债务，且其偿还顺序位于其他更高一级的债权人之后。

次级借款人（subprime borrower）：不满足传统抵押贷款或其他贷款条件的具有不良或根本没有信用记录的借款人；理论上讲，此类借款人只能从专门从事次级贷款的贷款人中借债。

银团贷款（syndicated loan）：有若干家银行共同组成的贷款，通常由一家或两家信用较好的银行作为发起人或银团贷款中的领导者。

系统性风险（systemic risk）：一种一家或若干家大型金融机构不能履行其债务，或市场体系严重崩溃，并导致金融体系瓦解的风险。

总收益（total return）：投资所获得的收益，指升值、资本利得和利息的收入减去维持此投资的损失。

层级（tranches）：结构性款融资工具中的横向部分，类似与CDO，可分为次级的第一损失层级、中层和高层，其中高层是最后一个可容忍的损失。

标的资产（underlying）：衍生交易中的标的资产可以是具体的

商品价格、股票价格、利率、汇率和价格指数。或者，应用于根据衍生交易合约确定本金，进而确定现金流和其他交易资产。

承销商（underwriter）：发起人和/或证券经纪人承诺将以某一确定价格全部或部分购买某一证券。承销商所承担的风险由对应承销收入作为补偿。

在险价值（VAR）：一种初级的并且过时的风险度量手段，用以反映特定时间段内，基于某一具体可信度（概率）的最大期望损失。

波动性（volatility）：在具体时间段内，对金融工具、其他商品价格波动的衡量。

减记（writedown）：当银行意识到贷款和其他存货资产的市场价值下跌时（通常通过逐日盯市发现），在银行资产负债表上下调此项目价值。

划销（writeoff）：当贷款被认为完全不可能收回时，银行将其价值从资产负债表上移除；也被认为是信贷损失。

收益率曲线（yield curve）：利率和具有同样信用评级的投资的期限的关系。

缩略语

ARM	可调整利率的抵押贷款
ARS	拍卖利率证券
CDO	担保债务凭证
CDS	信用违约互换
CE	加强信贷措施
CLO	贷款抵押债券
CMBI	商业抵押借款指数
CMBS	商业抵押作为担保的证券
CP	商业票据
CRT	信用风险转移
forex	外汇交易所
GDP	国内生产总值
IRS	利率互换
IFRS	国际财务报告准则
LIBOR	伦敦同业拆借利率
LIFFE	伦敦国际金融期货与期权交易所
MBS	抵押支持债券
MFI	货币金融机构
OTC	场外交易
RMBS	住宅抵押支持债券
SIV	结构性投资公司
SPV	特殊功能公司
VAR	在险价值

第一篇

信贷领域的混乱与阵痛

第1章

信用风险管理不善

1. 我们在走出泡沫吗? 3

我们正处于一场席卷了西方国家，并继续削弱企业和消费者信心的重大金融危机之中。实际上，从格林斯潘在黑暗中摸索如何解决问题开始，联邦储备银行似乎就已经开始犯错了（见第2章）。而且，失控的金融全球化使局面变得更加糟糕（见第3章）。

次贷危机风暴（见第4章），基本上是一场严重的信用危机。它在金融市场制造了可怕的不确定性，并让人们对整个中央银行及监管架构产生了怀疑。不仅仅是证券化债务（见第5章），连股票和商品的波动都在加剧，而且它们都受到了金融行业变动的影响。

2008年4月9日联邦储备银行的前任主席保罗·沃尔克（Paul Volcker）在哈佛俱乐部演讲时指出：如果不是实体经济出了问题，金融危机一般不会发生。这个金融体系没能经受住市场的考验。他还强调当前时势表明现有的风险管理工具并不管用，并提出：

- 世界经济的扩张需要一个全球性的监管方案；
- 面对危机时，有监管的机构比无监管的机构处于更有利的位置；
- 一个国家无法以通货膨胀方式走出现在的经济困境；

- 美元价值的不稳定很可能会伤及美国乃至全球经济。

4 “除非我们吸取这场危机的教训，否则在不远的将来，世界经济又会回到动荡之中”，《金融时报》的高级经济学家和评论员马丁·沃尔夫（Martin Wolf）如是说。很少有人愿意故意招惹政府、中央银行和监管者的仇恨，相反人们愿意在他们所相信的事情上妥协。

虽然并不是每个人都像沃尔克和沃尔夫一样把自己的观点讲明，但货币政策和银行监管失灵的事实已不是什么秘密了。根据花旗集团的报告，油价的飙升主要是由资本流动的迅速加剧造成的。咨询公司 Lombard Street Research 则认为出现了铁矿石泡沫[1]，其他人则认为我们正在走出泡沫，而政府是善于制造泡沫的。那些还没忘记 2000 年股市泡沫以及之前泡沫的经济学家认为，还有三个泡沫在信贷紧缩、次级抵押贷款和它们同伙的翅膀下等待时机：

- 债务泡沫；
- 通货膨胀泡沫；
- 道德风险泡沫。

最后一个是所有泡沫的起源。这些泡沫都是基于标的金融工具运作并对其进行操纵和营销，最终破灭。最近绝佳的例子之一就是拍卖利率证券（auction - rate securities，ARS；第 3 章）。近 18 年来，它们一直是被广泛接受的债务工具，但最终竟变成了欺骗投资者的另一案例。

2008 年 8 月 7 日，纽约州司法部长安德鲁·措莫（Andrew Cuomo）宣布花旗集团将回购它卖给零售客户、慈善机构和小公司的价值 70 亿美元的拍卖利率证券，并同意支付 1 亿美元的罚款。其他华尔街机构，如美林证券和瑞银集团等，也向他们的零售客户出售了巨额的拍卖利率证券。据《华尔街日报》的报道，美林证券的零售客户持有大约 70 亿美元的此类证券，而瑞银集团的客户持有大约 240

亿美元（我们将在第 3 章第 4 节中看到这两个数字后来都被修正）。

一个更为熟知的，远比拍卖利率证券更加严重的风险敞口来自信用违约互换（credit default swaps，CDS，定义见本章附录）。即使参与大量 CDS 交易的银行和保险公司在政府监管下，作为金融工具的 5
信用违约交换并没有得到政府部门的监管。CDS 风险敞口的几个关键点在于：

- 道德风险；
- 定价不准确；
- 没有交易限制；
- 不报告头寸；
- CDS 的日益混乱；
- 破产情况下无法负担的潜在成本。

以上 6 点所描述的与引发 2007 年泡沫的次级贷款的特征很相似，只是涉及到的金额更大（见本章第 4 节），动用了更多杠杆。正如欧洲中央银行金融稳定报告中所指出的：

> 杠杆化之后的损失不会改变负债的绝对价值，但这样杠杆比率就会提高，因而为了符合杠杆率的限制条件，经理们就会迅速售出部分投资以去杠杆化。如果这种抛售在已经比较脆弱的市场上进行，而且与原来的投资额相比造成了一定的损失，那么杠杆比率又会再次上升[2]。

有些巨额负债的案例涉及公然欺诈。据披露，2008 年 1 月底美国联邦调查局在调查次级贷款事件，包括华尔街那些复杂又不透明的金融衍生工具、它们的原始产品、供应商、银行家、经纪人和交易商各自所扮演的角色。实际上不仅仅是联邦调查局、美国司法部、国税局（IRS）、证券交易委员会（SEC）都在追查那些不法行为者（见第 2 章）。失误的投资者和在次级贷款中遭受损失的地方政府也在寻求司法部门的帮助。

2008 年 1 月的最后一个星期，英国金融服务局（FSA）警告很可能还有更多的欺诈行为。因为监管松懈时不法行为容易出现，同时不少人被市场下跌和被迫面临的不利金融局势所逼，也会做出欺诈行为。但是目前为止还没有采取任何措施，至少没有相关报道。

- FSA 发表声明之后的 8 个月里没有任何行动；

6 • 那些被认为渎职的机构似乎把它们的检举者都封锁或囚禁了起来。

托尼·杰克森（Tony Jackson）在《金融时报》的一篇文章中指出在好几个次级贷款和金融衍生产品的案例（见本章第 2 节）中都涉及到欺诈行为。约翰·肯尼思·加尔布雷斯（John Kenneth Galbraith）把这种做法叫做“贪污收益”，与经济周期同步上升或下跌：“形势好时人们会比较放松、信任，资金很充足。但总有一些人还要求更多[3]。”再加上松懈的监管，这种“更多”往往导致当一个泡沫破灭后，又埋下另一场泡沫的种子。

聪明人会感谢市场的教训。一位对冲基金经理约翰·德瓦尼（John Devaney）在抵押债券上投资失误以后，不得不卖掉他 142 英尺的游艇和“湾流 4 型”公务机，他告诉别人：“我要感谢市场给了我直接一击。如果一个交易员不偶尔被猛击一下，他就不会知道什么是风险[4]。”

交易员和银行家得到与失去大游艇和私人飞机的频率与中央银行及监管部门失去的权力是成正比的。这不仅仅是我个人的观点。2008 年 1 月在瑞士达沃斯举行的世界经济论坛的一个特别会议中，有 59% 的经济学家、银行家和金融专家投票认同中央银行失去了对经济的控制[5]。这个代价也许是惊人的。

从 1987 年 10 月的股市冲击开始，美国的储蓄和贷款崩溃，日本银行业的倒塌，东亚经济的瘫痪，俄罗斯的破产和瑞典的银行业危机，一直到 2000 年股市泡沫。过去 20 多年中所发生的金融危机给我们留下了一个重要教训：主要参与者及时承认遭受的损失并快速进行资本重组是对经济有利的。迅速地吸收损失将会：

- 先加快信贷的紧缩；
- 然后导致国内生产总值直接大幅下降继而引致经济衰退。

但是正面效应会抵消这些不利因素。如果注入新的资本（见第 2 章），经济就会很快而且持续地恢复。而无休止的争论和反驳，迟延和犹豫不决，则会造成与此相反的结果。日本就是一个政策失误 7
的例子，尽管日本政府实行大规模财政支出，但其银行体系陷入昏迷状态已达 10 多年之久。我们只能希望美国政府不会重蹈覆辙。

2. 1 000 万亿美元的金融衍生工具

火箭科学家推动了银行业的创新，也就是所谓的“金融工程”。他们作为物理学家、数学家和工程师，曾经从事过导弹、核武器和空间技术工程的研发，现在为大银行工作[6]。在过去 20 年中，他们增加了金融工具的复杂性，总体上来讲对金融行业做出了很大的贡献。但是，不间断的金融工具创新也带来了一些弊端：

- 相对于如何管理它所带来的风险，大家更多地关注其新颖性；
- 货币政策制定者和监管者被远远地抛在了后面，因为在数量分析方法上他们远不如很多商业银行和投资银行。

火箭科学家、银行家和交易员们联合起来研究和发展新型金融产品的结果之一，就是每年银行体系对复杂金融工具的风险敞口都能提高 30%—35%。从 20 世纪 80 年代中期近乎为零的金额，上升到 2007 年 7—8 月份次贷危机爆发时高达 1 000 万亿美元的天文数字（名义本金额度）[7]。

即使保守估计，全球的金融衍生工具风险敞口也会超过 500 万亿美元。2008 年 4 月《经济学人》刊登的一篇文章指出，2007 年底场外交易（OTC）的所有金融衍生工具有 455 万亿美元[8]。场外交易大约占所有金融衍生工具交易的 80%，这说明 2007 年底金融衍生工具的风险敞口有 570 万亿美元[9]，如果每年以 35% 的比率增长，到 2008 年底则达到 770 万亿美元。

- 这个确切的数字是有根据的推测，是否就是 1 000 万亿或者 3/4 个的 1 000 万亿并不重要；
- 重要的是其数量巨大，增长势不可挡，而且不可避免地将导致巨大无比的泡沫。

8 长期以来非常令人担忧的一个事实就是整个金融业和经济管理者都无法用比较准确的方式估计投资的价值及其潜在的风险。几年前伯纳德·巴鲁克（Bernard Baruch）曾说过这样一句充满智慧的话："一项投资的价值就像一个人的性格一样。" 以下情况出现时，一个经济体才会更容易克服困难，熬过艰难时期：

- 当真实价值被创造时，因为它们会帮助度过金融恐慌[10]；
- 相反，虚假价值终究会崩溃，而这些碎片则会毒害全球的金融环境，正如 2007 年次贷危机所演示的那样。

联系到 2007—2009 年的银行信贷危机，可以想象最坏的情况将是银行界的损失将会达到好几万亿美元的现金，这是一个令人难以置信的数字，尤其对于一个外行来说这是很难理解的。但是连傻瓜都能看出来：

- 全球的银行体系破产了；
- 21 世纪初的一个不解之谜，就是领取高薪的总裁和董事会成员怎样将其公司弄得像泰坦尼克号一样沉没了。

模型及其过低的风险评估导致了麻烦这并不奇怪，奇怪的是没有更早地发现麻烦。目前所盛行的批评意见是："银行的风险模型试图估计当通过置信水平为 99% 的正态检验时银行实际预期的损失，而又利用大量的历史数据进而就会导致错误的安全感。" 这简直是无稽之谈。

• 99%的置信水平是巴塞尔委员会制定的，同时制定的还有被银行广泛应用的愚蠢且不可靠的VAR模型；

• 绝大多数情况下“大量数据”是不存在的。真实的情况是，数据是稀缺的。

• 管理混乱，并有其偏好的模型导致的后果。比如，德累斯登银行（Dresdner Bank）的董事会决定，所有案例中的相关系数都必须等于0.25。

这并不意味着火箭科学家从来不犯错误，他们和其他人一样也
犯错误。物理学家尼尔斯·玻尔（Niels Bohr）曾经说过，进行预测 9
总是非常困难，尤其是预测未来。因此，盲目地相信模型很不明智。而且建模被广泛地应用在设计复杂的新的金融工具方面，相关风险的分析却很少。

除了这些微观经济层面的考虑之外，中央银行和监管部门宏观经济层面的一个担忧就是迅速扩张的金融衍生工具交易对货币政策的影响。另一个就是很多新型金融工具掩藏了那些通常使银行破产的原因，其结果就是几个大的银行破产立即冲击金融市场，如本章第4节所述。

为了使之更加容易理解，我们简单地观察一下当前的真实威胁从何而来。在欧盟和其他国家（主要是IAS 39）适用的国际财务报告准则（IFRS）中，将金融衍生工具定义为价值随标的资产的变化而变化的金融工具。例如，利率、股价或指数。杠杆来自于以下事实：

• 如果是长期契约的话，一个金融衍生工具的交易通常不需要最初的投资；

• 相对于对市场变化有类似反应的普通合同，金融衍生工具的交易所要求的投资额少得多。

在美国，财务会计准则委员会（FASB）在其最新的财务会计准则汇编（SFAS）中，具体地将金融衍生工具定义为具有以下特征的金融工具：

• 它们具有一个或多个标的资产，以及一个或多个名义本金、支付规定或两者兼有；

• 通常它们不需要最初的净投资，如果需要，也比其他工具所要求的更少；

• 它们要求或允许净额结算，或提供一种使购买者可以用净额进行交割的资产。

可看出这些特征就其本身而论并非不好。当且仅当用之有道，并且与商业交易相联系时，金融衍生工具是很有用的。导致危险的是巨大数量的金融衍生工具，排它性的银行间交易，过度的贪婪，
10 限制的缺失，高度财务杠杆率以及非规范化的风险管理——所有这些因素在千万亿美元的水平下混合在一起，将会对全球经济具有炸药般的破坏威力。

3. “一群 26 岁的年轻人正用计算机制造金融氢弹”

令人遗憾的是，不管是会计准则还是中央银行或监管部门，都没有用清楚无误的语言描述投资失误时，杠杆化衍生工具可能导致的灾难性后果。与沉默中被动地接受无法抵抗的风险相比，知识渊博的专家们提供了清楚的描述。

拉扎德公司（Lazard Brothers）前高级合伙人、美国驻法国大使费利克斯·罗哈廷（Felix Rohatyn）说，一群 26 岁的年轻人正用计算机制造金融氢弹。

国际清算银行（BIS）前总裁、欧洲货币协会的第一任首席执行官、欧洲中央银行的先驱者亚历山大·兰姆弗莱斯（Alexander Lamfalussy）指出，我们不了解依靠金融衍生工具而建立起来的银行网络。

英国证券及期货管理局［金融服务局（FSA）的前身］高级主管V. 费特（V. Fitt）在一次讲演中指出，远程炮后面是正在增加的小部队，他们唯恐赶不上大船。为了赶上潮流争取其市场份额，草草地进行了大量场外交易，而忽视了其中的危险。

为了产品的新颖性，金融创新迅速增加，与此同时欺诈风险也迅速上升。

近几年，有些大规模的欺诈或近似欺诈行为得到了金融衍生工具的掩护。我们将其（金融衍生工具）视为定时炸弹，这些炸弹存在于：

- 交易各方；
- 经济体系。

这是著名的投资者沃伦·巴菲特的观点，他还指出： 11

> 金融衍生工具的合同具有不同的期限（有时候为20年或更长）。它们的价值与一些变量密切相关，而它们的最终价值又取决于对方的信誉可靠程度。有些方法确实可以转移风险，但大多数情况下这种战略都会使你陷入残余的负债中[11]。
>
> （次级贷款的崩溃证明了巴菲特是完全正确的。）

金融衍生工具的风险敞口因金融工具的种类、面临风险的数量和经济条件而变化。信贷衍生工具违约风险敞口的数额，可以在交易的名义本金到其重置价值范围内变动。全部本金交换的其他例子，还有货币互换和对赌（二元）衍生工具合同。与此相反，利率衍生工具的损失只涉及名义本金的一部分，而这个部分的大小随利率、波动和市场心理而变化。

期权、期货、远期和互换[12]是较为熟知而且比较简单的衍生工具。互换协议和远期协议一般通过银行间的场外交易进行。期货合约与远期协议类似，但是在交易所进行交易，而且如果出现账面损失，通常要求每天进行现金结算。期权协议可以在交易所也可在场外进行交易。

已购期权的违约风险敞口，通常在重置成本范围以内，除非要求卖方交出抵押品。已卖出的期权意味着对其交易对手的潜在债务。因此，其定价应该始终反映对所预期波动性的实际估计，但实际中极少能做到这一点。正如 1997 年英国国民西敏寺证券（Nat West Securities）的破产文件所示，期权定价过低的结果，对银行来说可能是一场灾难。

现在，我重复一下自己的观点。期权、期货、远期和互换是基本的衍生工具，对套期保值很有帮助，但为投机目的过度使用，而不是为了真正套期保值的时候就会变得很危险[13]。辨别真正套期保值一个简单但非绝对正确的方法就是检查它们是否与商业交易联系在一起，因为在这种情况下银行是客户做商业交易的金融媒介。

但是当用它检验为满足当前要求而设计的复杂的衍生工具时，
12 就变得非常困难，尤其对那些设计得近乎完美就等你开价的衍生工具，它们充分展示了火箭科学家自由想象的广阔空间。我们在这一章讨论的 CDS 和第 6 章的担保债务凭证（collateralized debt obligations，CDO）都属于这些范畴[14]。它们之中都隐藏着罗哈廷所指的金融氢弹。而且，

- 全球经济不可能全部吸收这些衍生工具的大量交易；
- 1 000 万亿美元的高杠杆衍生工具，损害了精英阶层的声誉。

银行业史无前例的大规模亏损证明了他们的无能，而这是由设计、交易和持有高杠杆化不成熟的结构性金融工具［如担保债务凭证（CDO，见第 6 章）等］以及松散的风险管理所导致的。美国和全球经济的损失惨重，而每个银行遭受的损失也令人瞠目结舌。表 1.1给出了 2007 年 8 月 1 日至 2008 年 7 月 31 日主要由 CDO 造成

的损失排行榜上的一小部分名单。

表 1.1　　主要由担保债务凭证造成的同期累计损失和 13

账面资产减记（L&Ns）的前十位大银行

机　　构	管辖区域	L&W（10 亿美元[1]）
花旗集团[2]	美国	55
美林[3]	美国	52
瑞银[4]	瑞士	44[5]
汇丰	英国	27
美联[6]	美国	22[7]
美洲银行[8]	美国	21
德国产业投资银行[9]	德国	16
苏格兰皇家银行[10]	英国	15
华盛顿互助[11]	美国	15
摩根斯坦利[12]	美国	14
总计		281[13]

注：1. 以 2008 年 7 月 31 日的数额大小为序。

2. 2008 年 10 月为了重组资产负债表，花旗集团于从美国财政部（也即美国纳税人）得到了 250 亿美元。

3. 2008 年 9 月为了避免雷曼兄弟的命运，美林被美洲银行合并。

4. 瑞银从瑞士政府得到了其最大量的救济品：600 亿瑞士法郎。

5. 包括 2008 年 8 月 1 日以后公布的 2008 年第二季度的损失和减记。

6. 美联银行处境困难，于 2008 年 10 月合并到富国银行。

7. 包括 2008 年 8 月 1 日以后公布的 2008 年第二季度的损失和减记。

8. 美洲银行从美国财政部得到了 250 亿美元。

9. 德国纳税人（错误地）给德国产业投资银行注入了 100 亿欧元，但后来被政府廉价卖给美国孤星基金，一个来自得克萨斯的兀鹫基金。

10. 苏格兰皇家银行先是掉进了无底洞，然后在紧急注入大量英国纳税人的钱后被获救。

11. 华盛顿互助银行宣告破产，剩余部分被摩根大通收购。

12. 摩根斯坦利转变为银行控股公司并从美国财政部得到了 250 亿美元。

13. 占同期超过 4 000 亿银行业赤字的一部分。

担保债务凭证因为它在被减记，而且国际货币基金组织指出银行业损失和减记的坏账可能高达1万亿美元，成为了当前的热门话题。但这还不是最坏的消息，部分原因是亏损赤字的洪流已经开始发生。信用违约互换（credit default swaps，CDS，见第5节和本章附录）极有可能成为那个金融氢弹。这就是它们成为第1章主题的原因。

乔治·索罗斯认为随着公司违约的增加，CDS的巴别塔（Tower of Babel）也会瓦解，被违约方无数哀叹声将犹如达摩克里斯剑一样悬在市场上空[15]。正在逼近的危机也使债券发行人（见第6节和第7节）倍感紧张，因为他们向银行出售了CDS协议，愚蠢地希望能对其抵押贷款风险进行对冲。总之，在整个金融行业：

- 风险控制去“度假”了；
- 个人责任也跟着它一起去“度假”了。

评论家认为，不仅是大银行的董事会成员和首席执行官没有关注风险管理，监管当局和央行也对过去12年间的衍生工具投机管理极为松懈。因此毫不奇怪的是，松散的银行监管后面接踵而至的是真相大白的时刻，这几乎带来了金融体系的崩溃和第二次大萧条。

4. 银行管理失败带来的可预见损失

我们现在所了解的金融衍生产品，真正兴起于20世纪70年代，并由监管者建议由此带来的收益和损失不记录在资产负债表中，即表外业务。那时，衍生品交易量很小；但它逐渐开始兴盛，并且发
14 生了巨大变化：

- 衍生产品交易越来越普及；
- 曾被视为“奇异”的金融产品已经成为主流。

另外，蓬勃发展的衍生品交易说明这些产品不再是表外应收账

款和应付账款的小项目。无论对于银行、对冲基金和其他金融机构，还是对养老基金、保险公司、原油公司[16]和制造企业，抑或是个人投资者，衍生产品已经成为资产负债表上不可或缺的部分。衍生产品带来的损失引起了极大关注，原因在于它在很大程度上影响了经济的方方面面。

欧洲中央银行宣布，到 2007 年底证券化次级抵押贷款导致的银行亏损达到 3 200 亿美元；此后又有新闻报道称，除去表外业务的风险敞口，银行目前面临的次级贷款风险敞口约为 3 800 亿美元。一些分析家不同意这种估计，认为已经亏损的 3 200 亿美元不超过损失总值的 1/3（因此也就有了本章第 1 节所估计的 1 万亿美元亏损）。

其中有一个大银行，目前为止在次贷危机中受到的冲击较小，“只有” 20 亿美元的损失，这便是 J. P. 摩根大通。其管理层很可能更为谨慎。因为它有超过 40 万亿美元的风险敞口是朝向其他工具的，但是 J. P. 摩根大通账上也有很多杠杆化的贷款和债券，这些可能与形势较好时的收购有关，它们的债务余额总值高达 2 500 亿美元。作为信用违约互换市场的主要参与者，摩根银行将会发现自己面临着另一个更大的损失的深渊。

隐藏在 CDS 业务背后的一个有趣的特点是，与人们的预期相比，CDS 的作用要小得多，但风险却要高很多。另外就像次级贷款一样，接踵而至的信用衍生品危机证实了信用风险管理不善。CDS 市场在 1991 年开始兴起，因为那时美国商业银行的净息差受到控制，并且造成了：

- 信用风险标准的扭曲；
- 新杠杆工具的发明，以填补资本空缺。

银行家称，如果他们对借贷采取一种谨慎的态度（他们多年前 15
本早该这样做的），股权收益率就会下降；于是 2007 年 7—8 月左右，市场环境松散的情形暴露无遗。投资银行业的数据也是让人大开眼界。仅一项产品——资产支持证券（ABS）在危机开始的时候就已经产生了以下后果：

- 雷曼兄弟的风险敞口相当于所有者权益的 460%；
- 贝尔斯登的风险敞口相当于权益的 400%；
- 摩根斯坦利的风险敞口相当于权益的 120%；
- 高盛的风险敞口相当于权益的 100%；
- 美林公司的风险敞口相当于权益的 100%[17]。

2007 年衍生品市场的危机才开始凸显的这种看法是不可接受的。早在 2003 年 2 月，美国房市监管机构，联邦住房企业监督办公室（OFHEO）已发布了一份警惕衍生品市场系统风险的文件——《系统风险：房利美、房地美和 OFHEO 的作用》。该文件指出，无论存在于房利美、房地美还是其他大型衍生品合约持有者的问题，都有可能导致其债务违约。

为了估计这次灾难的规模，我们首先要知道在美国市场上，虽然房利美和房地美最初是由政府建立，但并没有任何明确的政府担保。2003 年的预警对于投资者而言是一个危险信号；对于布什政府却是令人不快的消息。文件发布的第二天，OFHEO 的主管就被解雇。尽管他本可以给出更多关于衍生品市场问题的证据，但却再也没有机会。

更奇怪的是，在 2007 年这场更大的危机中，OFHEO 却没有露面。2007 年 11 月 20 日，房地美公司宣布了 20 亿美元的损失，同时披露其持有的抵押贷款价值下降 81 亿美元；两者共造成财务上 101 亿美元的损失。受此影响，房市老大不得不四处融资。

（本书决定不引入房地美和房利美的案例分析。房利美，全称美国联邦国民抵押贷款协会，成立于 20 世纪 30 年代；房地美，全称
16 国民贷款抵押公司，成立于 1970 年，这两家都是美国政府支持的公司巨头。房利美和房地美是全美最大的两家住房贷款公司，旨在通过提供次级抵押贷款使抵押贷款市场运转更加顺利，以帮助美国家

庭购买住房。2008 年，其结局是一场灾难。）

房利美和房地美不是仅有的两家在寻求资本的公司，其他一些知名银行也陷入相同的困境。随着道德风险的全面蔓延，一些公司决定高价出售组合中的不良资产来摆脱困境。这被称为另类投资，但实际上是一种欺诈行为[18]。高级经理人想尽办法获利以获取他们的高额奖金时，却忽视了诉讼风险。

- 法律诉讼对经营效果有着负面影响；
- 并且会严重影响公司声誉和信用等级。

当 2004 年德意志银行、德国商业银行、德国联合抵押银行（HVB）和其他银行向公司和地方政府出售复杂的利率互换产品时曾引发严重问题，问题的影响一直延续到 2008 年。市政债券的财务主管根本不了解这些衍生品，他们只希望最优化其应付的债券利息。

在德国市政债券机构购买金融产品产生危机之后，德国商业银行和 HVB 决定以清算的形式解决问题。然而德意志银行决定面对诉讼，表明其对于该不良产品提出过不建议购买的意见。2008 年，德意志银行——德国最大的信贷机构面临以下困境：

- 两场即将对簿公堂的诉讼；
- 以及后续正在筹备当中的 40 余场。

其中最值得关注的案例就是哈根市因投资 1 700 万美元最终损失 570 万美元而起诉德意志银行。哈根市在没有进行风险敞口评估的情况下购买了“阶梯互换”，很多其他德国市政债券也是这样做的。因为当时地方政府认为，在欧元利率下降的情况下按照固定利率支付成本过高，因此阶梯互换曾一度十分流行。德意志银行通过下述办法发现了商机：

- 它提供固定利率与浮动利率的互换；
- 并且该互换的价格是基于 2 年期互换利率和 10 年期互换利率 17
的差额。

哈根的财务主管不理解的是，在签订合约之前，为什么从一个任意值中减去利差，然后翻倍，或者增加 2 倍然后不断增加到合约名义金额（这是常用的把戏）。他们还不理解的是，合同中有一项条款规定发行银行在第一年后每隔 6 个月都可以终止该产品，这使得产品的持有者最多只能获利 2%。

令哈根失望的是，2005 年欧元利率的变化趋于平缓；这意味着 5 年的交易要支付给银行高达 25% 的费用。然而奇怪的是，许多财务主管已经决定接受这样的单边交易。估计约有 700 家公司已经这样做了，其中包括 200 家是公用事业和市政机构[19]。

5. 信贷危机的核心：62 万亿美元的信用违约互换市场[20]

2007 年 7—8 月，席卷全球金融体系的危机发生之后，人们对于经济复苏前景的不确定性不断增加，对于金融活动前景中的风险也更加担心忧虑。这些前景包括：比目前预计还要大的潜在银行业损失，正在进行中的金融风险敞口的重新评估的影响，以及广泛蔓延的消极的市场情绪。其他经济风险来自：

- 原油、农产品和其他产品的价格上涨；
- 对不断增加的保护主义压力的担心；
- 国际收支不平衡增加导致的无序发展。

因此，2008 年甚至在 2009 年，在信贷紧缩的情况下，将出现巨大的金融风险敞口。

曾几何时，就在不久以前，银行所承担的风险还直接与其放出的贷款息息相关，也就是风险与贷款业务中的交易方相挂钩。然而现在，只有少部分情况如此，因为银行现在承担了双倍的风险敞口：

- 一部分来源于传统的违约风险；
- 另一部分来源于新型金融产品的信用利差。

18

信用违约互换（credit default swaps，CDS，附录中有详细解释）的信用利差是由单独一个交易对手或者多个具有相同属性的交易对手来测算的，它的扩大对一个公司的信誉有着消极的影响。但同时信用违约互换被看作是一种保护性质的工具，或者试图为 CDS 持有者提供对于第三方违约的保护协议。

事实上，CDS 没有达到上述作用；相反，它比次级贷款更能对金融和经济实力产生潜在的破坏性。巴塞尔委员会的一份研究报告这样评价：

2005—2006 年间，全国的信用违约互换总量增长了 1 倍；增长主要是与结构复杂的信贷产品的创新有关，其中有一些产品的杠杆比率很高。另一方面，随着部分产品越来越多地参与到更加激烈的到期转换过程中，渠道融资（并非新事物）也变得更加复杂[21]。

综上所述，CDS 具有很高的杠杆比率和风险。一些估计认为，事实上只有 5 万亿美元的公司债务，但却有 62 万亿美元的信用违约互换担保。另一些估计认为杠杆比率比 12.4 更高，如 2005 年违约的汽车配件供应商德尔菲（Delphy）的杠杆比率就高达 30 倍。相对于 CDS 惊人的 62 万亿美元的风险敞口，美国抵押贷款泡沫仅为 20 万亿美元。据悉，在所有 CDS 组合中：

- 50% 由银行持有；
- 24% 由对冲基金持有；
- 26% 由其他类型的实体持有[22]。

银行系统的运作原理决定了以上所有持有者最终都会参与到银行业的运作。银行贷款给对冲基金，使得其能够购买 CDS。因此，一些专家预言了一场类似 1993 年银行止赎后的“银行假日”式的危机。

另一种难以控制的证券就是固定比例债务证券（CPDO）。CP-
DO 的购买者认为投资级别的债券提供了比违约赔偿更高的收益，因 19
此他们融资利用这种利差套利（类似理论也曾在 20 世纪 80 年代的

“堕落天使” 中使用过，导致了垃圾债券的危机。）

- CPDO 的杠杆比率很高，经常达到 20 倍；
- CPDO 通常是对一揽子债权提供违约保护。

当利差迅速扩大时，杠杆也就不再有效。因此 2008 年 2 月底当一些 CPDO 的价格下跌时，一些投机者为规避价格进一步下跌的风险购买了高达 300 亿美元的保险。

- 这使此类保险的价格上升；
- 致使公司债务违约的可能性进一步加大。

CDS 和类似产品的缺陷在于，它们试图在形势好时扩大信用的供给，然而形势不好时效果却刚好相反。CDS 另一方面的消极影响源于其较大的利差，利差较大说明信用保险的成本增加，因为人们感到违约的风险在增加。

2008 年 1 月，信用违约互换对于经济影响的一种较保守的估计展现在公众眼前。根据所得数据，专家推测 2007 年底，未清偿 CDS 占总量的 3%，合 2 万亿美元。然而实际的损失将会有多大呢？

2008 年 2 月 2 日，《经济学人》上的一篇文章称，资金管理公司 PIMCO 的创始人比尔 · 格罗斯（Bill Gross）认为，1.25% 未清偿 CDS 带来的损失高达 7 150 亿美元。

- 如果，仅是极其乐观的假设，一半资金能够恢复；
- 那么 CDS 带来的损失约为 3 600 亿美元，但这仅仅是一种假设。

同样令人头疼的问题还有对于 2007 年底 CDS 总值的估计不断上调。2008 年 1 月，估计 CDS 总值为 45 万亿美元；1 个月之后，2008 年 2 月，有消息称 2007 年底的未清偿 CDS 应为 50 万亿而非之前所
20 言的 45 万亿，相比上调了 11%。而到了 2008 年 4 月 23 日，《经济学人》杂志又称 CDS 总值（依然为 2007 年底的均值）为 62 万亿美元，相比之前的 50 万亿美元又上调了 24%。

任何基于月度数据的风险敞口如果上调，通常都是被低估了。

一连串的上调说明背后隐藏着危机，情况越来越坏，就像 1929 年的大萧条时期那样。根据比尔·格罗斯估计的未清偿信用违约互换的损失为 1.25%，那么总损失的价值：

- 2008 年 2 月达 5 625 亿美元；
- 2008 年 3 月达 6 250 亿美元；
- 2008 年 4 月达 7 150 亿美元。

由于现有 CDS 的总值每年增长 30%，即使没有新的隐藏的风险敞口显现，至 2008 年底美国或者全球的 CDS 总值也将达到 80 万亿美元。如果是这样，那么：

- 发生 1.25% 的违约就会给信用违约互换市场带来约 1 万亿美元的损失。

一些悲观的估计甚至认为违约率为上述 1.25% 的 2 倍甚至更高，即 3% 或更多。信用评级机构穆迪投资者服务公司认为违约率将迅速上升，这将给 CDS 的卖方带来价值数万亿美元的损失。对于那些没有能成功规避 CDS 风险敞口的银行，这点尤为真实[23]。

市场后来才发现大多数担保金融信用的风险敞口被低估了，也就意味着这些担保定价过低。事情变糟时，相互指责是很常见的。但在这种情况下，搞砸精算业务、不得不承担损失的就是担保方自己。真正让经济学家忧虑的是这些机构的高杠杆比率，这足以拖垮一些规模很大的银行、保险公司和担保出售方。据可靠消息：

- 对于 CDS 来说，权益只占负债的 2%；
- 因此杠杆比率达到了惊人的 50 倍，而非我所保守估计的 20 倍，但是 20 倍的杠杆比率就已经是金融行业无法支持的。

专家们争论如何衡量隐藏在上述数字中的风险，这种风险等价于违约风险敞口（EAD）与违约概率（PD）的乘积。违约概率的真实值不得而知（上述数据只是根据经验所作出的猜测），然而我们知道，信用违约互换市场的危机最可能的后果就是致使美国经济紧缩

5%。最坏的可能就是美国经济会像日本经济一样，自 1991 年来，经济每年缩水 1—2 个百分点。

这是谁的错？错误的估计了已经迫近的危险，2006 年 5 月（次贷危机发生的一年之前），艾伦·格林斯潘（Alan Greenspan）[24]表示信用违约风险可能是最重要的金融工具。格林斯潘还解释，CDS 的真正作用是消除（事实上作用刚好相反）高杠杆机构（即银行）对稳定的美国和国际机构造成的风险（最终摧毁它们）。

紧随次贷危机而来的迫在眉睫的巨大信用违约互换危机，充分证明在现实世界，市场不会像理论性的中央银行银行家、主张宽松货币政策的制定者和放松管制的规则制定者所希望的那样（见第 8 章）。当实际违约发生时会有许多问题，因为：

- 信用违约互换合约因其所对冲信用风险的难以识别而在技术上更加复杂；
- 信用违约互换的文件通常是高度标准化的，这与标的资产的信用风险不匹配。

信用违约互换的交易量比未清偿债务要大很多，因此准确计算 CDS 的风险敞口、为 CDS 定价以及清算协议都是很难的。当通用的子公司汽车配件供应商德尔菲违约时，信用违约互换总值达 280 亿美元，而贷款和债券总值只有 52 亿美元。更为严重的是，信用衍生产品将在很大程度上影响中央银行的货币政策。

6. 错误风险：单一险种保险公司的降级

2005 年 4 月，巴塞尔银行监管委员会发布了一份建议性文件，即《新巴塞尔协议在交易活动及治理双重违约影响的应用》。由于此文件一年之后成为新巴塞尔协议的一个重要部分，因此基于审慎监管原则，应该认真全面地了解该文件。然而事实并非如此。

上述文件提到最重要的一点是位于第 2 章的“双重违约的治理”，它分析了以信用保险形式提供的保护和某些情况下担保者过度使用杠杆工具造成的后果。以上行为被称为错误风险，主要包括：

- 保护的提供者和责任履行者的信誉存在较高的相关性；
- 以上风险相关性主要受与多种经济指标相关的经济实体表现的影响，而这些经济指标在经济危机下呈现恶化趋势。

早在 2007 年 3 月，席卷而来的次贷危机爆发的一个季度前，信贷评级机构标准普尔公司已经声明信用等级的平均水平已在下降，原因是绝大多数公司采用越来越多的债务融资。这种情况下，应对违约风险采取保护的成本增加，同时人们对一些大的金融集团的不透明风险也更加担心和紧张。

市场越是感觉到危险，就会有越多的债务衍生品被交易，并且往往是与信用评级极低的公司进行交易。2007 年 7 月到 2008 年 1 月之间，不仅在美国和欧洲，甚至在亚洲，信用违约互换的利差明显扩大。以韩国的信用违约互换为例（如图 1.1 所示），利差由 10 个基点增长到 60 个基点。这种情况同样发生在西方国家，尽管存在以下事实：

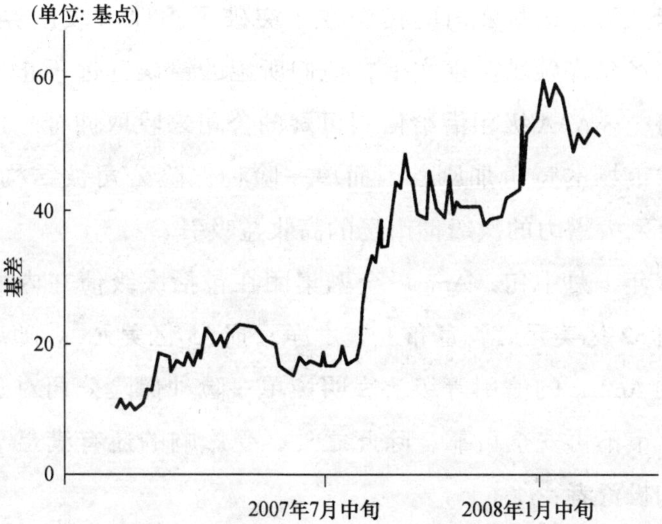

图 1.1　2007 年 7 月至 2008 年 1 月韩国信用违约互换基差扩大

• 一些银行的信用级别比通常认为的要高；

• 尽管发生了次贷危机，相当一部分投资银行还在盈利并且收入颇丰。

目前比较盛行的一种说法认为，人们对市场特别是信用衍生品的信心匮乏，部分原因是市场参与者担心目前出现在美国次级贷款市场的问题会有长远影响；另一担忧是一些投资银行存在巨大的财务风险，如果市场继续波动，它们将很难自保。

个人来看，另一更重要的因素是一些独立信用评级机构对于证券的评级在下降。很多批评家指出，2008年1月30日，标准普尔公司以一种缓慢或者极其缓慢的速度调降了或威胁下调超过8 000只债券和抵押债券（CDO）的信用等级，导致持有这些债券的金融机构的损失比预期值翻倍，增加到2 650亿美元。

某些观点认为，这是单一险种保险机构降级的前奏——如MBIA公司和Ambac（见本章第6节）；这些公司超出担保市政债券的范围，担任次级债的担保人。这些单一险种保险公司担保着约2.4万亿美元的巨额负债，承担着巨大风险但融资来源却十分有限。

专家认为，这些公司的错误在于突破了担保市政债券的范围，进入了未经允许领域。事实上，他们所犯的错误远远不止这些，因为他们将……AAA级租借给信用可疑的公司来收取佣金。这是由于市政债券市场的竞争加剧，因而单一险种保险公司被结构性融资，特别是有巨大潜力的次级债市场的高收益吸引。

2008年1月中旬，Ambac金融集团在包括次级债在内的信贷衍生品减值52亿美元后，宣布上季度净亏损33亿美元[25]。随后，惠誉
24 宣布下调Ambac的信用等级，表明该单一险种保险公司对于美国的各个州、市不再安全可靠；除此之外，受影响的还有满足下列情况的银行和投资者：

• 在构建的资产组合中，购买了虚假AAA级别证券；

• 由于次贷危机愈演愈烈，投资已经化为灰烬。

出现问题的单一险种保险公司，其信用评级下调如同次贷危机一样，将会引发一场潜在的金融海啸，德意志银行的首席执行官约瑟夫·阿克曼（Josef Ackermann）在 2008 年 2 月 7 日如是说[26]。这场海啸的预警信号，就是银行业一直担心债券保险公司的评级下调，将会再次带来投资的减值和新的资本限制。

• 如果单一险种保险公司被降级；

• 那么不但它们所担保的债券会贬值，而且持有这些债券的银行也将无法满足银行资本充足率的条件。

当然，这很大程度上会取决于监管机构采取怎样的做法。它们会采取与处理次级债和金融衍生工具非理性繁荣同样的方法吗？还是它们会采取行动并最终关闭资本基础薄弱的银行？抑或它们会参照英国财政部和英格兰银行的做法。向北岩银行（见第 8 章）注资 550 亿英镑（合 1 100 亿美元）最后被迫将其国有化[27]？

华尔街的一些分析家认为，银行在将其持有的 CDO 进行减记，是因为它们认为单一险种保险公司不会面临信用等级降级的困境。然而现在看来，这个假设显然过于乐观。不只一位专家认为，最坏将出现以下情况：

• 花旗集团将再次面临高达 100 亿美元的损失；

• 瑞银集团将开始出现高达 87 亿美元的亏损；

• 债券总值将缩水 750 亿美元[28]。

这些数字超出了 2007 年度花旗集团已经损失的 221 亿美元和瑞
银集团损失的 184 亿美元。坏账增长近 50% 说明发生金融海啸的概 25
率已经十分现实。美国公认会计准则和欧洲国际财务报告准则，都已要求持有降级债券的投资者在公允价值的会计准则下标低降级债券的价格。

其他受到重创的还有诸如养老基金之类的实体，法律不允许这类实体持有非投资级证券，因此它们可能被迫强制销售持有的债券。据金融媒体彭博社的一则新闻报道，AAA 级信用的降级将使投资者和借贷者蒙受高达 2 000 亿美元的损失。

支持者也许会说，抛开主权债务不提，现在很难找到 AAA 级债券；在这一点上他们是对的。以欧元区非金融实体发行的债券评级为例（如图 1.2 所示），1998—2006 年，AAA 级债券已经十分稀少，数量与同样在减少的 AA 级债券相当。A 级债券有少量增长，但真正大量增加的是 BBB、BB 和 B 级债券（BB 和 B 级债券是垃圾债券，也就是非投资级债券）。

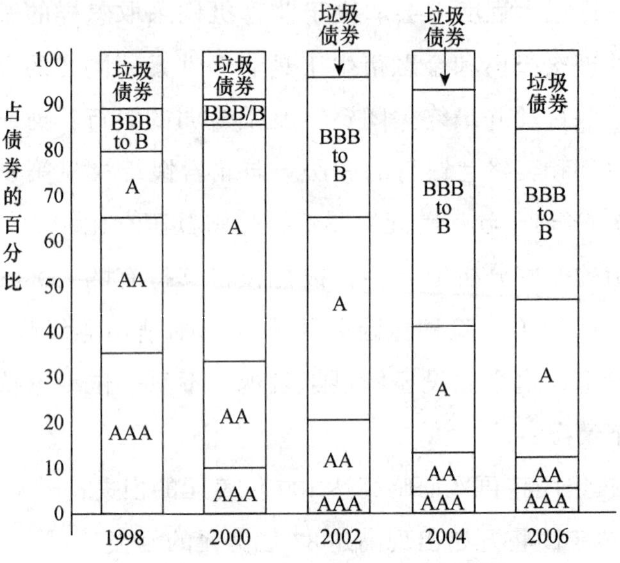

资料来源：欧洲中央银行。

图 1.2　欧元区非金融实体发行的债券信用评级

由于债券信用评级背后隐藏着其发行人的信用等级，因此对于信用违约互换而言，资信的自由落体式下降意味着一场无法缓和的
26 灾难，因为它实际上就等于宣布破产。仅有的好消息就是国际清算银行称，单一险种保险公司只占很小一部分信用违约互换业务；但坏消息则是由于市场庞大，这些仍然相当于 950 亿美元的担保，其

中的多数都出售给大银行。

7. MBIA 和 Ambac：案例分析

约翰·考埃特（John Caouette），MBIA 前首席执行官在会面时告诉我，信用风险比市场风险更能让投资者盈利。问题在于，通常情况下投资者对市场波动性的理解——以及有时与此相关的风险和收益——要多少强于对信贷波动性及其风险敞口的理解。因此，很多人是突然面对这个问题，即次贷危机对广大的投资者特别是担保者的影响。

- MBIA 和 Ambac 金融集团，也就是本案例的主体，是规模较大、较为著名的单一险种保险公司；
- 其他保险公司，包括 ACA Financial、Assured Guaranty、CIFG Guaranty、Financial Guaranty、Financial Security 等。

至 2007 年 10 月底，单一险种保险公司一直被认为是出售给主流投资者群体的市政债券和担保债券的信用担保人。当有单一险种保险公司可能已经陷入困境的消息传出，一些分析家担心这些公司也会加剧与次债相关的困境，并进一步恶化已经产生的消极市场心理。事实证明他们的担心是对的。

风险主要来源于 MBIA 和 Ambac 以及其规模较小的同行在许可范围之外扩展业务。尽管它们以提供市政债券担保起家，但它们近年来的增长主要依赖于对结构化证券提供担保，如资产支持债券和担保债务凭证。人人皆知这些产品存在以下特点：

- 违约风险高于市政债券；
- 比市政债券担保者能够管理的债券更加复杂。

另外，由于许多 CDO 都已经参与到遭受重创的次级抵押贷款市场，这个市场中违约和拖欠还款的程度已经远远超过人们原来的预 27

期，因此很多单一险种保险商面临着急剧增加的保险索赔要求。例如 2006 年底，Ambac 担保了价值 260 亿美元含次级抵押贷款债券的 CDO，然而只有 11.5 亿美元的资本。而 MBIA 的资本只是它所担保的结构化债券和市政债券组合总价值的 1/150。

市场对此作出惩罚。如图 1.3 所示，MBIA 和 Ambac 集团 5 年期的信用违约互换的基差在次贷危机爆发时（2007 年 7 月—8 月间）达到了一个峰值，虽在 9 月有所平缓，但在 2007 年 10 月又开始继续扩大，这种情况在接下来的几个月一直持续。

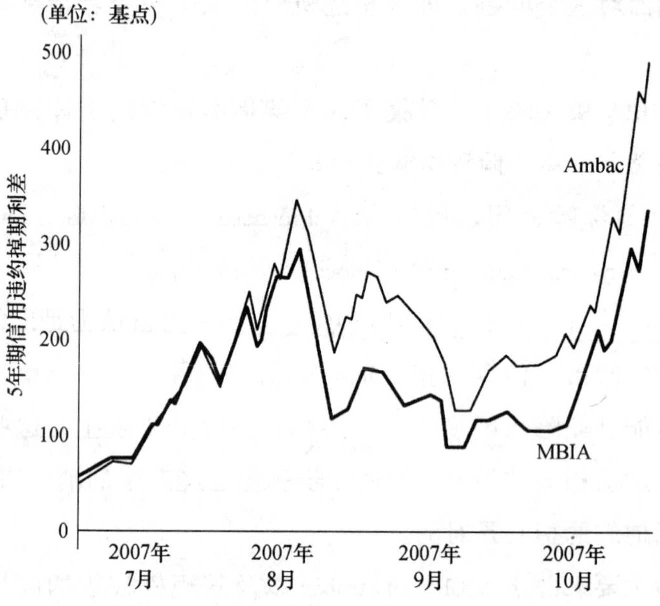

图 1.3　MBIA 和 Ambac 金融集团 CDS 的基差变化

专家很快指出对于美国的各州和各市而言，这是个坏消息，因为几大主要证券保险商信用评级下降甚至出现违约的概率将大大增加。它们所担保的资产支持证券超过 4 000 亿美元，这些证券带来的损失很可能使公司倒闭。彭博新闻社在 2007 年 11 月 16 日写到，一个保险公司的信贷主管提醒道，这次造成的损失堪比 20 次卡特里娜飓风。

28 至2007年11月底，市场已感觉到保险公司的信用降级迫在眉睫。2007年12月19日，标准普尔将一个较小的担保公司ACA财务担保的信用级别降为垃圾级。保险行业内的其他大公司也被警告尽快补充资本，否则它们将面临信用降级带来的以下后果：

- 债券价值下降；
- 持有债券银行的贷款能力的进一步削弱。

另一个重要担心是信用降级带来的附带损害。由于不明智地参与次贷市场业务，MBIA和Ambac，两个最重要的AAA级证券担保公司股价大幅下降，债券利差大幅扩大。它们面临着以下风险：

- 如果单一险种保险公司的信用等级下降；
- 那么只能持有最高或者相当高信用级别债券的共同基金，将被迫卖掉它们持有的市政债券。

如果此种情况发生，将有价值数十亿美元的债券投入已经低迷的市场。批评者认为单一险种保险公司低估了它们承担的风险。由于公众的市场心理并未好转，在穆迪下调其信用评级并宣布其在"某种程度上有可能"资本不足之后，MBIA的股价在2007年12月的第一个星期内下跌了16个百分点。

穆迪发表以上声明后，MBIA第二天宣称自己能够筹集到资本重新回到AAA级水平。一星期之后，MBIA从私募集团华平投资筹集到10亿美元的资本，但此时它已面临着42亿美元的损失；这种情况迫使其管理层又采取了不分红以及增发10亿美元债券等措施来巩固资本。

然而分析家对这种做法并不认同，因为在次贷危机下债务融资并不能改善财务状况。关于MBIA和Ambac会降级的担心越来越多，截至2008年1月17日，相比于2007年的高点，Ambac的股东权益已减少75%，MBIA减少了52%。从比例上来看，它们的损失与美林公司和花旗集团在次贷危机中的损失相当，而后两者是次贷危机中损失最为严重的金融集团。

一些专家认为更值得担心的信贷危机，是次级债和抵押债券的 29
担保公司寻求其他融资方式会带来不可预计的后果。这是对所有投资者的潜在威胁，因为许多带有债权工具的交易，不仅仅是和CDO相关的交易，都是依托诸如Ambac和MBIA这些公司提供的担保[29]。

- 如果MBIA和Ambac信用等级下降；
- 那么所有涉及银行、机构和其他投资者投资组合的业务都会陷入困境。

截至2008年2月，上述影响已造成一些市政债券的拍卖失败，并引起借款成本的提高。例如，纽约港务局表示一些拍卖利率证券的收益率已由4.2%上升至20%。

2008年2月11日，沃伦·巴菲特开始拯救单一险种保险公司。巴菲特的公司伯克希尔最近刚刚成立了一个AAA级的债券担保公司，该公司决定担保此前由三大已陷入困境的保险公司MBIA、Ambac和FGIC担保的8 000亿美元的市政债券；而作为回报，它将获得总额达数十亿美元的、作为未来保费一部分的预付费用。

这个计划部分基于分离潜藏在单一险种保险公司内的风险，这种风险已经通过信用风险传导机制将来自CDO的危机传染到美国总值高达2.6万亿美元的市政债券市场。Ambac认为筹资15亿美元[30]几乎不可能，因此拒绝了伯克希尔的计划；FGIC和MBIA几经犹豫，最后做出了同样的选择。

分析家认为，若计划成功巴菲特将会用伯克希尔的债券再保险公司的50亿美元资本，来占有整个市政债券保险市场的1/3。2008年3月的第一周，市政债券市场蠢蠢欲动，因为两大著名投资者威尔·伯罗斯和比尔·格罗斯（Wilbur Ross and Bill Gross）正在大量购买低价的市政债券。

附录：信用违约互换

信用违约互换是一种双方签订的金融合约，合约由两个法人交易，一个称为买方（信贷违约时受保护的一方）[31]，另一个称为卖方（信贷违约时保障买方不受损失）[32]；买方在某个“信用事件”[33]后定
30 期向卖方缴费用于“或有支付”[34]，卖方提供买方在借款予第三方（如银行或其他公司）时第三方违约的保护。如第三方发生信用违约，则可采用以下两种方式解决：

- 第一种方式是“实物交割”，一旦违约事件发生，卖保险的一方承诺按票面价值全额购买买家的违约金融资产；
- 第二种方式是“现金交割”，违约发生时，卖保险的一方以现金补齐买家的市场价值与票面价值间的差额。

例如，阿尔法银行贷款 100 万美元给信用级别为 AA 的贝塔公司。阿尔法银行从伽马银行购买了信用违约互换，合约规定如果贝塔公司降为 A 级，那么阿尔法将获得 5% 的赔偿；降为 BBB 级，将获得 10% 的赔偿；降为 BB 级（垃圾级），将获得 25% 的赔偿；如果贝塔公司倒闭，将获得全部赔偿。

以上解决信用违约的方法说明，信用违约互换的提供可以被认为是保护买方免受借款者信用评级下降或者倒闭所带来损失的保护性合约。类似地，信用违约互换（CDS）允许信用风险独立于一种金融产品的其他风险，可以类似于一种独立的金融产品而单独交易。

以上是支持者对信用违约互换的看法。然而反对者认为，交易时 CDS 往往是被错误定价的，一旦借款者倒闭，将出现一场无法缓和的灾难。

信用违约互换的使用

违约互换是市场出现最早的信贷衍生品之一，最早于 1992 年由银行家信托公司发明，主要解决银行在与某些公司开展业务时风险集中的问题[35]。一个实体可以通过购买信用违约互换获得保护，规避违约风险[36]；也可以对某公司可能发生的信用违约进行投机交易。基本上：

- 信用违约互换的卖方在信用上做多头；
- 信用违约互换的买方在信用上做空头。

> 例如，阿尔法银行从伽马银行购买信用违约互换可能并不 31
> 是为了防止客户贝塔违约带来的损失，而是为了从某个第三方德尔塔可能的违约、信用评级下调或者其他事件中投机获利。
>
> 贝塔在信用上是多头，阿尔法对德尔塔的信用进行空头。很明显，这是一种不建议但却并非非法的投机行为。银行从事这样的 CDS 业务表明在监管和法律规定方面都有很大漏洞。
>
> 在总值达 62 万亿美元的信用违约互换交易中，90% 与商业交易无关。监管机构允许银行不履行融资媒介的主要职能，却做起了投机商。

信用违约互换可以一个公司的信用作为标的，也能以多个公司的信用作为标的，发生违约时可以用不同的方式获得赔付。例如，它可以与参照资产事先约定的一定程度价格变动为“二元赔付”[37]；或者以初始价格的全额进行实物交割。信用违约可以是事先约定好的时期内的多种情况。

在任何情况下，信用事件必须是实际并且可以客观衡量的，典型的定义为：到期未付、责任违约、加速偿还、债务人对有关债务表示异议破产和债务重组。出于投机目的，一个实体可能在不持有任何标的资产的情况下购买信用违约互换；或者出售信用违约工具，获得某种信用风险敞口以获利。

理论上，信用风险互换应该只在信用评级很高的金融机构间进行。实施上，这种规则经常被打破。在危机之下，一方有可能在赎回收益之外没有必需的资产以满足偿还要求；或者无法承担由于信用违约互换和其他金融产品带来的责任。

> 即便信用违约互换关系到阿尔法给贝塔的贷款，这是一种商业交易的保护，但是阿尔法并没有因为向伽马交纳保费就消除了信贷风险。它只不过将贝塔的违约风险转换为伽马的违约风险。

但出售保护的一方，也可能承担风险，因为信用违约互换类似期权也有很大风险。CDS 通常被错误地定价，因为定价通常假设违约率很低并且在将来会保持稳定。分析该假设对定价的影响，我们

32 应该知道：

- 在信用违约互换交易中，信用保险的购买者向保险的出售者定期交费，这就是信用违约互换作为一种金融产品的价格；
- CDS 价格反映的是违约证券与十国集团政府债券之间收益率的差值。

从上述第二点可以看出，CDS 的价差可表示信用的波动性。如果参照实体违约，买方就会将违约方的债务移交给卖方。由于信用违约互换类似保险合同，因此保险公司在这个市场中很积极，但它们并不必要承担全部的信用风险。

信用违约互换是否有效？

通常只在理想状态下，信用违约互换和组合对于风险分散化是

有效的。为了对信用相关性进行建模分析，分析家假设信用评级的变化是离散的；信用等级的变化与影响标的资产的因素有关。其他假设如下：

- 标的资产的发展是判断是否会发生违约的重要因素；
- 违约距离可以转化成正态化的风险分值，即近似符合正态分布的数值。

> 在相当一部分案例中，将风险在现实生活中的分布近似于正态分布是不正确的。
>
> 信用违约互换主要集中在一些大银行的资产组合，如美国的贝尔斯登、摩根大通，法国的法兴银行和意大利的联合信贷等。它们不断增长的较大的 CDS 风险敞口，属于正态分布的极端情形，是小概率事件[38]。

分析中的另外一个重要假设就是违约的相关性。专家通过历史评级变化的数据，正在研究能否对联合信用等级变化进行建模。实际信用等级和违约相关性可以从评级机构的信息获得，前提是这些信息能够提供反映现实的客观依据。但是实际操作时，往往存在下 38
列问题：

- 样本容量过小；
- 信用评级缺乏可靠性，如 CDO 获得高层级的 AAA 级就说明这点（见第 6 章）。

此外，分析家会采用债券利差的相关性作为债券价值和信用质量更客观的衡量方法。这种方法的不足之处在于，尤其是对于质量较差的债券发行者而言，存在着数据可靠性问题。

另一种方法就是使用股票价格相关性来表示。场内交易的股票价格提供了前瞻式的市场数据，同时也具备较好的时间序列优势。

这种方法将股票市场和债务市场的协同作用资本化。该方法的缺陷在于需要大量时间利用计算机生成信用质量相关性的可靠数据；其次，在一些案例中得到的相关性很低，这导致了对承担风险的错误定价。

信用违约互换错误定价的后果就是保护条件的卖方伽马，收取的费用不足以补偿它所承担的风险。这在超过62万亿美元的CDS市场中比比皆是。

但是，阿尔法也没有得到贝塔信用风险的补偿，因为就其自身的信用风险敞口，也没有得到贝塔的保护，贝塔找到了逃避责任的方法。例如，据2008年3月20日的《纽约时报》称，美林公司（已在次贷市场损失了245亿美元）在与XL资本保险公司对簿公堂时，试图要求CDO保护条件的卖方执行31亿美元债务的担保。但美林除了要支付巨额诉讼费之外，其股价也因此下跌11个百分点，收至41.45美元。

第 2 章

美联储错了

34 1. 中央银行失去了对货币政策和监管的控制

2008 年在瑞士举行的达沃斯世界经济论坛对国际经济讨论的一个重要议题，就是探讨由于中央银行纵容商业银行、投资银行以及其他金融机构为所欲为，从而导致对经济失去控制权的现象。这种态度被错误地称之为新自由主义，实际上大大削弱了中央银行的作为：

- 维护经济稳定；
- 调控货币供给，促进经济增长；
- 保护货币及其它资产价值[1]。

这三点背后的基本问题是彼此联系的。经济稳定需要同时关注系统风险和通货膨胀。而通胀又是第二点所关注的一部分，它的职责主要集中在让利率维持在对每个人都公平的程度上。如果像 2002—2004 年以及 2008 年 1 月末那样，利率不能够弥补通胀所带来的货币损失，而美联储在 8 天之内将利率调低了 125 个基点，那么大部分人的利益，就会让位于小部分人的利益而蒙受损失。

- 因为将钱放在银行所获得的利息要低于通胀所带来的损失，储蓄者没有理由把钱存在银行里。 35

所以在 2002—2003 年格林斯潘掌权期间，当利率降到 1% 时，美国公众的储蓄在 1929—1933 年大萧条之后第一次降到 0。这对于整个经济的发展都是不利的，也为庞氏骗局[2]创造了理想的条件，从而导致了金字塔式的负债累计。如庞氏骗局中：

- 为了自身利润的最大化，一些银行设计出一些毫无价值的金融工具，并对这些金融工具的风险给予空口承诺，于是这些金融工具投资者的资产组合和自身资产负债表就逐渐积累起风险。

中央银行和监管机构对错误的政策并没有给予制裁的一个例子便是：商业银行和投资银行发现用短期借款来进行长期投资（在审判日到来之前）能给其带来巨额利润。于是它们不断地创造新的衍生工具，而忽略其中所蕴含的风险，这便造成了荒谬的次级贷款以及进一步衍生的金融危机。然而，因为一个事例不足以讲述整个故事，下面我将列举出自 20 世纪 80 年代起演变成 3—6 年或者 7 年的周期性危机事件。

- 20 世纪 80 年代早期的拉丁美洲危机；
- 1987 年 10 月的股票市场危机；
- 1989—1990 年的储贷危机、房地产危机以及日本重大的金融危机；
- 1994 年的债券和反浮动利率贷款危机；
- 2000—2001 年的股票市场大泡沫；
- 2007 年次级贷款和房地产泡沫。

虽然造成 1987 年股票市场危机（一个 14.5 倍标准差的事件）的主导因素早于格林斯潘当局的美联储方案，但 1994 年的债券危机却是由一系列稳步提高的利率措施所引发，因为他忽视了传统保守的债券投资会受到：

- 衍生工具；
- 杠杆化的侵犯。

格林斯潘的杠杆化以及适应性利率政策在 20 世纪 90 年代末达到了高潮，并促成了 2000 年股票市场的泡沫。随后，美国便经历了
36 其历史上近 50 年以来的利率最低点，但此时的美联储却丝毫没有意识要结束 2007 年次贷危机泡沫爆发前的投机盛宴。

巴黎经济合作与发展组织（前身为“马歇尔计划”）秘书长葛利亚在 2008 年的达沃斯论坛上说：“艾伦·格林斯潘因没有任何人可以听懂他在讲些什么而出名，”葛利亚的潜台词是格林斯潘大概也不知道自己正在做什么，否则，他不会将美国带入如此困境。

格林斯潘执掌美联储期间所带来的另一个影响，就是银行监管概念几近毁灭。正如前世界银行首席经济学家、诺贝尔奖获得者、哥伦比亚大学教授约瑟夫·斯蒂格利茨在这次达沃斯论坛中所说的那样，银行监管者所建立的运营规范在 20 世纪 70 年代后期还在有序运行，所有的银行都遵守这样的规范。但监管系统：

- 在 20 世纪 80 年代的时候打着自由市场的幌子放松监管；
- 在 20 世纪 90 年代及本世纪则变得更加薄弱。

在 2003 年 9 月，银行监管出现了由削弱到近乎放弃的重大转折，此时监管者对银行创造、打包并出售复杂难懂的金融工具避而不见、视而不管。他们不采取任何措施来恢复经济平衡，但是他们都清楚过快的金融创新会让商业银行和投行超越监管者的监管。

更为讽刺的是，据一些经济学家所言，美联储甚至鼓励消费者参与银行家的方案，比如说格林斯潘本人将可变利率抵押贷款总结为一种非常重要的金融工具并建议人们购买。当这种以及类似的诸如允许对冲基金放任自流以及衍生工具银行间场外交易快速增加（参见第 1 章）等事件大规模发生时，中央银行便失去了对经济的控制。当它允许商业银行：

- 证券化；
- 提供抵押；

- 向个人和公司出售连他们自己都不懂的金融工具时，他们其实掉下了监管的悬崖。

在 2008 年的达沃斯论坛上，前财政部长以及瑟伯勒斯对冲基金的主席约翰·斯诺在回答斯蒂格利茨的评论时几乎在说“谢谢，每 37
个人都一切正常”。斯诺的话受到了一位来自苏黎世金融服务集团的年轻人的支持，他建议说市场及其参与者应该被放任去做他们所愿意做的事情（以前曾繁荣一时的苏黎世保险公司就是这样做的，将其自身转型为“金融服务者”，实际上几近破产，在最后一刻被拯救但缩减了规模）。

这位前任财政部长并未提及但是听众们很期待的一个话题是，由于金融国际化（参见第 3 章），美国货币政策的自由度受到了诸如中国、印度、俄国、巴西以及其他高速发展国家货币和汇率政策的制约。因此，华盛顿、伦敦、柏林和巴黎所做的决策，对国际金融体系的影响部分减弱了。另外，

- 世界经济不可能同美国经济的硬着陆脱离联系，更不用说经济的下滑；
- 即使有一些国家在这次的次贷危机中不受影响，它们也不会对新的萧条免疫。

一旦美国大额的进口需求（从而中国的出口以及印度的内包）减弱，中国和印度都没有足够的内需来弥补损失。相反它们都会面临着巨大的创造新工作机会的压力，而这在本国内部是很难实现的。

谈到美国金融和经济危机扩散到新兴国家的可能性时，摩根斯坦利亚洲区主席史蒂芬·罗奇指出，如果我们所使用的是市场汇率，那么美国消费者的花费比中国和印度加起来的 6 倍还要多。如此说来，即使新兴国家的消费快速增长，它们也不能免于经济危机或者拯救世界经济。“欧洲不会是美国经济下滑的唯一牵连受害者。”罗奇补充道。

在目前国际生产和消费的状况下，亚洲比 5 年或者 10 年前更加依赖于美国。在听取了各方不同的观点之后，达沃斯 2008 年特别会议有 59% 的投票认为中央银行失去了对金融市场的监控。会议的精神是需要在国际范围内加强监管。但是这里有一个意外事件（参见第 3 章第 7 节）。

38 2. 美联储匆忙救市

达沃斯特别会议的另一个结论便是美联储对经济形势的把握有误。在其他场合中，许多经济学家也认为自 20 世纪 90 年代以来货币政策的方向就有偏误，这在 2007—2008 年的大幅利率下调、政府层面扭曲的财政政策（第 5 章）以及对银行监管所面临的不确定性中可见一斑。

没有哪个银行风险敞口的风险权重是零，或者可以是零，因为金融业是把财富建立在风险基础上的。风险必须可以稳定地被测量、限制、控制以及审查。现如今的问题不仅仅在于管理层面，而且还存在于银行监管尤其对大银行的监管方面。2008 年 4 月 1 日，大概是现今世上最好的经济学家亨利 · 考夫曼在电视采访中说：

- 如果有些银行由于太大而不能倒闭；
- 那么它们就应该被严格地监管[3]。

考夫曼提议说，对于太大而不能倒闭的 25—30 家美国银行和其他金融机构，必须要有一个特别的监管机构对其实行严格的监管（参见第 10 章），毫无疑问，他是对的。一旦大银行及其所带领的银行业陷入混乱，事后的官方声明、保证、重组和刺激方案都只是空谈而没有任何意义。这是因为它们会对市场心理造成影响，比如“美联储知道一些我不知道的事情”——这样其实是放大而非限制了外在的消极情绪。

布什政府在2008年2月所提出的财政刺激方案就是这样一个例子。专家认为该方案存在远远超出预算的风险（虽然财政预算本来就是赤字），并加剧美国经常账户的赤字。虽然限制进口和减少赤字必然会带来经济的衰退，但这一举措是许多经济学家期盼已久的，因为美国有着5%的超额消费[4]；但是布什的刺激方案与需要控制的问题恰恰相反。

- 5%的过度消费反应了消费者的心理；
- 它符合经常账户赤字的趋势，而这种趋势在弱势美元的情况下不会扭转。

美国的消费量一直维持在GDP的67%，而西欧却仅有62%，这 39
就意味着美国经济从来没有离开过这种过度消费，以至于最后将其带入次贷危机的深渊。而过低的利率使得美国在消费和经常账户赤字方面形成了恶性循环。像格林斯潘2002年减息的举动一样，伯南克的减息使人们意识到美联储的目标仅仅只是保护市场。

同样有传闻说，法国兴业银行49亿欧元（即72.5亿美元）事件及其所带来的市场混乱影响了美联储的决策。而当德国公共部门最大的银行——西德意志州银行宣布还需要20亿欧元（29亿美元）的资金注入时，股票价格再一次大幅下滑。

约瑟夫·斯蒂格利茨认为："我们现在可以预见到经济管理失误所带来的严重后果。"乔治·索罗斯指控美联储降息的行为是"以一种非常恐怖的形式进行的，因为人们害怕背后是不是掩藏了什么问题。"还有就是对单线保险人（参见第1章）和货币市场基金存在棘手问题这种流言的担心。"为了实体经济的发展，我们必须用一致的策略来替换临时性的、支撑世界经济的方案，"国际工会联合会[5]总书记盖·瑞德（Guy Rider）说。

欧洲中央银行行长让-克劳德·特里谢（Jean-Claude Trichet）强调说，他将把抗击通货膨胀放在首位，同时他坚信欧元区的问题和美国不同。在特里谢的观点中，他将欧洲中央银行和美联储进行了对比。英国中央银行行长默文·金（Mervyn King）指出，最近的市场动荡不会阻碍他们谨慎降息的步伐。对于通货膨胀有可能超过预期目标的问题，他争辩说：

- 英国和世界经济的调整是必要的；
- 持续的风险重新定价不是一个“我们应该试图逆转”的过程。

伦敦经济学院教授和前英国中央银行货币政策委员会成员查尔斯·古德哈特也在会议中做了一个很令人开阔眼界的评论。他说通货膨胀极有可能在预期目标之上，这将使英国中央银行降息面临很大的问题，而这种情况同美国和欧元区所盛行的不同。

40 与默文·金关于降息的观点相呼应，来自哥伦比亚大学诺贝尔经济学奖获得者菲尔普斯的发言，表明了他对忽略私人部门问题这种政策的怀疑和疑惑。菲尔普斯补充说，他对政治家呼吁防止衰退的行为深感担忧，因为他们似乎认为美联储凭借降息和减税的政策就能对付或消除银行部门的脆弱所带来的结构性问题。

除了达沃斯论坛，在 2008 年 1 月 30 日的一次电视访谈中，来自瑞士的埃里克·费伯谈及美国经济和美联储接连降息 75 个基点和 50 个基点时，我们可以将他的观点总结为短短的一句话：“黑暗的时代即将到来了。”其观点主要是：

- 如果美联储没有解释经济和金融的问题就重组了整个系统；
- 那么美国经济将会陷入类似的或者更为严重的困境。

费伯将 2007—2009 年金融和信贷危机的根源追溯为由于格林斯潘在 20 世纪 80 年代没有按照保罗·沃尔克的政策而让美国经济陷入通货膨胀，从而投资者会太过容易地获取过多的货币。重新审视 20 世纪 70 年代的经济环境，费伯说，我们会发现那时股票或者债券都表现不佳：

• 债券在未来的 10 天或者 1 年大概都是安全的；

• 但从长期的角度来讲，30 年期的债券是最糟糕的一种投资，因为利率的计算中并没有考虑到未来通货膨胀的因素。

他同时强调说，按照他的观点来讲，新兴市场也并非安全，认为它们将不受西方国家危机影响的言论简直是无稽之谈（本章第 1 节）。费伯补充说，金融部门已经分解开来，现在不再存有金融中介，从而他对伯南克表示失望，因为伯南克是一个学者，他在货币政策中受到了误导，从而导致了：

• 他没有意识到经济和金融市场是分离开的；

• 他始终试图要重振衰败的金融市场，而不是将重点放在重组美国经济上。

费伯在美联储现行政策的观点上同许多经济学家是一致的，他 41
们认为衰退会促使经济精简掉冗余的部门，从而质疑是否有必要花尽一切代价来试图避免经济衰退。

重新回到 2008 年达沃斯世界经济论坛上来，纽约大学教授努里尔·鲁比尼呼吁美联储拿出一个更为均衡的方案，“以前是格林斯潘式行为，现在是伯南克式行为，”他说市场意识到的是美联储的两任主席都倾向于在风险偏好的投资者们受到损失的时候降息。总体来说，2008 年达沃斯论坛上涌现出了三种批判：

• 大幅降息发生的时间点设置在仅仅联邦公开市场委员会例会前一周，会令人恐慌；

• 这种举动的真实意图是要试图给予股票市场过多的宽慰；

• 最重要的是，其他的考虑都被搁置一边很有可能大幅降息的政策并不会奏效。

哈佛大学理查德·库珀教授对于这个问题的观点是，美国将来的经济还会经历更为痛苦的阶段。东京大学教授伊藤隆敏指出了一个令与会人员都感到非常可怕的问题，即：“如果金融危机通过保险公司传递到地方政府债券上，那么情形将会更为严重。”

美国财政部副部长戴维·麦考密克很关注世界上其他地区是否有能力不受影响美国经济的因素的制约。他强调房地产市场的衰落、信用风险的减弱以及上涨的商品价格不仅是全球问题，也是一个快速蔓延的问题，所以其他国家想不受其影响是很困难的（参见第5章布什政府为走出萧条所采取的错误方案）。

3. 回顾卡特的年代

2008年1月末，美林首席美国经济学家大卫·罗森伯格预测美联储基金利率将下滑至1%。一些经济学家依照当时的世界经济环境，并不认同这样的推测，并期望世界经济合理的增长能够抵消一
42 部分美国的衰退。还有人认为将信贷危机单单视为美国的问题是没有用的，因为信贷危机目前看来有着全球蔓延的趋势：

- 如果罗森伯格是对的；
- 那么我们将面临的是金融市场长期的混乱。

好消息是，不论是布什政府的刺激方案（参见第5章），还是极低的利率政策都达到了一致的效果。很多美国经济学家和金融专家都意识到了这种政策方案的消极面。摩根大通的经济专家小组最近将大幅降息和刺激方案总结为“使用激素来冒险治疗”。那些对“明显的”方案提出挑战的人们对美国经济展望提出了一个关键问题，即：

- 这样一剂高剂量的抗衰退药物究竟是否对症下药？
- 或者说相对于想要治疗的病症来说，这种方案是否会引致更为致命的新疾病？

2008年1月大幅降息时，顶线通涨（headline inflation）已经达到了4.3%（以年度为基础来计算），造成了资金的负利息，在2008年

结束之前，投机者可能会面对着美联储突然升息的危险。这种连锁反应估计是因为害怕过热的经济会导致卡特时代的滞涨发生。正如美国著名经济学家爱德华·亚德尼向其客户所说的：“我记忆中以往不曾见过在没有明确证据表明会有经济衰退时，会如此快地出台这么多的刺激方案和救助计划[6]。”

因为全球存在通货膨胀的趋势，因而美国政府和美联储所承担的风险由此加大。在 2008 年 1 月，中国的通货膨胀达到 7.1%，而 1 个月之后随着食品价格惊人的上升，通货膨胀就升至 8.5%。法国和西欧的其他国家也都有食品价格涨至顶峰的经历。

在卡特的年代，滞涨是中央银行不惜一切代价所应该避免的。从过去的失误和教训中汲取经验总是明智的，而并非仅仅是吸取 20 世纪 90 年代的经验教训才算明智。同样，在本世纪早期，短期利率降至极低的程度，联邦基金利率降到了 1%。这导致了全球信贷泡沫的产生由于：

43 • 可以根据需要轻而易举地获得大量资金；
• 毋需质疑信贷质量问题。

当时，投资银行所做的评论是，联邦基金利率下调至 1% 时，美联储则没有必要再扩张美国的经济，而应当反过来“免费给中国钱”。不仅仅如此，还给中国财政部 1.4 万亿的战争基金。同时，他还把货币大量地投向市场，我们知道这样做所带来的后果（之后会详细讨论）。

依照不受竞选年政治影响的美国经济学家的观点来看，美联储在 2007—2008 年过度地关注了利率。为了现实原因，美联储仅仅关注了信贷的价格，而忽视了对信贷有效性的控制。换句话讲，它们不能够迫使金融机构开始或者停止贷款。美林的研究给出了两个例子来说明这一点：

• 在 2004—2006 年升息的时候，美联储没有迫使银行停止贷款；

• 数十年来，日本中央银行都在说服日本的金融机构往外贷款，但即使是中央银行将利率降到几近为 0，也屡屡失败[7]。

与上述无效的顶线方法（headline measures）相反，许多投资者和专家呼吁，以诸如加大对信贷危机中损失的披露力度等措施推进透明度的形式来促使体系得以延续。呼声最高的是对信用评级制度的改善，以及对与此相关的信用评级机构自身利益冲突问题的解决（参见第 6 章）。

另一个重要的提议是针对巴塞尔委员会在银行监管方面的问题提出的：要制定出改善流动性风险国际化管理的标准，以及相应的对银行更为严格的资本要求。所有的金融机构在类似于美国次贷危机、杠杆化交易以及其他风险敞口的冲击下都应该保持自身的实力。

这些本应在巴塞尔协议 II 中得以体现，巴塞尔委员会应规定新的资本充足性管制并付诸实践[8]。但事实不是这样。恰恰相反，巴塞尔协议 II 应该提出的保障措施都不在此之内，而其模型和规则现在广泛被大银行用于毫无益处的监管套利。

44 4. 大而复杂的银行集团和系统风险

早在第一个国际资本充足率标准——巴塞尔协议 I，即由十国集团的中央银行签订协议所组成的巴塞尔委员会达成银行监管方案时，所谓的大而复杂的银行集团就开始了监管套利行为。在巴塞尔协议 II 中，以资本充足率所进行的欺诈已经成为了一种“科学”，如表 2.1 中的数据所示（摘自《金融时报》），将权益资本（核心资本，最近被称之为巴塞尔协议零（Basel zero））和巴塞尔协议 II 的资本进行了对比。

表 2.1　监管套利：巴塞尔协议Ⅱ和巴塞尔协议零[1]

	核心资本比率	
	巴塞尔协议零	巴塞尔协议Ⅱ[2]
瑞士联合银行	1.0	8.6
苏格兰皇家银行	1.2	7.1
巴克莱银行	1.2	7.6
德意志银行	1.4	8.7
法国兴业银行	2.0	6.1
瑞士信贷公司	2.2	11.5
法国巴黎银行	2.8	7.3
渣打银行	3.5	7.5
汇丰银行	3.9	9.4
意大利联合信贷银行	4.1	6.7

1.《金融时报》，2008 年 2 月 8 日。

2. 2008 年 2 月找不到适当的原因不相信这些数据，但是在一系列干涉下，到 2008 年 10 月就可以明确地看到它们是被夸大了的。相反，巴塞尔协议零中的数据看起来是正确的。许多大银行在巴塞尔协议Ⅱ下的资本都主要是由不良资产组成的，因而，它们迫切需要纳税人大量的资本注入来得以存活（正如表 1.1 的脚注中所解释的那样）。

本文有意将大而复杂的银行集团命名为大银行，因为这样更好记忆。更确切地说，它们实际上是庞大的全能银行，从事商业银行、投资银行、保险、抵押贷款、渠道、结构性投资公司、对冲基金等各种金融业务，2007 年欧洲中央银行的一份研究确定了其中的 36 个，而令人惊奇的是有 21 个都位于欧洲。

大而复杂的银行集团数目与日俱增。2007 年仅在欧元区就新增了两个：一个是合并造成的；而另一个是源自于自身的发展。而欧
元区以外也新增了两个。但是，数量的增长并不意味着良好的信贷 45
质量，事实证明其信用违约互换在 2007 年 7—8 月以及 11 月初期的大额增长。

通过采用大银行集团信用违约互换的利差（参照第 1 章）以及资本回报，欧洲中央银行的分析家们对联合违约做了实证研究。这在市场感知不利的系统性影响发生可能性的基础上，提供了一个新的金融稳定性指标，这种观念需要引起我们的注意。

研究发现，市场参与者们认为 2007 年 11 月初的市场混乱，比以往任何时候对大银行集团都有着更深远的潜在影响[9]。毋庸置疑，造成这种结果的关键原因就是大银行的资本不足。由权益资产组成的核心资本基本上被耗尽，表 2.1 中的巴塞尔协议 II 所显示的资本数额已经膨胀得面目全非。因而：

- 想要体系得以持续，经济学家、金融专家以及银行家们提出只有核心资本才能够被监管者接受；
- 每个银行都应该向监管者和公众披露自身的核心资本和流动性，以排除诸如“混合证券”、“递延资产”等杠杆化工具的诡计。

完整真实的财务报告不仅仅是新的全球资本充足率和流动性管制的要求，在国家的层面上也是新立法的要求。资本充足率和流动性的规则必须简明扼要，旨在控制大银行集团如同表 2.1 所示的那种奸诈的行为[10]。而且，为了金融的稳定，其行为表现必须要受到中央银行密切的分析和监控，具体来说：

- 随着全球化以及金融创新的快速发展，旧的标准已经无法再控制系统风险了；
- 更糟糕的是，在现如今监管减弱的状况下，监管者已经遵从于大银行集团的意愿了。

监管机构不仅需要凶猛严厉，而且还应该经常审视监管规则中
46 操作上和结构上的变化效果。关键的因素诸如：全球化操作的程度、跨境资产、服务的普遍性、交易工具的复杂性、交易收入、利润和损失、杠杆化程度、负债的增加、存款和其他消费者资产的风险、风险敞口的对冲、风险管理的质量以及兼并收购和可持续的发展。

自 20 世纪 80 年代开始，越发宽松的监管和立法是吸引银行在资产负债表外大肆投机直到东窗事发的源泉。2007 年 2 月 6 日《金融时报》上的一篇文章中，马丁·沃尔夫指出过去 30 年金融体系的两个主要特征为：

- 引发危机的能力；
- 公众风险和个人回报之间不匹配。

这两个因素造成了在过去的 30 年间，即 1977—2007 年之前（不包括 2007 年），虽然有些金融危机损害了个体经济，但没有任何一次能够重创全球经济。但是，现在的情况却改变了，美国长期严重的经济衰退（或者是萧条的开始）不仅损伤了存款者、住房拥有者和消费者，还潜在地伤害了许多经济体，造成了严重的社会和政治后果。这样的“一些问题”不仅仅是投资银行的，还是整个银行业的：

- 它将金融转变为全球的蒙特卡洛（著名的赌城——译者注）；
- 赌徒们在赌桌上所输掉的数十亿美元对旁观者也造成了伤害。

美林的研究表明，全球金融市场刚刚迈入“适者生存”的阶段（经常是达尔文因为这句话而受到赞扬，但实际上在达尔文之前，赫伯特·斯宾塞早在 1864 年的《生物学原则》上就讲过这句话。虽然斯宾塞也是将这句话用在经济上，但是我们质疑斯宾塞或者达尔文是否曾想过他们的智慧结晶如今被用在解释大银行集团在金融市场中孰生孰死的问题上）。

总之，管制大银行集团是全球经济所面对的突出问题，政府于
此应该立刻提起注意，而非企图依靠降息来解决问题。从长期来看， 47
只要大银行集团还没有受到新的格拉斯—斯蒂格尔法案及其他法案的制约而分散化，那么系统风险将会长期存在。

5. 需要一个新的格拉斯—斯蒂格尔法案

欧洲中央银行关于大银行集团同时倒闭的可能性的研究甚为及时，因为造成 1929—1933 年大萧条以及之后影响的主要因素，就是大量信贷机构的倒闭和美国公众在银行业存款的消失殆尽。面对这样的挑战，罗斯福政府创立了联邦存款保险公司，让其作为银行存款的担保者以及防止银行倒闭的代理机构，并在 1933 年通过了格拉斯—斯蒂格尔法案。

格拉斯—斯蒂格尔法案将商业银行和投资银行的职能分开，旨在防止商业银行用存款者的存款和其他资产投机。这个法案在蓬勃发展的 20 世纪 80 年代以前没有多大的改变，直到国际金融市场上资本跨界流动增加，最终在流动盛行的克林顿任职期间开始不再如此有效。

70 多年的审慎制度最终还是被赌徒式的社会所取代。于 2000 年 3 月生效的格雷姆 - 里奇 - 比雷利法案允许合格的银行控股公司（即大而复杂的银行集团）成为金融控股公司，从而可以在很广的范围内执行金融操作、创造金融工具以及拥有风险敞口。该法案将许多行为都视为金融的本质，包括：

- 零售银行业务；
- 商业银行；
- 证券交易；
- 承销；
- 股票市场中做市；
- 投资管理服务；
- 保险业务，以及更多。

格雷姆·里奇·比雷利法案指出当美联储认为某个金融控股公

司在兼并收购等活动中遇到困难的时候，他有可能会对该公司的收
48 购或其他行为设置限制、约束或禁令。但这种限制迄今为止还没有出现过。而确切发生了的事实是全面的金融困境已经损害了整个美国经济。

对此法案的批判认为该法案没有给予美联储足够的干涉权。仅仅在大银行集团被认为没有合适的金融和管理资源来进行诸如维持其他公司的所有权等某些操作的时候，美联储才可以干涉，但没有提到：

- 大银行集团没有能力进行风险管理；和
- 其没有掌控好所管辖领域的各个部分、各种金融工具以及每个竞争对手的风险敞口。

目前来看，这两点所提出到的失职比大银行集团失去一桩收购案件更为严重。2000—2008 年的很多实例让我们有理由来更正该行为，但直到 2007 年的次贷危机之后，一些监管者才开始重新思考商业银行和投资银行混业经营是否明智。要设立一个明确界限的原因不仅仅在于用他人资产来投资的巨大假定风险，而且还存在着道德风险问题。

- 如果经营顺利，银行的首席执行官、交易员、投资经理和其他专业人员都会拿到报酬；
- 但如果不顺利的话，存款者和纳税人将会为银行的失误买单，同时政府也得对此加以救助。

不仅交易员为了拿到高额的奖金而不惜冒险（参见第 6 章）。他们的老板为了赚钱也会如此，而一旦银行出了问题，高管都会拿到大笔的补偿金。为了树立道德规范，中央银行、监管当局和政府应该让一个大银行作为示范先行倒闭，以保障小存款者的安全。但是当局并没有采取这样的措施，因为他们不想让已经被银行拖垮的经济雪上加霜。

与其通过拯救计划、大幅降息以及各式的刺激方案来砸钱，还不如对银行部门进行重新立法和完善监管。这个行业有时间而且已经证明了有能力来制造严重的危机，但同时又有政治力量以“自由 49
市场”（用词不当）的名义使其远离监管。

新的格拉斯—斯蒂格尔法案成功的关键在于改变立法使得资产比负债重要。如今，权益要征税而负债不需要。这种对服务于权益资本的股利要征税而为债务所付的利息不需要征税的事实大大激发了杠杆化的动机（利息税款抵扣的法律最初起自于 19 世纪，没有多少经济原理）。包括美国财政部在内的许多批判认为重视负债的政策将：

- 损害生产力；
- 扭曲经济观点。

除了要惩罚杠杆化以使其削弱外，新格拉斯—斯蒂格尔法案还需要奖励金融机构控制未来过剩的行为。它需要明确地指出风险管理是适者生存最关键的因素，对这个具体的使命可以举出 2002—2007 年几乎所有的金融操作者都惨痛失败的案例。他们没有拿出足够的资金来：

- 找出适当的风险控制方法；
- 进行深入的员工培训；
- 为应对危机做好准备。

所有的钱都花在了赌桌上。为了每年高额的奖金，动机在他们的脑中发芽，而不管错误的计算将带给银行、银行的雇员、股东、债券持有人以及大众的灾难。两个可靠的原则应该为：

- 只有在金融工具过期、实体可以从中获利时，激励措施和奖励才可以发放；

- 银行家、交易员、投资者和其他金融操作人员只谋求前期奖励而不顾后期所带来的损害是不道德且达不到预期目标的。

已故的冒险家、打破记录的前投资银行家斯蒂夫·福赛特给我们留下了一个很好的正确激励措施的案例。他买下了 50 万欧元的保险，而待其环球气球飞行成功之后将会获得 300 万的收益，而最终他的确成功了。

50 6. 欺诈和惩罚

结构性金融产品是为一些投资者或者细分市场所设计的一种衍生工具，证券化的次级贷款就是这样一个例子（参见第 4 章）。卖家在出售结构化产品的时候不会告诉买家，几年后这种产品有可能出现一系列的问题而最终造成损失。

结构化金融产品的欺诈部分在于他切断了借款人、信用评审人和违约时的风险承担人之间的联系。因而，没有贷款人、经纪人或者服务商可以提供原始凭证来保障承销的质量。而美国国会出台的两项法案旨在修正这种错误。

其中一个代理人义务条款让发起者承担放宽贷款的部分责任。对此，很多银行及其游说者表示反对，但并非所有的银行都反对这样的条款。摩根大通就辩解说某些组织需要改变证券化有害的偏见。

第二个条款允许宣告破产的法官改变垂死挣扎中的借款人的抵押贷款结构，但是对此银行都表示反对，认为这样是对“贷款池契约神圣性的一种不可容忍的侵犯”，这当然是无稽之谈。即使没有这样的法案，在美国券商们也面临着：

- 司法部门；
- 许多州级总代理商；
- 美国国税局；
- 美国联邦调查局；
- 证券交易委员会[11]的调查。

来自于投资者和受害的市政当局的诉讼案件越来越多。2007 年

8 月到 10 月期间，按照全年的速度来看，美国的联邦证券共同起诉案件达到 270 起，比 2006 年的 2 倍还多。专家预测这种诉讼额将很快超过由网络泡沫和股票期权倒签丑闻而引起的总和。而且，次贷诉讼和以前最大的差别在于其延伸的范围极其广泛。

在 2001 年安然以及 2002 年阿德菲亚和世通公司破产之后，诉讼案件的对象相对比较集中，主要是破产的网络公司、其注册会计师以及银行。而相对而言，次级贷款中受害的投资者将目标瞄向了抵 51
押贷款借款人、代理商、投资银行以及：

- 诸如美国国际集团等保险公司；
- 道富银行、摩根奇根等债券基金；
- 标准普尔、穆迪等信用评级机构；
- 必杰房产、托尔兄弟等建筑商等。

银行间的观点也不一致，2008 年 2 月 24 日，德国北方银行起诉瑞银并让瑞银赔偿其售卖给它的信贷衍生品投资组合所招致的上百万的损失。但事实上很难相信一个银行自己不知道它所购买的是不良资产，这只是衍生品诉讼案件中的一个代表。

投资银行贝尔斯登作为责任保险承保人估计在此类的诉讼案件中会损失 80 亿—90 亿美元。而受损最大的大概就是那些从事复杂高风险交易的公司。例如，美国保险公司最近要在与债务抵押贷款相关的互换资产上减计 49 亿美元；而瑞士再保险公司已经在两类信用违约互换上减计了大约 10 亿美元，而且还要在错误投资的美国抵押贷款上损失数十亿美元。

借款人控诉贷款人和华尔街的公司将垃圾贷款证券化并卖给他们。同时诉讼也变得全球化，澳大利亚地方议会就曾威胁说要起诉雷曼兄弟子公司出售担保债务凭证[12]。甚至贷款人之间也在相互控诉，而律师在此过程中则大发横财，收益颇丰。

诉讼一方面已经变得全球化，另一方面会给银行的声誉带来不好的影响，因而银行家们应该促进而非反对美国国会的这两项议案。通过限制不合理的风险敞口，避免银行和其他金融机构为了丰厚的利润和渐长的年终分红而承担过多的风险，这些立法将首要帮助银行自身恢复日益减弱的风险抵御能力。

初始看来或许情况不是这样，但是避免次级贷款这样的危机对每个人都是有利的。连城镇的居民都因为丧失抵押贷款的赎回权而损失了大量的资金。据一些估计表明，若丧失了抵押贷款的赎回权，那么一个房屋在价值方面每 1 美元将会损失 20—60 美分。而贷款人认为一起丧失抵押贷款赎回权的事件将会给他们带来至少 5 万美元
52 的损失。当局声称他们面对的是高昂的成本，因为丧失抵押赎回权的这些房子由于闲置会为犯罪提供场所，而且会增加：

- 警力成本；
- 巡视成本；
- 法庭审理成本；
- 消防成本；
- 潜在的破损修葺成本。

而且还有未缴纳的用水和垃圾处理费用等等。同时丧失抵押赎回权的这些房子会使附近居民的房屋资产贬值。针对目前大量出台的抵押贷款政策，一些评论家说美联储和政府应该注意到，理论上原本旨在帮助房屋拥有者的努力现在实际上都在致力于减缓房地产市场的崩溃，即：

- 保障数额庞大的抵押贷款证券的价值；
- 维护拥有这些证券的机构的权利。

因而，他们想维持的制度实际上会把房屋的价格和租金提升到前所未有的高度，降低占美国人口 50% 的低收入群众的生活水平，而非真正想帮助普通公众。2008 年 2 月 25 日美联储前任副主席、普林斯顿大学副校长阿兰 · 布林德提议说要想真正地帮助这些民众，

需要建立一个新的联邦机构在业主即将丧失抵押贷款赎回权时买下住房。

“我们又回到了 1933 年。”布林德在一次电视访谈中提到联邦存款保险公司和其他罗斯福年代的联邦机构时说。随即，他补充道，不管是房地美还是房利美都无法解决这次的次贷危机，而新机构估计可以接管 100 万—200 万美元的住房贷款，但这样做需要大概2 000 亿—4 000 亿美元（极有可能需要双倍于这个金额）。一些国会议员说需要大概 200 亿的初始资金，事实上这只是杯水车薪。

美国储蓄监管局所提出的一个观点就是如果资产升值的话，可以给抵押贷款人一些好处。在这种机制下联邦住房管理局需要在房屋现值的基础上给新的抵押贷款投保。而现有的贷款人基于这个和初始贷款之间的差额上有一个负的资产求偿权，一旦房屋以高价卖 53
出，这个求偿权就可以执行。反对这种机制的人则认为：

- 如果住房拥有者从资产升值中获得的好处受到了某种损失；
- 那么他们将立即抛弃手中的权益为负的房子。

不管解决办法是什么，他一定会要求大量的资金。而我们不能让纳税者付大量的定金来为他人的错误和欺诈买单。相反，我们可以借鉴罗斯福时期的另一种解决方案，即有抵押贷款的银行通过拿出其过去、现在和将来盈利的一部分来为新机构的资本融资（正如联邦存款保险公司那样）。

7. 主权财富基金作为最后贷款人

在 2008 年的世界经济论坛上，经济学家评论说主权财富基金的涌现会改变世界经济的动态发展。其中争论的一个话题就是主权财富基金究竟是自由市场参与者，还是政府的代理机构，因为它直接依赖于政府。另一个问题就是主权财富基金究竟在多大的程度上是政治捐客和权力中心。

一个十分有趣的小笑话诠释和说明了后一个问题。据说将花旗集团从破产危机中解救出来的 75 亿美元还不到阿布扎比 1 个月从石油中获得的收入。因而，即使获得救助的大银行破产了也没有什么大的关系。但是从另一方面来讲，我们不能够忽视主权财富基金的出现使得财富向发展中国家转移，它有：

- 严重的地缘政治学的暗示；
- 深远的经济后果；
- 过渡时期将极有可能存在政治、社会和金融局势的动荡。

过去，银行若需要钱的话，会转向西方资本市场或者从其他银行同业拆借。而现如今，银行间不敢再自由借贷了，因为它们清楚这个行业的账户变得很混乱，不管是表内还是表外业务都存在着大量的风险。也正是因为同样的原因，虽然从 19 世纪中期到后期历经了这么长时间，国际资本市场现在却不再愿意成为大规模资金的源泉。

54 自 2007 年第 4 季度主权财富基金开始将美国和欧洲的大银行从破产边缘中救助出来以来，它就为自己挣得了两个截然相反的名声：金融体系的救世主以及西方国宝的巨大威胁。而事实是处于这两个极端之间：主权财富基金代表了愈发活跃的主权财富投资者，而他们是不可以忽略的。

因而，主权财富基金可以视为市场全球化的产物，是一种跨国金融机构。主权财富基金和其他跨国公司的不同之处在于它们是政府控股并秘密进行的，这也是美国财政部之所以努力劝说它们要增加透明度和责任感的原因。这应该可以消除人们对主权财富基金在美国银行和其他商业领域投资的忧虑，况且主权财富基金：

- 大部分都是长期稳定的，以商业为导向的投资者；
- 仅仅只是在 2007 年它们才成为受损的西方银行的最后贷

款人。

第一点告诉我们主权财富基金所从事的是具有合理安全性和较好收益的投资。资金不仅仅是由持续增长的高油价带来的，除此之外，全球发展的不平衡也在持续地刺激外汇储备，使得：

- 一些国家外汇储备大量增加，国库满溢；
- 另一些不介意经常账户赤字的国家外汇储备大幅度减少。

要为这些大的基金排名并不是一件容易的事情，因为它们之中的大多数都是高度保密的，甚至没有对外公布其投资组合的规模，更不用说投资的类型和范围。然而大家都清楚的是，其中一些是大型而且相当活跃的。例如阿布扎比投资局、新加坡政府投资公司和淡马锡、中国投资公司、科威特投资局、卡塔尔投资局、迪拜国际资本、俄罗斯稳定基金、挪威政府养老基金以及其他等。

沙特阿拉伯有一个货币机构，这是一个非官方的投资机构，但是很多银行家都将其视为潜在最大的主权财富基金来源之一。阿布扎比投资局的资产超过 8 000 亿美元，被普遍认为是最大的主权财富 55
基金。挪威政府养老基金资产大概为阿布扎比投资局的一半，其 60% 都投资于债券，其余的则为股票。它还持有大量的公司股权，不过通常对每个公司的投资都被限制在该公司权益的 3% 以内。

主权财富基金的投资策略之间具有很强的相关性，因为其资金筹措在快速地增长，而投资原本就大量地分散到了索尼、欧洲宇航防务集团、瑞银等公司中。2007 年 9 月，阿布扎比的股票交易获得了伦敦证券交易所 28% 的股份，差不多相当于纳斯达克的 31%。这是一系列非常复杂的交易，包括了北欧证券交易所、斯德哥尔摩期权交易所。卡塔尔投资局虽然没能得到纳斯达克的股份，但是它从两个对冲基金手中也几乎购买到了 20% 的股份。

还有其他的一些投资，它们共同作用，导致银行业自我损伤。花旗集团、美林、摩根斯坦利、瑞银、巴克莱、汇丰和其他的西方知名大银行已经变成了政府支持的投资者，在亚洲和中东攫取财富。这种新的淘金热凸显了：

- 全球金融权力均衡的转移；
- 主权财富基金信心的增强；
- 西方对主权财富基金的影响在政治层面上的关注，它们试图增加西方银行成为投机者的比重。

比如说，在 2007 年 12 月初，瑞银“突然”发现自己在与美国次级贷款相关的投资产品上的价值再一次缩水了 100 亿美元。据报道，4 天之内，瑞银就同意了新加坡政府投资公司和中东投资者 120 亿的注资（知情者称银行潜在的承诺数额是这个的 3 倍）。

主权财富基金同样也是兼并收购的联合力量，巴克莱银行在竞标收购荷兰银行失败时，曾向新加坡淡马锡和中国开发银行求救。同时主权财富基金也在竞标收购全资公司，比如卡塔尔投资局曾试图控股英国的零售商森宝利，但最终以失败告终。

虽然进展不快，但毋庸置疑的是大量流动资产的拥有者不再相信空口承诺，而要求有所回报，希望“立马给予证明”。一些问题已
56 经浮出了水面，因而我们应该积极地研究它们而非在事后给予紧急援助。

- 必须有人来处理对主要投资者——主权财富基金所谓的不予干涉的做法。

如果主权财富基金对一个大银行投资了 100 亿，相信银行的管理层会对此负责，但是银行却破产了。那么接下来怎么办？会不会是一个政治协商的问题？可不可以说明主权财富基金就是一个半主权的组织？或者，这应该是一个市场的决策，这种状况下，主权财富基金可以拿起法律的武器来讨回自己损失的资金？

- 另一个需要积极主动解决的就是受托人和破产接管问题。

在 2008 年的达沃斯论坛上讨论了这个议题，某个专家的观点是

主权财富基金或许有很好的理由不去接受“这个”或者是“那个”西方国家的银行监管机构作为受托人。那么是不是位于海牙的国际法庭会转型成金融法庭，或者新成立一个机构来处理跨国金融纠纷？

然而，最终需要注意主权财富基金并非像西方银行所想象中的那么容易受骗。它们对伤痕累累的西方银行注资是有附加条件的，而打破这些契约条款将要付出高昂的代价。下面是一个例子：

2008 年 7 月底，美林宣布要新增 85 亿的股份以支撑经济的发展，自 2007 年 12 月起的筹资方案使得资本总额达到了 300 亿美元。而依据重置条款需要支付给新加坡的主权财富基金淡马锡 25 亿美元，因为它在之前对美林有权益投资（以一个更高的价格），而且在 2008 年 7 月底在美林增发新股的时候又投资了 34 亿美元[13]。

将主权财富基金视为最后贷款人还存在重要的社会问题，我们将从历史的角度来分析。现在数百万员工都将其生存依赖于主权财富基金和对冲基金所做的决策之上。那么究竟应该是主权国家还是市场来建立一定的行为准则？

2008 年的世界经济论坛上并没有就这些问题达成一致意见。但读者需要注意的是，在特别议题中，81% 的参与者都投票赞同主权财富基金和对冲基金已经成为世界新的政治掮客这一观点。一些参 57
与者还提出现在是时候来讨论西方国家与主权财富基金的关系了，而不应该等到太迟而导致无法解决。

8. 中央银行作为最后的金库

为了平息 2007 年 7—8 月市场上出现的信贷泡沫，同时也为了给下一步的计划争取时间，中央银行向市场上注入了大量的流动性。这是从欧洲中央银行开始的，美联储（在较低的程度上）紧随其后，而 2007 年 12 月英国、加拿大以及瑞士中央银行都加入了欧洲中央银行和美联储的流动性计划；它们在 2008 年 3 月 11 日及之后又多次重复了这样的举措。

一些专家从这种政策中看到中央银行通过降低次级贷款、次优抵押贷款以及其他抵押担保证券持有者售卖它们的意图，而致力于保持这些金融工具虚假的价值。他们给出了美林的例子来举证，美林试图售卖形势不好的两个贝尔斯登对冲基金的抵押品，而在市场上仅仅获得了 1 美元兑换 20 美分的价格。

- 这种廉价的售卖只会带来资产减计的恶性循环，因而美林并没有继续这样做；
- 如果他这样做了，代理商为了筹集资金将不得不追缴保证金，这样会招致资产的又一轮大售卖。

其他的专家将这种假设又向前推进一步。依他们看来，为了减轻上述的问题，中央银行吸收了这些无用的纸，并将其视为给商业银行和投资银行的贷款抵押物，在这种形势下，中央银行实际上若不是将自己视为直接的最后购买者，就是将其视为了小金库，这是货币机构的一种全新的角色。

欧洲中央银行最适合于这种角色，因为它不像美联储那样在可接受的贷款抵押品的类型上有种种限制。这些专家认为，美联储大概是通过定期拍卖机构作为最后买家而做出自己的贡献。定期拍卖机构的设立旨在提供银行间互换的渠道，在此之中，其他中央银行也可以来借美元。对于这一新的政策，有批判说这种政策将会：

- 使中央银行成为一种购买无价值的美元证券的机制；
- 这种机制将使得在公开市场上没有必要购买无价值证券。

58 2007 年 12 月 19 日的《华盛顿邮报》上一篇文章中说，欧洲中央银行的举措不仅仅只是 5 000 亿元注资这么简单，它所蕴含的深意是对任何一种抵押品给予 5 000 亿元的贷款，其中包括来自巴尔的摩的乔治叔叔或者杜塞尔多夫的路德维希的手写欠条。这种防止资产减计恶性连锁反应的问题又被：

• 英国中央银行市场总监保罗·塔克称之为一个“恶性循环”；

• 英国联邦纽约联储主席蒂姆·盖特纳提示大家要注意以防经济出现一个“不利的自我强化动态过程[14]”。

究其本质，这种做法是基于借新账还旧账，类似于坏账再循环的过程。某种程度上可以视之为庞氏骗局，即允许银行声称自己的债务是新近发生的，同时用优质的资产来追逐不良资产。从而提出了两个很有意思的问题：

• 为了将这些无价值的纸（一系列证券）从系统中剔除，究竟得需要多少贷款；

• 通过用现金来换无价值的资产，有没有其他方式可以解决银行体系的破产事件。

2008 年 1 月 31 日《金融时报》报道说荷兰合作银行打包了 300 亿欧元的垃圾证券（信用级别仍然是 AAA），以作为紧急时刻从欧洲中央银行借款时的抵押品。除了欧洲中央银行的回购措施之外，在没有其他市场的时候，2007 年 12 月西班牙银行在发行证券时也用过这种永续流动性机制。单单那一个月，仅仅西班牙银行就通过使用次级抵押品之外的其他金融产品借入了 630 亿欧元。

假使美联储没有插手去救贝恩伯格、房利美、房地美以及美国国际集团（但是不是雷曼兄弟），以及为高盛、摩根斯坦利（及其他的一些大银行）注资，另一个值得思考的问题就是这些投资银行、抵押机构以及保险公司是否有资格接受纳税人的钱。因为这些银行都不受美联储的管制，而它们究竟在多大程度上受到了管制也是一个令人质疑的问题。

同样的质疑也可以用在对冲基金身上，即这些对冲基金是否有资格接受纳税人的钱（这或许将会在接下来的几个月内发生）。这绝对不是一个学术问题。2008 年 2 月初的一篇新闻报道中说对冲基金 59

现在处于自1998年俄罗斯违约以来最糟糕的状态（长期资产管理公司在那个时候倒台）。仅在2008年1月这一个月，对冲基金就损失了比他们资产的3%还多的资产，在积极投资策略下的事件驱动型基金（event - driven funds）遭受了最惨痛的损失。

许多长期和短期的权益基金在股票市场猛跌的时候也损失惨重。在股票市场上拥有多头的对冲基金在1月份当英国蓝筹股下降了6.6%且标准普尔500指数缩减6%时，遭受了巨大的损失。而纽约活跃的对冲基金Pardus在2007年11月到2008年1月因其所买的美国航空和一些欧洲公司股票的下跌，导致其损失了总资产的1/4，将近8亿美元。

如果政府决定要扮演最后贷款人的角色，重组咎由自取的银行和对冲基金，那它为什么不能去买几百万辆汽车来救助通用汽车呢？通用汽车在2007年的第4季度净损失了7.22万美元，而它全年的损失高达387亿，到目前为止比任何一个银行损失的都要多。尽管在2007年已经有这么多赤字，但是就像一个满载次级担保债务凭证、管理不善的银行一样，在2008年的第2季度还是损失了155亿美元[15]。

等待救援的还有好莱坞，2007—2008年它遭遇了编剧的第一轮罢工和2008年6月演员的又一轮罢工事件。据《银屏摘要》报道，在电影、DVD、电视以及新媒体5年收入周期中，自2006年开始主要摄影棚的132部电影将损失19亿现金[16]。在此涉及到好莱坞并不是一种牵强附会：

- 20世纪五六十年代，悬念大师是阿尔弗雷德·希区柯克；
- 半个世纪之后，悬念大师是大银行家，他们断送了自己的机构并将由此影响了整个经济的发展。

言归正传，中央银行扮演最后金库的举措，即在其管辖权内帮助商业银行和投资银行减轻流动性不足困扰的举动，实际上成了新的废纸生产永动机。2008 年年中，英国银行准备了高达 900 亿英镑（1800 亿美元）的住房抵押债券给英国中央银行的消息让市场感受
60 到了世界末日的感觉[17]，而且到处散播着关于中央银行即将持有的抵押品质量问题的谣言。

据 J. P. 摩根大通讲，2008 年 6 月中旬，2 080 亿欧元（3 150 亿美元）的“合格证券”存入了欧洲中央银行的金库，以用优质资产替换不良资产，其中只有 60 亿欧元用于给投资者[18]。事实上是，对于这个已经开始的垃圾收集过程，中央银行的工具和程序都不足以解决新出现的问题。

总而言之，将银行视为最后购买者的直接后果是所有的人都受到惩罚，因为所有的救助金都是来源于纳税人的口袋。同时，如果中央银行习惯性地用这种方法来“平息市场”，这样的解决方案在长期中是否有效也就不得而知了。

在 2008 年 8 月撰写本书的时候，救助通用汽车基本被认为是很遥远、不大可能、也不受欢迎的举措。用纳税人的钱来拯救汽车制造商在人们看来是令人难以置信的。

但是，2008 年 11 月，在金融风暴之后美国前所未有的糟糕管理和经济萧条下，传说通用汽车每分钟都损失 5. 2 万美元。而曾经蝉联世界第一汽车制造商 4 年的通用汽车累计损失 750 亿美元，股价也从 75. 5 美元的峰值到 11 月底跌至 3 美元。

2008 年 12 月初，底特律最大的三个汽车制造商要求政府，确切的说是纳税人，给予 340 亿美元的救济金。美国的参议院驳回了这个请求。但布什政府同意从美国银行问题资产救助计划中提取 134 亿美元给予通用汽车和克莱斯勒（福特当时决定退出），于是夏末时看起来不可能的事情现在却要通过了。

第3章

信用风险的全球化

1. 金融全球化的影响 61

过去的20多年间，全球化的经济和金融体系已经发生了巨大的变化，各国中央银行变得越来越无关紧要。我们已经远离了商业经济的供求基本原则，而商业经济正是20世纪60—70年代广大跨国公司发展时的主要特征。正如2007年7—8月份爆发的信用危机所显示的，占据上风的是全球金融业，而非各国中央银行行长和监管当局。

在次贷危机扩散到其他抵押贷款之后，一些专家认为，信用风险的全球化，尤其是信用衍生品风险的全球化，隐藏着许多未知的令人瞠目结舌的问题（见第4章的佐证）。这是全球化带来的负面影响之一，各金融中心银行和其他金融机构对任意资信等级的借款人都发放贷款，因为这就是世界范围内结构性产品证券化并销售的原材料。

- 这种发行并分散化的商业策略（见第5章）要求实行比中央银行许可的更为宽松的信贷发放；
- 上述商业策略执行之后，各国中央银行在没有任何先例可循的情况下，艰难地监管全球经济中的信用风险。

确切地说，因为全球金融业已脱离了监管当局的监管，所以次级贷款（subprimes）、担保债务凭证（CDOs）、信用违约互换（CDSs）以及其他衍生品的破产与原来的快钱（easy money）和宽松信贷（easy credit）带来的繁荣一样，都难以控制。即使有些国家的中央银行试图通过提高短期利率来降低市场流动性过量供应，其努
62 力也没有任何明显效果，因为：

- 市场知道利率上涨幅度是有限的；
- 市场参与者对于所有主要币种和一些小币种的跨境交易都游刃有余。

至于利率，即使像冰岛那样升至15%，中央银行的决议却会产生事与愿违的结果。高利率使得冰岛成为套息交易（见第9章）的受益者。投资者们借贷诸如日元和瑞士法郎的低收益货币，并将它们投资到高利率的地区——这种活动如果大量操作的话，可能会在经济上摧毁像冰岛这样的小经济体。

随着金融全球化像野仙人掌一样肆意生长的同时，新泡沫产生的可能性也在不断增加（见第1章）。银行自身也遭遇了其与交易商、投资专家、客户、股东、债券持有人、监管机构之间，以及自身的管理层之间的大量代理问题（agency problem）。由于对一些有名的新奇国际交易工具中所存在的风险难以监控，这些问题将进一步恶化：

- 在事件发生很久后；
- 在支付了不合理的大量红利之后；
- 在银行自身以及其客户的投资组合中累积大量有毒资产后。

正如马丁·沃尔夫（Martin Wolf）所言："鉴于代理人数目之大和信息不对称程度之深，而相比之下问题出现如此之少，实在是令人震惊[1]。"图3.1所示的事实也能推出类似结论，衍生产品呈指数增长，而世界的国内生产总值和世界贸易额都只是呈直线上升。

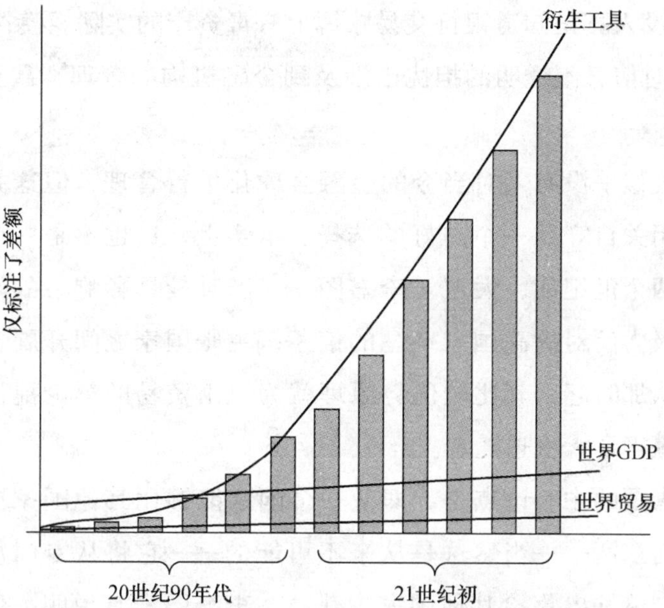

图 3.1　衍生工具增长与世界 GDP 和世界贸易增长

虚拟经济与实体经济脱节：我们的债务在不断增加，而生产基础却在不断缩减。债务特别是通过衍生工具进行杠杆调节和交易的负债，已成为北美、欧洲以及世界各地的新的黄金国（El Dorado，西班牙语，传说中的黄金国）。在政府、企业和家庭层面，我们的经济都通过借贷货币运转。因此：

• 每一次重大违约都带来可能触发巨额亏损的风险；

• 作为资产交易的杠杆化信贷衍生工具的失败，可能引发一场 63
全球性连锁反应。

专家对这种系统性风险的可能性作何反应？诺贝尔经济学奖得主默顿·米勒博士认为，衍生产品已经使世界成为一个更安全的地方（他没有解释方式和原因）。但乔治·索罗斯警告说，恰恰相反，衍生工具将摧毁社会。其他专家则认为，与衍生工具有关的最大风险，是银行和其他机构通过滚动无法偿还的债务及其他手段来掩盖损失。因此：

- 没人真正知道银行交易账簿上有毒资产的实际规模；
- 对信息不透明的担忧也涉及到金融机构的管理，甚至董事会的管理。

尽管似乎没有人对当今的金融全球化进行管理，但这并不意味着经济闭关自守是一个更好的选择。事实上，这也不是一个好的选择。近两个世纪前，大卫·李嘉图——当时最具影响力的经济学家
64 之一，极力反对提高国家壁垒的信条，主张国家之间开展自由商品交易。从那时起，其比较优势原理就为自由贸易的辩论提供了理论基础，赢得了大批追随者。

李嘉图的中心论点是，即使一个国家能够比其他国家更有效地生产任何东西——当然这是从来不可能的——它将从专门从事其最擅长的制造并出售给其他国家中获益。李嘉图没有说明，但在过去 30 年里已清楚表明的是，对于经济、社会、企业和人们来说，全球化的先决条件是：

- 为了生存，他们必须重建自身，提高技能，变得更加灵活，并且控制其风险；
- 为了繁荣全球贸易，应该有一个统一的制衡系统，包括对那些有创造性同时又具破坏潜力的新型金融工具（比如次级贷款）的制衡。

科学技术极大地改进了开发新产品的进程，全球化也使得新市场的开发变得切实可行。但是，在提高了个人和公司流动性的同时，全球化也创造了新的未知因素，往往导致难以预料的后果。5 年前，国际货币基金组织的经济学家所做的一项针对开放金融市场的理论研究发现，对于当前进行的金融一体化是否会产生任何净收益增长这个问题尚未达成共识[2]。在该项研究中所回顾的 14 篇研究报告中：

- 3 篇报告称金融一体化产生了正面效果；
- 4 篇发现既有正面效果，也有负面效果；

- 7 篇认为没有任何正面或负面影响。

然而，其他研究却否定了这项研究结果。其结论是，在那些采取了全球化政策的发展中国家，特别是亚洲国家，增长速度高于西方国家。与此相反，像非洲某些闭关锁国的发展中国家，发展停滞甚至倒退。

显然，与任何其他企业一样，全球金融一体化也存在着成本和收益问题。资本全球化可能同时带来优点和缺点。希望在有限的代价下获得金融一体化的好处是不可能的，因为存在着大量的置换问题（和许多具有讽刺意味的事情），这使得战略的选择变得复杂而不确定。

讽刺之一是，虽然全球市场很自由，各国中央银行却缺乏及时采取必要措施的自由。假设西方各国中央银行能够积极地收紧货币政策，则它们将能够掌控货币供应扩张的进程。但积极的紧缩政策在一个重大危机时刻（如次贷危机）是不可行的，因为它能轻易地 65
摧毁金融体系。

有识之士也说，当西方各国中央银行威信扫地之时，其他组织并没做好取代其准备。比如，在 2006 年和 2007 年，信用评级机构未能迅速做出反应以降低债务评级。假如它们这样做了，它们也许会限制家庭和企业过度借贷，也不会鼓励银行购买高等级垃圾抵押贷款作为一级资本持有（见第 6 章信用评级）。

2. 金融全球化工具

金融工具通常被定义为现金、股权或债务的所有权凭证或符合某些标准的合约。衍生金融工具包括期权、期货、远期、互换等（见第 1 章）。需要符合的标准必须与合同条款所定义的权利和义务有关。在相当大的程度上，全球化的金融工具是：

- 现金；

- 衍生工具。

基准货币的现金、在证券交易所交易的股票现金以及其他货币都是现货头寸。虽然现金只是某实体资产的一小部分，但它是所有金融工具，包括现货、远期或是期权的共同计价工具，不管我们是经营利率、货币、债券、股票或其他商品。在资产负债表上，更大部分的资产和负债包括提供现金的合约义务以及从对方收到现金的权利。

- 现金流解除了这些责任；

66 - 它们承担（履行）合约权利。

在期货或远期交易中所涉及的未来现金流，不仅包括基础货币形式的未来现金流，还可以是任意一对货币以及股票或其他商品兑换成货币时的未来现金流。场外交易主要是利率、汇率、股票挂钩合约和商品的远期和期权——其中利率产品占最大份额。图 3.2 列出了逐年增加的未清偿场外衍生工具的名义金额。

（单位：万亿美元）

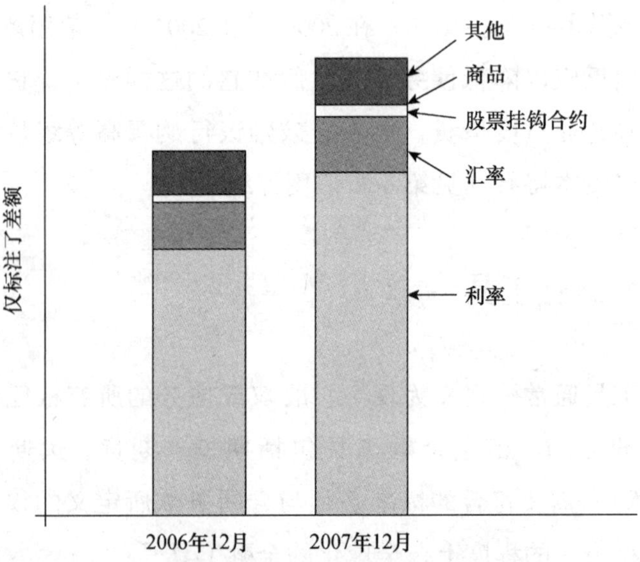

图 3.2　全国未清偿场外市场衍生品合约协议金额

债券是远期合约，远期利率协议和利率互换也是远期合约。债券、债券期权和互换期权易受收益曲线不确定性的影响（稍后将有更详细介绍）。其价格也受到价差风险、特定风险、久期和市场流动性的影响。

股票交易是一种受青睐的全球性投资工具。许多分析师把股票看作某公司经营商品（如石油）的期权。例如，黄金采矿公司股票被认为是金砖期权。这是不正确的，因为股票在很大程度上也受到股市行情的影响。

借贷民主化和风险社会化分别起源于 20 世纪 20 年代和 30 年代 67
中期，并在第二次世界大战后愈演愈烈，结果是越来越多的人能借到钱，而在证券交易所和场外交易所交易的未清偿债务则随之不断增长。例如，美国 2008 年债务发行年增长率为 70%。让我们正视这一点，某些人和公司的某些甚至所有资产来源于其他人或公司的负债。

信贷民主化和风险社会化与金融创新协同运行，通常是结构化工具的形式（本章第 3 节），同时也通过拍卖（本章第 4 节）和私募基金方式控制全球市场，从而创造了一个不断蔓延的“看似股票”的债务市场。然而，极少市场人士和监管者认识到：

- 市场情绪变化能够使得信用息差出大问题（本章第 6 节）；
- 全球信用危机可以像丛林之火一样大规模扩散（本章第 7 节）；
- 需要新的、更有效的方式来管理债务投资，包括（但不限于）设立握有重权的全球监管者（本章第 8 节）。

全球化的另一个关键工具则是跨境资金流动，成为从银行借贷的替代物。短期内，跨境资金流动看起来更容易和更安全，但是从长远来看，它们很可能比普通银行贷款要求更高，代价更昂贵。

作为对承担更大风险包括外汇风险的回报，跨境投资者要求更高的收益。然而，跨境交易并不简单。专门在投资者和借贷者之间充当桥梁和媒介作用的银行，不但必须做好了解两者的工作，还要注意一个事实，即许多投资要求在以下两者之间营造一种紧密的长期关系：

- 投资者；
- 交易对手。

例证之一就是外国直接投资（FDI），FDI 不仅给资本流入国带
68 来了需要的资金，还带来了有用的技术和管理知识。但同时也存在着道德风险，如果 FDI 接收国预期该投资会损失部分价值，原因可能是因为投资者遵循了有风险的政策，或者是因为在一个腐败的商业环境中，由于政治杠杆作用不断变化而付出经营成本。

道德风险和腐败息息相关。腐败阻碍了有效的财富管理。在此情况下，怎样来衡量腐败就是一个难题。如果一个公平的风险和回报体系不能得到保证，那么投资者以及银行家被欺诈的可能性就很高。

3. 全球结构性产品

结构性金融产品是日益流行的全球化工具。它们通常是为客户定制的债券，源头可以追溯到重新包装的资产工具（RAVs），这是摩根斯坦利 20 世纪 90 年代初使用的一个术语，用来确认将传统的证券重组为衍生品的产物。RAVs 也被称为黑箱交易，因为证券被投入一个信托投资公司（黑匣子），由信托公司来着手发行更高级和杠杆化的新资产。这些是：

- 在营销中作为首要的资产工具（过去不是）；
- 理论上市场定位于“老于世故的”投资者，他们通常缺乏风险管理技巧。

担保债务凭证（CDOs；见第 6 章），资产抵押证券（ABS）和住房抵押贷款（MBS）都是结构性产品的例子。截至 2007 年 7—8 月份的次贷危机，其市场几乎成指数倍数地增长，如图 3. 3 所示。根据经验：

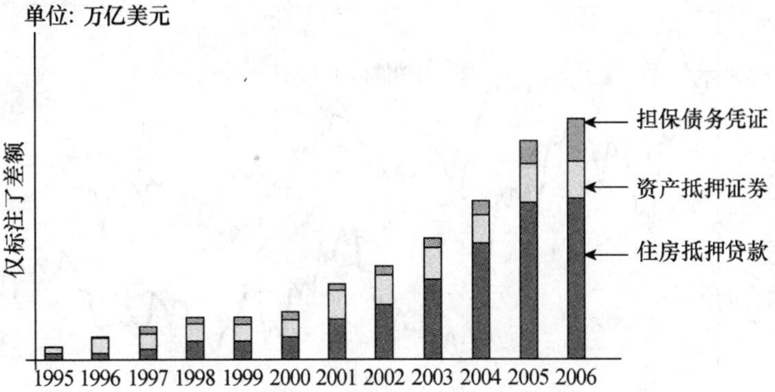

69

资料来源：国际货币基金组织。

图 3.3　全球结构性产品发行金额

- 一个金融工具结构越复杂，投资者所能获得的收益越低，对风险和回报理解错误的风险就越大；
- 正如图 3.4 所示，没有两个结构性产品拥有同样的二级市场表现，即使它们特性类似。另外，几乎没人真正懂得，结构性产品可能包含过多的信用风险。其中有些产品在信用风险方面得到了担保人的担保，这很好，但是担保人本身也有信用风险（见第 1 章）。需要另一方的保护来确保发行人的信誉。

在资金方面，结构性票据确保其所有者的收益根据一个相当复杂的公式来调整，而非收到固定息券或本金。其标的资产可能是某
70 种收益曲线指数。结构性票据的许多投资者缺乏一个概念，即他们下的赌注，是针对一组远期收益曲线的方向是：

- 上行；
- 下行。

有关结构性产品的一个有趣的例子就是本金与汇率联结证券（PERLS）。它们伪装成债券的形式，但也是针对汇率变化的衍生工具。其结构类似于债务工具，以便被不允许进行货币交易的投资者所接受，并把赌注投向汇率变动的方向。

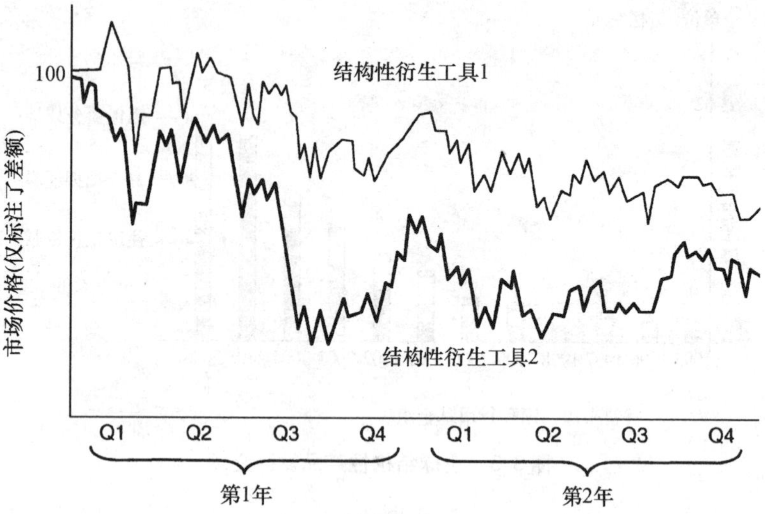

图 3.4　两个结构性衍生工具的二级市场业绩，发行时以 100% 价格买进

一个本金与汇率联结证券可能通过美元对欧元的价值变化来使本金成倍增加，而不只是偿还本金；或将美元对瑞士法郎或英镑的价值翻番。这种与不同货币汇率联结的清偿，说明其投资者可能会获得比单独本金利息更多或更少的收益。

从整体上来看，结构性金融工具概念有几种解释，分别取决于该工具进入市场的时间。交易者往往能识别三种不同年代的结构性票据。第一代，或者说最古老的产品，通常包括基于单一指数的产品，包括：

- 牛市工具，例如逆向浮动利率证券和利率上限浮动证券；
- （超浮动利率债券），通常是熊市工具。

熊市工具产品在 1993—1994 年开始流行。超浮动利率债券开始有一种息票，只有在伦敦同业拆借利率（LIBOR）上升的时候才会改善。一个低于当前市场水平、只在伦敦同业拆借利率走高时才上涨的息票，比每次利率下跌时都升值的大息票更难出手。另一个超浮动利率债券可能在两年中需要支付 2 倍的伦敦同业拆借利率减去

7%。这些工具隐含的风险从未被投资者充分认识到。

第二代结构性票据是不同种类的奇异期权——甚至比超浮动利率债券还要复杂。第二代结构性票据的例子有价格波幅票据（嵌入式双重或数字期权）。如果伦敦同业拆借利率超过了预定范围，其投资者在整个息票存续期间都面临着风险。对于衍生交易票据，投资者可以用英镑按伦敦同业拆借利率买入，但按美元结算。

“你选择波幅票据”是为熊市设计的。每个季度，投资者选择价 71
格波动幅度，这要求有足够的技巧。比如，如果波动幅度定为100基点，那么投资者必须在周期开始时决定波动幅度的最高值和最低值。这并不是一个简单的工作，虽然投资者在下个季度有机会改变自己的决定。

令人惊讶的是，有些投资者喜欢这种不确定性，因为他们认为其风险期间实际上只有一个季度。但他们大错特错了。实际上，即使对银行来说，你选择票据，比常规的价格波幅票据对冲起来都要更加困难，因为对冲是不断变化并且是有缺陷的，但很少有人认识到这个事实。

还有第三代票据以跨种类方式为投资者提供商品或股票价格。这种票据通常对某个阶层而非固定收入投资者更有吸引力。例如，那些在固定收益市场上交易但希望投资多元化的基金经理有时会购买该类票据。对Orange County Fund（奥兰治县基金）造成沉重打击并导致其于1994年12月破产的票据，就说明了这种复杂工具的买家所承担的风险。

然而，尽管大家已了解到这些全球流通的、所谓的复杂高级的金融产品常常被曲解，并且风险很高，但众多与股票关联和商品关联的债券仍然被结构化并出售给投资者。例如，伦敦同业拆借利率浮动工具，被设计成“伦敦银行同业拆借利率+”息票，当某两种产品的利差在100基点之内进行每天进行计数，如2年期国债和6个月伦敦银行同业拆借利率之间的利差，如果超出这个范围就为零。

业内人士说，即使结构性工具很复杂，但它们对于那些寻求管理某一特定投资组合或对交易风险有兴趣的投资者是有用的。然而，考虑到需要承担的风险以及可能没有二级市场，结构性交易对那些只能承担法定限制风险的投资者来说不合适；而对在经济上无法承担越来越糟糕形势的人也不适宜。投资者要小心了。

4. 拍卖利率证券和总检察官的反应

第 1 章中简要提到了拍卖利率证券以及 2008 年 8 月初大银行与
72 纽约总检察官之间达成了庭外和解。拍卖利率证券（ARSs）是一种债务工具——通常由地方政府或中央政府支持，或公司发行并有较长的到期日[3]。然而，其利率为短期利率，通过每日、每 7 天、每 14 天、每 28 天、每 35 天、每 49 天、每 91 天、半年或 1 年举行的拍卖被重置[4]。利息在拍卖期末支付。

- 经纪人代表合约的未来买家和卖家提交报价；
- 在提交报价的基础上，拍卖经纪人将制定下一个利率，作为满足供求关系的最低利率。

这样公平吗？有些年表面上看起来是这样的（免税市场的第一个拍卖利率证券由高盛于 1988 年推出）。在 21 世纪，拍卖利率证券供应量到 2007 年中期放大到逾 3 300 亿美元[5]，商业银行将其作为没有任何风险的货币市场票据，推向机构和散户。但是，发行的大概有一半是公司债务，充满信用风险。

信用危机的一个后果是，当风险极高的时候，拍卖利率证券市场消失。这致使纽约总检察官 Cuomo 于 2008 年 8 月上旬做出裁决，强令大型商业银行按名义价格偿还其售给投资者的拍卖利率证券。表现优秀的银行则支付超过名义价格的金额，以避免受到渎职的指责。这次裁决的其他相关方还有证券交易委员会（SEC）、马萨诸塞州证券分部以及代表北美证券管理协会（NSAA）的国家监管机构。

在2008年8月上旬的要案之外，美国证券交易委员会正在审查20家企业的拍卖利率证券销售情况，并且纽约州总检察官办公室和其他12个州的监管者在进行至少12个类似的调查。监管当局的部分赌注是，银行如果没有与其客户进行拍卖利率证券清算，这些银行将在声誉上极大地受损。大银行至少会面临其他的指控，当高管人员出售其个人持有的证券时银行销售人员却告诉客户这个投资是安全的。所以，

- 监管者一直在检查经纪人如何出售票据以及他们是否向买家充分披露了潜在的风险；
- 同时他们认识到立即回购所有的拍卖利率证券对银行来说将是一个巨大的负担，这些银行很多因遭受数十亿美元的损失以及源自抵押贷款相关的坏账减记而实力大减。 73

最早的3家签署协议向与拍卖利率证券交易有关的客户提供流动性的银行中，花旗银行回购73亿美元并交纳1亿美元的罚款，美林公司回购120亿美元，瑞银集团回购194亿美元并罚款1.5亿美元。纽约州总检察官Cuomo也向摩根斯坦利和J. P. 摩根大通要求清算。每家银行都承诺回购70亿美元拍卖利率证券。其他大的拍卖利率证券市场交易者还包括高盛、雷曼兄弟、美联银行、美洲银行和加拿大皇家银行。

瑞银集团和加拿大皇家银行也出现在这个名单上，这说明拍卖利率证券事件是一个国际性事件。拍卖利率证券和CDOs至少在商业票据方面有相似性。令人疑惑的是拍卖利率证券市场在商业票据市场彻底破落6个月后也崩溃了（2008年2月）——这意味着2007年8月以后，原先通过渠道运行的短期融资转换成了拍卖利率证券。

当前，在总检察官和监管者的压力下，不同的银行提出了不同

的计划。瑞银集团允诺在 2009 年 1 月 1 日开始的 2 年间，从大多数私人客户那儿购买票面价值为 83 亿美元的拍卖利率证券。在瑞银集团持有 100 万美元以下家庭资产的个人客户和慈善机构将会从 2008 年 10 月 31 日起利用这个救援计划。

此外，瑞银集团还承诺为机构投资者提供流动性解决方案，并将同意，从 2010 年 6 月份开始，从其机构客户那里购买所有或任何剩余的数以亿计的拍卖利率证券。这比瑞银 2008 年 7 月 16 日公布的回购 35 亿美元免税优先股拍卖计划还要高。我们只能希望不会在瑞士国家银行发现几乎没有价值的拍卖利率证券，因为各国中央银行起着最后借款人的作用（第 2 章）。

美林计划向大约 3 万位客户提供约 120 亿美元的流动性，他们持有地方政府发行的封闭式基金和学生贷款拍卖利率证券。美林预计这个金额在 2009 年 1 月份之前减少到 100 亿美元以下，作为发行人向散户公布的预期的赎回——包括个人、慈善机构和许多家族和
74 小型企业。客户将从 2009 年 1 月 15 日至 2010 年 1 月 15 日，有 1 年的时间来出售其拍卖利率证券。2008 年 9 月至 12 月，花旗银行将从总数约为 4 万的个人投资者、慈善机构和中小企业手中回购拍卖利率证券，他们从 2008 年 2 月中旬开始就无法再出售所持有证券。正如其他机构一样，花旗银行一位发言人在新闻发布会上说，这个清算计划反映了真正有益于投资者和客户的解决方案。然而一个大问题是，这么大金额的回购将如何从受到次级贷款和其他担保债务凭证重创的银行那里得到融资。

鉴于银行的资产负债表状况，监管者有理由考虑其消化可能来自清算的亏损的能力。即使这样，银行仍然需要寻找办法来处置回购的拍卖利率证券，以便收回资金。美国大商业银行对美联储的定期拍卖工具操作过了头。

- 2007 年年中，在信用和银行危机之前，美联储资产的 91% 投

资于政府债券；

• 2008 年年中，其持有股份下降到 52%[6]。

可能还有哪些其他选择？根据某些观点，几个市场操作者使用的策略也许会提供一部分的解决方案，但这远远不是一个绝对安全的方法。总部位于波士顿的伊顿·万斯（Eaton Vance），芝加哥的纽文管理公司（Nuveen Investments）和纽约的黑石集团（BlackRock）开发出了新的看跌期权优先股。后者预计能够保证一个投资者“在需要的时候”将证券卖回给发行商。

• 前提条件是销售这些“新式证券”筹集到的资金将有助于让拍卖利率优先股退出市场；

• 然而这个希望是建立在银行客户将再次被愚弄的错误假设之上。

受骗者挺身而出的时代至少暂时结束了。信用危机和银行家给客户所做的虚假保证的双重效果造成了市场的萎缩。例如，从 2008 年 2 月开始，几乎所有的学生贷款和优先股都被冻结了，而据报道一半的地方政府发行的拍卖利率票据仍被锁定。

即使折扣很高，也很难诱使投资者购买银行从其客户那里以票 75
面价值回购的大量拍卖利率证券。地方政府、医院和大学出售的债券目前交易价格在面值的 90—96% 之间，一些由共同基金发行的拍卖利率优先股发行售价约为面值的 80—85%，学生贷款支持的债务价值为面值的 70—80%。专家建议除花旗集团、美林、瑞银之外，需要更多投资机构去回购那些已损失了 30% 甚至更多价值的证券。

因此，据某些人描述，这 3 家银行可能必须对其从客户那儿回购的拍卖利率证券债务减记 40 亿美元；其他人评论说，最终方案将是这个数额的 3—4 倍。“这些损失数额巨大，是历史性的，”北卡罗来纳州杜克大学的证券法教授詹姆斯·考克斯在提到拍卖利率合约时这样说。“我们从未见证过这样的被告，他们创造的产品并没有违法，却被要求回购如此大的一个市场[7]。”债务产品本身也许不是非法的，非法的是以零风险的虚假承诺大规模销售该产品。

5. 追求利润削弱了信用评级

债券通常包含发行人的风险，为此投资者要求风险溢价。但在21世纪初期，债券投资者在利率特别低的时期追求利润，结果反倒接受了特别低的风险补偿。实际上，风险主要是由美联储更长期的低息政策所导致，而非那些甘冒风险的投资者。

一个简短的历史性回顾有助于理解这个说法。当公司在2000年股市泡沫之后重整其资产负债表时，在全球资本市场上新公司债券的全球发行减少。与2003年前3季度相比，2004年同期甚至下跌了大约20%（该数据不包括银行发行的债券）。

削减负债的大发行商包括电信业公司，它们在私有化后占到了未清偿债券的很大比例（在20世纪90年代的欧洲，电话服务作为邮政、电报电话业务的一部分处于政府控制下）。同时，股市泡沫破裂后并购减少导致债券发行也减少。

76 2002—2006年，那些持续发行债券的机构出现了一线曙光：它们发现自己处于卖方市场上。另外，由于货币政策决策，利率已在下跌，它们能够降低新债成本，并对以下有关条款加强控制：

- 与银行协商新贷款；
- 为资本市场提供债务工具。

这些条件好得几乎让人难以置信，但是明智的银行家和投资者应该已经知道，他们不可能永远存在。特别在美国，信用风险溢价的减少排除了基本的资金贷款人。债券投资者忘记了应该仔细审慎检查发行机构的信贷质量，几年后他们为此付出了高昂的代价。

一股几乎是全球性的浪潮，不合理地提高债务工具的评级水平，促成了这一不符合现实的情况。某些独立信贷机构，如全球经营的穆迪公司和标准普尔公司，无须遵守证券交易委员会的公平披露规则，因此，享有知晓公司财务状况的特权。然而它们的评级并不总能反映真实的信用质量。

- 公司愿意与评级机构合作进行调查，因为一家公司在评级水平上升时，其借贷成本会下降；
- 但它们也获益于这个事实，即在它们冲向锁定更优惠利率的过程中，投资者没有质疑信用评级的有效性，并很少注意其质量。

评级规则太宽松会适得其反。2007 年 2 月 26 日，穆迪投资者服务公司被指责损害其自身的评级系统，因为它将 16 家欧洲银行评级大规模提高为顶级 AAA 级。穆迪公司信用评级变化的幅度让分析师和投资者大吃一惊，从而引发对信用观察严肃性的质疑。市场上的一般看法是，评级机构超出意料地提高评级水平，很可能是忘记了：

- 债务工具发行从不拒绝免费升级；
- 但其他市场参与者都不可能因此而感到高兴，因为他们失去了辨别高质量和低质量债务之间的重要差别的能力。

在一份针对上述信用评级变化的报告中，苏格兰皇家银行表示， 77
穆迪公司正迅速使自己变得多余；它还补充说，尽管欧洲银行系统近年来未履约情况还不多，但给予银行 AAA 评级将意味着投资金融机构没有风险[8]。几个月后的今天，次级贷款市场的崩溃证明，这些升级都为时过早，因为实际上银行股票在 2007 年最后一个季度大部分表现都很糟糕。

然而有趣的是，虽然这种新的体系大幅升级了银行的信用水平，它也考虑到了的，国家支持陷入困境银行的意愿和能力。批评人士认为这与市场经济的概念不符，因为它绕过了信用的基本标准——实体可以独立存在。

此外，虽然传统的信用评级往往侧重于违约概率，但是考虑国家支持是判断纳税人资金用于救助某个特定银行的可能性的一个方面——在很大程度上，这是美国采用的社会主义手段。例如，在 3 个冰岛银行得到最大幅度评级上调这个案例中，穆迪公司认为国家支持的可能性很大，但它这样做的时候并没有考虑政治风险。

6. 信用价差预警

2007 年 3 月中旬，因资深背景和丰富经验而被誉为华尔街“老资格”经济学家的亨利・考夫曼博士，发表了一篇带有明确诊断性质的讲话。考夫曼指出，目前的经济和市场问题都可归溯到流动性定义的改变上。从传统上来讲，流动性一直是以资产为基础的概念（见第 9 章）。公司如果手中有现金以及其他容易出售的资产，那么它们就有流动性。

- 然而今天的公司和家庭通常模糊了流动性和信用可得性之间的区别；
- 同时，证券化和新兴的银行技术刺激了更广泛阶层投资者的风险欲望。

2007 年 7—8 月以前，不断增长的风险欲望培育了这样一种（错误的）态度，即信用对需求者而言，通常是可以以合理的价格得到的。这一假说只是偶尔正确，因为最终市场会发现信用很要紧；过
78 度杠杆化的信用会伴随市场信心迅速消失，正如 2007 年首先在美国，然后在欧洲和全球其他地方发生的情形一样。

风险厌恶程度的突然上升，打压了许多地区的股市，改变了一贯的对已承担的信用风险感到沾沾自喜的心态。而在此之前很多人错误地认为全球流动性将使投资有风险的资产变得更安全，于是次级贷款大受欢迎。次级贷款债务利差上升打破了这一概念，投资者同

时为所谓的“高收益”（垃圾）债务市场的这种矛盾现象感到担忧。

在过去几年里，格林斯潘制造的第二个泡沫，即超低利率和宽松银根，尤其强劲地为垃圾债券市场提供了动力。利差降至历史最低水平，这正是银根宽松的目的。（信贷价差是售出期权价值高于买入期权价值的价差。相反为借记价差。）

对债券来说，一个实际价差来源于从市场利率中扣除通货膨胀率之后，无信用风险债券的市场价格。企业通常会为实际债券价差提供溢价（企业债券价差计算方法是 7—10 年企业债券收益与 7—10 年政府债券收益之差）。

就像美国 21 世纪初期所发生的那样，当市场上出现快钱时，十国集团政府债券和公司债券之间的价差缩小。这导致投资者采取与所有投资逻辑相反的行动，承担信用风险，来购买具有以下特征的公司发行的较低收益的债务：

- 糟糕的信用评级；
- 利润率缩水。

市场对风险的厌恶情绪逐渐增长。2007 年 2 月底—3 月初震荡后，对“接下来会发生什么?”的恐惧开始让投资者变得更为小心，借贷者对于向具有风险的借款者发放廉价的没有附带条件的信贷的热情降低。市场开始预期廉价信贷时代的结束，而经济学家则讨论是否以及何时泡沫会跟随堆积的低信用质量的债务而来。

2007 年 7—8 月后，几乎每个月都有针对次贷危机和其他连锁反应的新的顾虑。银行同业市场也受到影响，因为信贷机构和经纪人小心翼翼地管理好其资产负债表，直至年底。此外 2007 年 10 月下旬 79
由美国领先的单一险种保险人发行的信用违约互换合约（CDS）价差出现了严重的扩大效应（见第 1 章），这将最终导致从这些公司购买了保障保险的所有银行遭受额外损失。

对质量的追捧明显地影响了信用价差，这扭转了前几年的宽松银根政策。图3.5描述了始于2002年底2003年初，2003—2005年间持续的欧元垃圾债券价差崩溃的低息货币行情。从股市泡沫之后2001年高峰时的1 550基点，垃圾债券价差降低到稍高于300基点，然后徘徊在400基点左右。

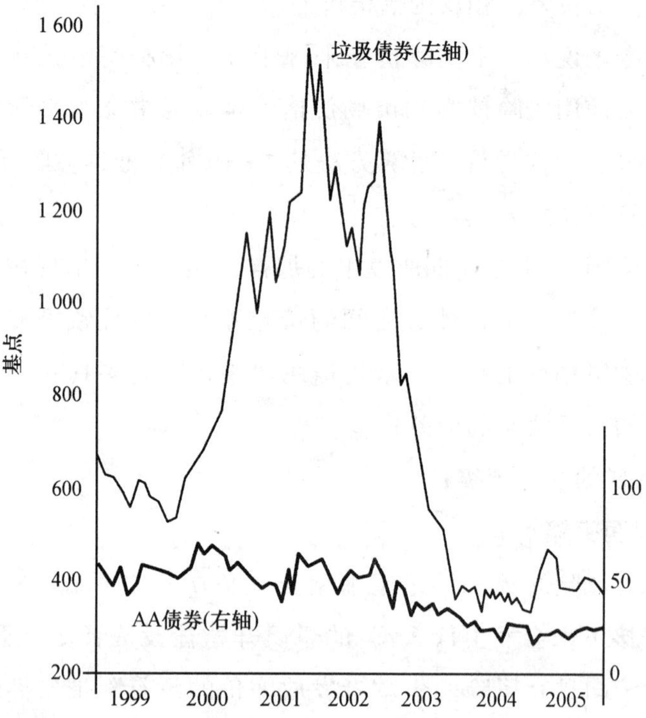

资料来源：欧洲中央银行。

图3.5 企业债券与金融债券价差：以欧元计价的垃圾债券和AA级债券

请注意，AA评级债券价差也从50基点跌至约20基点，这是投资者渴望信用风险的另一个信号。企业债券与金融债券价差是以
80 AAA评级的10国集团政府债券收益率为基础，这意味着，20基点甚至不能代表AAA级和AA级信用评级之间的差距。全球金融市场曾经春风得意，但到了2007年，市场猛然觉醒了。

7. 全球化危机的影响

曾经有一段时间，政治、军事或金融危机被禁锢在特定事件所发生的国家境内。例如，20世纪的第一次股市恐慌。在华尔街股市度过了命悬一线的一年之后，在1907年3月25日下泄，大规模的抛售搅乱了纽约证券交易所，纽约证券交易所真正的股票噩梦在几个月之后，于1907年10月份来临。

1907年纽约股市崩盘，以及之前19世纪末期的市场恐慌或多或少是局限在美国境内的国家事件。但在第一次世界大战后，正如1929年大萧条文献纪录的，恐慌已经国际化——超越股市崩盘市场行为的有效参照物。

20世纪70年代两大主要石油事件在美国和西欧引起了通货膨胀海啸，需要几个国家政府和中央银行采取协调一致的行动来掌控局势。更富戏剧性的是9·11恐怖袭击之后在全球蔓延的政治恐慌（焦虑）迅速演变为一场未来的金融危机，迫使美联储和欧洲中央银行注入大量流动资金来平息市场情绪。

对美国世界贸易中心和五角大楼的恐怖袭击导致的分崩离析，也对全球新兴市场产生了巨大影响，特别是那些拥有巨大经常账户赤字，从而更加依赖外国资本的新兴国家。由于市场信心低落的复合效应，投资者所面对的现实随着事件余波对消费者、企业和整个经济的冲击而不断变化。政策决策者对这种破坏性心理事件的反应是假设：

- 没有先前的经验可参考；
- 当时存在的分析工具是无用的，因为它们没有把市场的心理反应考虑进去。

华尔街的分析师称，全球的易恐慌的思维方式可能迅速导致股

票投资者情绪化和对风险的高度厌恶。随后，由于最初的反应通常 81
是短暂的，交易商和投资者试图界定经济和股市面临的主要尖锐挑战以及可能在今后几个季度出现的潜在抵消交易。

"在 1 年之内，我们将发现自己处于与当前完全不同的宏观环境当中。"埃萨克·苏埃德（Isaac Souede）在 2001 年 9 月 21 日的美林电话会议中说。9·11 事件后 10 天，毫无疑问，全球化和全球供应链都受到恐怖袭击的重大影响。在那之后有关金融争论方面的一大话题就是，9·11 不仅是一个致命的计划，还是伤害或击败全球化的一种方式。没有人能精确地描绘出下列领域受袭击影响的程度：

- 贸易量
- 资本自由跨境流动
- 全球供应链
- 外国直接投资

在观察到华尔街的压力后，外国股市也不活跃。法兰克福股市在 9 月 11 日下跌 9%，超过了前几个月的损失。经济学家和投资专家建议的投资方式是，作为对美国核心地区进行恐怖袭击的后果：

- 投资者将想要更多流动性和更多证券组合头寸；
- 即使是管理最好的已做好防御性头寸的证券组合，也将不得不陷入它们所面临的信用风险和市场风险之中。

投资者愿意承受的痛苦被某种趋势减轻了，因为有些人或机构通过卖空而从大众的精神压抑中受益。为了更好地理解这一事件的心理影响，有必要把我们生活在其中的虚拟经济的关键概念纳入视角。

经济价值，从而创造财富，不再专门围绕物质产品的生产而建立。它越来越多地取决于更好地利用内部和外部服务，包括设计、制造、销售和维护过程。其结果是，风险和回报越来越少地定义为
82 工业革命中有关价格平衡的概念。相反，它取决于是否有能力：

- 应对金融体系的内在不确定性和脆弱性；
- 对所选事件如何以及多大程度上处于经济活动核心进行试验。

理解当今全球经济的实质对于商业活动的长期成功具有根本性的意义，因为它使得在竞争加剧时占据制高点保持竞争优势成为可能，因为工业经济堡垒不再占据核心地位，因为危机（金融的，政治的和社会的）正变得越来越全球化。统计数据有助于我们量化全球金融体系的状态。国际清算银行（BIS）对于潜在的即将来临的全球金融危机敲响了警钟，该机构由各国中央银行所有，并作为全球中央银行系统的中央机构行使其职能。在国际清算银行于 2007 年 6 月 24 日发布的年度报告中，它认为，目前迅速膨胀的货币供应以及快速的信贷波动都必须终结，以便控制通货膨胀。

发展中大国（如中国、印度、俄罗斯和巴西）全球货币供应的泛滥推波助澜，而非加以节制，这就是全球性金融危机将会是残酷和血腥的最可能原因之一。然而，最终这可能被证明是唯一的选择。那些相信全球金融体系已被虚拟到如此地步，以至于一国能够控制其解体的想法是大错特错的。

换一种说法，虽然高杠杆比率带来了许多值得担心的问题。而在金融稳定方面同样具有挑战性是全球经济、尤其过度杠杆化的全球银行系统，将如何应对高金融风险时代过后的去杠杆化的问题。专家建议，即使是有计划地去杠杆化也需要经历痛苦的混乱阶段，如：

- 无法避免的风险重新定价；
- 由银行家和投资者不断增加的风险偏好而产生的全球风险重新评估。

资产和负债的调整姗姗来迟，因为资产负债表的消减已被充斥
了前所未有债务水平的金融系统推迟了。只要进展强劲，这种延迟 83
几乎不会产生预警，即使对冲基金和私募基金配备以极大的热情接

纳了债务——却忽略了 21 世纪头 7 年的事实：

- 投资者预期回报水平急剧下跌；
- 尽管为了看到投资回报状况得到改善，投资者被要求承担风险，上述事实仍然发生了。

此外，正如次贷危机所展示的，迷信数学公式和市场操纵是不起作用的。该系统无法从内部得以改善。解决危机的办法不在金融领域，而在于全球经济生产领域的不断进步，而这却还不是各国政府、公司和西方国家中相当部分人群的目标。除此之外，目前迫切需要设立一个全球监管机构，并赋予其足够权力来履行职责。

8. 乔治·索罗斯的全球监管论

乔治·索罗斯不需要介绍，虽然不是所有人都喜欢他，但很少有人会对其经历提出质疑。他在 2008 年达沃斯世界经济论坛上提交的一份论文说明，我们目前发现 60 年来以美元为基础的经济体系正走向尾声。美国货币疲软以及美国经常账户持续逆差导致：

- 世界其他地区再也不愿意积存美元；
- 因此许多美国之外的经济学家现在开始考虑一揽子货币。

原因之一是美元持续走弱，已不适应全球经济的发展。正如美林的一个研究报告所表明的，从 2006 年 12 月份到 2008 年 2 月份，与一个包括欧元、日元、英镑、加拿大元、瑞典克朗和瑞士法郎组成的一个指数相比，美元评级从 87 跌至 75[9]。美元内在的颓势，并非欧元（不可理喻）的强势，使得投资者弃之而去。

当美元先前的影响力正在削弱时，经济学家需要面对的事实是，
84 要结束其稳霸 65 年的地位是不容易的。这种担心包括以美元为基础的关键产品和服务定价以及全球经济和金融系统中以其为基础创建的制约与平衡体系。然而与重返易货贸易协议和双边交易相比，一

揽子货币也许是一种更好的解决方案：

- 将大大增加货币兑换风险；
- 如果没有一个强大的集权式全球监管机构，要控制一揽子货币非常困难，而这个机构目前并不存在。

索罗斯强调迫切需要一个中央监管机构来负责并对全球化经济实施控制，因为现在有理由认为金融投机正在加紧其幕后操纵。的确，因为全球化已在很大程度上改变了现实世界，及其经济和金融，在2008年达沃斯世界经济论坛上，索罗斯的论文是“世界需要一个监管机构”：

- 监管全球市场；
- 实施拯救。

这个提案的意思是，为了保证有秩序地运行，金融市场迫切地要求一个全球性规章和管理机构——不是一个大杂烩式的、目标冲突的管理机构。如果金融市场按照自己存续了几十年的方法运行，那么它将继续从巅峰走向绝望，回到巅峰，然后走到绝路——正如2007年7—8月的事件所显示的那样。

参与这个主题讨论的一些论坛与会者，对全球监管者概念并不陌生，因为他们认为金融市场必须加以规范，而这于20世纪80年代以来采取的全面否定市场基本面的政策非常不同。索罗斯坚持说，全球性监管的缺失已经非常严重。正因如此，当中央银行救助那些经营不善的商业银行时，它们已经承担了道德风险，因为：

- 它们一贯草率对待信用风险和市场风险；
- 不良管理导致多个大银行倒闭。

然而，另一方面，全球监管者问题是招致抵制和争议的话题。参加这次论坛的印度Infosys公司高级董事提出了一个基本问题：“不同的国家会放弃其在金融事务上的主权吗？”他认为，他们不会，所 85
以不存在设立全球监管者的前提。

当然，对金融活动进行全球监管的必要性问题不是一个简单答案能回答的，实际上如果真有这样一个答案，它也并非不言自明。一些参与2008年达沃斯世界经济论坛的与会者提出，无须设立一个新的全球监管机构，只要现有组织就可以了，比如，改组国际货币基金组织并赋予它新的权力。

索罗斯有充分理由反对这一个建议。他说，国际货币基金组织不是为此目的而设计的，而且美国在国际货币基金组织使用过否决权，它会故伎重演，并采取任何必要的措施来保持美元作为世界货币的统治地位。美国曾滥用这一权力，索罗斯补充说。

总部设在华盛顿的彼得森国际经济研究所所长弗雷特·伯格斯登的建议是，基于当今三大经济力量建立一个新的监管体系：

- 美国
- 欧洲大陆
- 中国

挑战索罗斯关于设立全球监管主张的印度经理反对说，“为什么不包括印度?”伯格斯登回答说，印度还没有将自己融入全球经济，不像中国已经融入了全球经济中——根据欧洲中央银行统计数据所记录的事实[10]。

这种区分应该从恰当的角度来看待，因为如果有一揽子货币，那么它就必须肯定包括那些最好地融入全球化市场国家的货币。而全球监管问题却远远超出了一揽子货币参照体系。

在回答由索罗斯举出的需要设立一个有权采取行动的全球性金融监管机构的例子时，Infosys执行官表示，次贷危机不应被看作一个全球性问题，因为它一直是美国的问题。索罗斯反对这种狭隘的观点，并提出了这样一个事实，全球化已使美国吸纳了全球的储蓄，它消费的比其产出还要多出6%，并通过证券化的次级贷款来支付这笔消费。

这次会议的其他与会者评论说，根据他们的判断，世界已变得太过复杂，以至于在国际层面处理起来很难，这是一个反对全球化
86 的论调。还有一些人说，有可能还有一个解决办法，但是这个问题尚没有研究，因此不会很快出现任何提议。

据美国前财政部长，哈佛大学前任校长劳伦斯·萨默斯称，索罗斯的观点认为在第二次世界大战之后的几十年间一直保持一致的经济和金融政策，而目前却没有这个政策，这是对的。萨默斯说，证据就是目前在全球经济和金融领域普遍存在的大幅波动。

随着讨论的进行，会议的主题成了当前对金融系统的全球监管的持续性缺失是一个无法终结的灾难。但利益冲突出现在当天和这天结束的时候，索罗斯提出的金融业全球监管者的提议得不到大多数参与者的支持。这次会议的参与者当中只有 25% 的人投票支持这项提议，而 59% 的参与者投票支持，中央银行已经失去了对经济的控制，他们再也不能做出正确的货币政策决策。换句话说：

- 大多数人认识到，当前的形势是灾难性的和不可持续的；
- 但是，当面对建立全球监管机构的问题时，有 1/3 的与会者改变了其投票，因为如常理“控制对别人可能不错，对自己可就不尽然了。”

最好的结语已由一名与会者写就，他指出，缺乏全球性监管导致了巨大风险，未能谨慎地遵循规则规范操作则增加了贪欲。正如他所说：“各种各样的红利是当今混乱状况的源头。甚至破产的金融机构的主席和董事长都不认为他们应该对所引发的风险和疏漏的管理负责。”

第二篇

次　贷　危　机

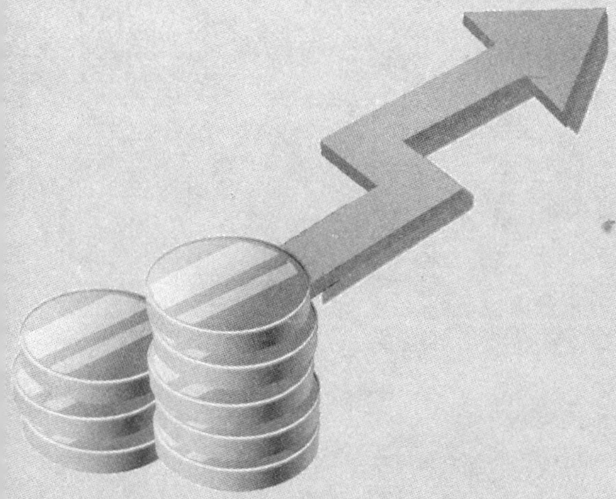

第 4 章

次级抵押贷款市场的地震

1. 银行业自酿苦果 89

资本是一种工具，而不是一种极度的愉悦。在华盛顿和波士顿召开的多次会议上，来自证券交易委员会（SEC）、美联储（Fed）、联邦存款保险公司（FDIC）、货币监理署（OCC）和储蓄银行监督办公室（OTS）的执行官们都强调，高级经理层的首要责任就是保全资产[1]。就算在投机已经成为一个经济体顶梁柱的情况下，以上论调也是真理。

基于现今观察经济和银行业的视角，美国乃至全球金融市场在 2007 年中期的变化，给了我们足够多的理由从根本上重新审视我们曾经看待全球银行业和金融工具创新的方式。快速增长的风险敞口与以下方面的问题相结合：

- 美国的次级抵押贷款市场[2]；
- 随之而来的信贷危机。

这些问题来源于信用风险越发普遍的错误定价、杠杆的过度使用以及对交易对手控制风险敞口的游说，而这三点正是银行业传统的业务支柱。据估计，在短短 5 年间，美国次级贷款泡沫爆炸性地扩张到 20 万亿美元，这对住户和金融业造成了巨大的负面影响，因为担保抵押资产占美国银行体系总额的 49%。（这对住户和贷款支持资产占银行业总资产 49% 的金融行业造成了巨大的负面影响[3]）。

同 18 世纪早期的大密西西比泡沫和南海泡沫，20 世纪末期的网
90 络泡沫和 21 世纪早期的住房业泡沫一样，所有泡沫的共同特点在于大多数人拒绝相信这些泡沫将会破灭，直到这一切真的发生。在泡沫被吹起来后，许多市场部门经历了极度的紧张，并且反应过度。高盛的首席经济学家简·哈丘斯（Jan Hatzius）已经预测，美国银行业在 2008 年将损失 4 000 亿美元，银行的贷款能力下降总额达到 2 万亿美元[4]（从那以后这些指标开始疯涨）[5]。与以前的危机不同的是：

• 这次泡沫的破灭是由银行业自身所引起的，并不是诸如新兴市场的危机等外部因素导致的；

• 在其他信贷机构中，巴克莱银行、花旗银行、汇丰银行和瑞士联合银行集团支付的借款利率比国债利率高 2%，因为投资者担心那些金融机构依然有隐瞒的亏损。

银行业创造的次级贷款大危机并不仅仅由于贪婪，同时也由于在信贷创造过程中普遍存在的糟糕管理，这导致了悲观的经济预期在其他商业部门中蔓延。而当市场意识到不同形式的结构性债务远不是安全的投资资产时，一切都太迟了。

毋庸置疑，如今有许多银行和投资者在抚慰自己的伤口；他们中的一部分甚至由于同样的原因摔倒了两次。加州橙县就是这样一个例子。1994 年，由于回购协议和其他不利的衍生品交易导致了 16 亿美元的亏损后，直接导致了美国最大的市政破产[6]。2007 年橙县：

• 在 23 亿美元的基金中有 8.6 亿美元买了次级债，即高风险敞口比例为 37.4%；

• 在 8.6 亿美元的不良资产中它损失了 4.6 亿美元，这相当于其所投入的“健康资金”的 53.5%。

在 21 世纪的前 10 年中，一个基本的原则似乎被完全遗忘了，

即投资者和银行业领导者应该借助少量的简单数学模型来判断和理解交易对手和利益相关者。于是误解和错误的管理随之而来，这也与之前的金融危机有所不同：

- 开始于 2007 年 7 月或 8 月的危机重心在于债务而不是资本；
- 在经济急速下滑时，有较高杠杆率的债务比资本更危险。 91

如今大量的专家指出，要使美国经济走向正规，那么债务资本比率应大大降低。而他们却没有阐明，如今的负债率和预期的负债率的巨大差异应该由谁来负担，又应通过怎样的形式负担。因为最终，破产后的债务短缺部分还是需要有人埋单。

从美国政府到华尔街，再到私人住房拥有者，每个人的头脑中都在思考同一个问题，即谁应该为这次危机埋单？大银行的损失，特别是美国和欧洲的银行，较之于美国家庭那像礼物一样易得的住房带来的福利，到底哪方面更大呢？2007 年 11 月末，摩根大通银行指出，银行业由于担保债务凭证导致的损失达到了 770 亿美元。分析家立刻评述道，这只是一个保守的估计和一个中期的数据，因为这次危机带来的最大冲击远未结束。

我们应时刻铭记，即将到来的大危机的第一个标志就是抵押贷款上的过度杠杆化，特别在次级抵押贷款方面，而这些正是在 2007 年 2 月底显现。就连市场乐观主义者都承认这些仅仅是一个信号，同样的一幕在 2007 年 4 月出现。焦虑的银行家、投资者和政府机构都不愿信任彼此，在 2007 年 6 月再次出现的危机在接下来的两个月中演变成了一场在以下 5 个方面更为严峻的灾难：

- 次级贷款危机
- 银行业危机
- 流动性危机
- 抵押担保危机
- 信用评级危机

以上所有的危机，与由此导致的信贷危机在同一时间内爆发。欧洲中央银行（ECB）和美联储急忙向市场注入流动性，企图平复市场各方的焦虑，防止危机的进一步深化而导致更严重的经济下滑（更进一步地讲，在 2007 年 12 月 12 日，美联储、欧洲中央银行、英格兰银行和其他 G10 集团的中央银行开始协同向商业银行和投资银行提供流动性）。

由于各家商业银行和抵押贷款银行对借款者的信用评级的忽
92 视[7]，对客户风险敞口漠不关心，各国中央银行这种“救火队”式的方案变得尤为重要。同样也有对金融工程的批评声音，它们认为正是金融工程的某些方面发展，使投资银行的小部分员工为投资者创造了大量的幻想和错觉（见第 2 章）。

由国会联合经济委员会（JEC）在 2007 年 10 月 22 日发布的关于美国次级贷款危机的报告中称，那些在最初以非常低利率（引逗利率；见本章第 3 节）进行抵押贷款的人们，其中的半数都不知道将来他们支付的利率将会上升。为了确保银行不能通过在模型上玩花样（沃伦 · 巴菲特曾提到它们是在用金融创新使产品变得更让人难以理解）来掩盖损失，财务会计准则委员会（FASB）在 2007 年 11 月 29 日宣布了一项新的财务会计准则（SFAS）157，它旨在为估计和报告存货头寸的公允价值提供标准：

- 在一个投资组合中资产的公允价值必须以市场数据入账；
- 为了财务报告，在不同模型当中加入大量关于公允价值假设的现象将大大降低。

基于 SFAS157 和强有力的于 2002 年颁布的《萨班斯—奥克斯利法案》（Sarbanes - Oxley act），银行都在其投资组合中对次级抵押贷款和次优抵押贷款估计其公允价值[8]，这也导致令人不愉快的意外发生。在 2007 年 12 月初，穆迪公司投资者服务部门在对花旗集团的结构性投资公司（SIVs，见第 5 章）销售的 649 亿美元债务进行分析之后，下调了其评级。确实，抄底在堂而皇之地匆忙进行。

2. 次级抵押贷款的制度化

商业银行、储蓄银行和次级抵押贷款公司经常会面临法律风险。于 2007 年 10 月底出台的新抵押贷款法案，允许借款人持有已将其住房贷款证券化的脆弱的华尔街银行的贷款。随着次级贷款危机的显现，商业银行和其他机构为了盈利，在贷款并证券化的道路上忽视了两个最根本的、对家庭住房提供信贷的原则：

- 信用记录；
- 在资产中所拥有的资本金。

98 但是以上两项在处理次级抵押贷款和次优抵押贷款方面都普遍（并且非常不明智地）被忽视了，借款人通常只需要对自己的财产量进行申报，而不需要经历任何对其信用的检查，就可以得到抵押贷款。传统的要求是，借款人必须依靠自有资金支付新买住房房价的一部分，而这点被扔在了脑后。

与此同时出现了专门用于次级抵押贷款的房屋，这些房屋出借给那些信用记录糟糕、信用历史有污点或收入太低以至于不能满足为买房（无论新旧）而进行传统贷款的人们。次级抵押贷款行业：

- 在 2002—2005 年中迅猛发展，与之相伴的是近 50 年来的最低利率水平，
- 随着 2005—2006 年利率的上升，发展逐渐缓慢，同时房屋价格涨势放缓，
- 经历了 2007 年 2—4 月的第一波冲击后，抵押贷款银行家协会报告指出，13% 的次级借款人违约。

由于利率的上升和房屋价格的停滞不涨，次级借款人及其贷款人的生活突然变得更为艰辛。在 2007 年的前几个月，美国第二大次

级贷款机构，新世纪金融公司由于其客户的违约宣布破产。其他机构，如抵押贷款供应商诚信房屋贷款公司，从2007年1—3月其市值猛跌。在极短的时间内，诚信公司的股价损失超过了90%。

在同一时期内，一个美国小型次级贷款机构佛利蒙通用（Fremont General）曾指出，它赞成联邦存款保险公司停止房贷中充满风险的次级抵押贷款，并结束其他形式的高风险活动，同时它进一步说明其计划退出次级抵押贷款业务。同样的消息在房贷机构中弥漫，许多次级抵押贷款机构也举步维艰。

汇丰作为一家大型国际化银行，以及美国的次级抵押贷款拥有者之一，于2007年初发布了第一次盈利预警。在其持有的美国坏账背后，资产减记达到了18亿英镑（相当于36亿美元或26亿欧元），这一数值远高于预期。证券化的次级贷款和其他形式的结构性金融工具给汇丰带来的损失并未结束。2007年11月，汇丰宣布关闭其账面亏损达数亿美元的3家结构性投资公司。另一家大型经营优质贷款和次级贷款的机构——美国国家金融服务公司也发生了类似糟糕的财务状况。

那些在过去购买了次级抵押贷款债券的投资者，不够理性地接受了比预计风险对应的收益率更低的利率，损失惨重。对于投资于不同信贷资产的投资者而言，证券化的次级抵押贷款将风险分散到不同的贷款包。但随着房屋被拍卖，投资者开始手足无措了。

94 其实次级贷款危机已经证明，由独立评级机构在一个次贷资产池里评出的最高级“AAA”债券毫无意义，它们只不过是质量较好的垃圾。错误的评级：

- 与所有的正确观点相违背；
- 尽管有那些AAA级债券被认为是有可能带来高收益，但它还是极易破产，变得一文不值。

更糟糕的是，为了向投资者呈现一个好的财务状况，对冲基金从银行业大量举债并投资于高杠杆资产。本质上，它们都急于将所谓的“双赢局面”放大 10 倍甚至 20 倍。极具讽刺的是，自 2002—2007 年间，对冲基金、养老金和其他投资者囤积了大量的担保债务凭证，杠杆复制的成本降低，这一切让充满风险的借款人能够更轻而易举地借债：

- 所有的一切都向着危机迈去；
- 至此，经济领域大规模的地震不可避免。

在 2003—2007 年间，艾伦·格林斯潘的第二个泡沫无限膨胀。这对于美国或者全世界的金融业都是一个关键时期。这一时期全球相辅相成并导致了 2007 年中经济紧缩的两大典型趋势是：

- 信贷质量迅速下降；
- 货币供给的大量增加蒙蔽了投资者对其购入证券信用资质的关注。

1992—2007 年以上两种趋势的线形关系在图 4.1 中加以反映。值得注意的是，在 1994 年债券危机之后，信贷质量有所上升；同样的情形也发生在 2000 年网络泡沫破灭之后。并且，在 1994 年之后货币供给增速回落到十国集团中央银行目标供应增速的 4.5% 之下。但在 2000 年和 2001 年 9 月 11 日那次巨大的悲剧之后，货币供给却急速增长。

2006 年和 2007 年，随着美元利率和担保债务凭证成本的上升， 95
各家银行倾向于向对冲基金和其他机构提供贷款，以此导致了货币供给量的上升，与此同时，抵押品常常包含了证券化的次级抵押贷款。在 2007 年 6 月和 7 月之前，银行的这种做法使上述对冲基金等都能购买更多杠杆化的债务工具——这导致了非常糟糕的结果。

获得高收益的人们、忙于抵押贷款的金融机构都忽视了一点，即在本世纪初由次级抵押贷款人、商业银行和投资银行共同鼓吹起来的长久繁荣机制，有一天将会崩溃。支撑这种长久繁荣运转机制

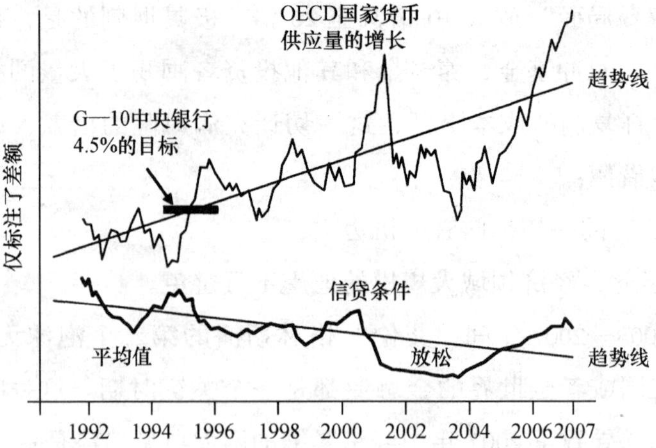

图 4.1　一个不祥之兆：过去 15 年 OECD 国家货币供应量与信贷条件趋势线的背离

的观点基于一个重要原则，即在债务处理的任何一个阶段，发行风险可以转嫁到证券之中、之后的过程中：

- 分解
- 打包
- 出售
- 再分解

96 这给了那些已经变化很多次的标的债务工具无数次机会去创造新的合约。基于这种方法，债务被不停地打包分解再打包，由此导致信用衍生产品在 2007 年初飙升至 26 万亿美元，并在随后的短短几个月内突破了这一记录。

信用衍生产品的价值在 2003—2007 年的 4 年间膨胀了约 700% 或 800%。同一时期，监管者对此并没有采取正确的措施（见第 7 章），而经纪商则通过出卖浮动利率的次级债（可调整利率的抵押贷款；本章第 4 节）赚取了高昂的佣金。

在 2007 年 7 月和 8 月的次贷危机爆发之后，各家银行突然对放贷开始警惕，不仅对于其普通客户，而且对于各家银行之间，因为它们担心银行间的表外杠杆头寸情况。对它们而言，投资者对于所谓的“创新型技术”已经失去了信心。这种事后效应产生了严重的螺旋式下降风险，进一步导致了流动性不足的问题：

- 复苏的信号仍然非常微弱；
- 更加不明晰的是，不可避免的去杠杆化过程的覆盖面是否会进一步扩大。

正如马丁·沃尔夫在一篇文章所说的那样，经济未来将面临巨大的调整。最糟糕的情形是，世界经济将经历一段时间的动乱。如果工业化国家和新兴工业国家不能适应未来的挑战，新一轮的全球经济下滑将不可避免[9]。没有人知道这场次贷危机什么时候才能见底。

3. 破产边缘的借款人

次级贷款额通常比对应的抵押品价值要小，次级借款人比较贫穷，而且其信用记录通常是存在问题的。因此，与良好信用记录对应的固定利率不同，次级抵押贷款通常采取浮动利率——在贷款初期实行非常低的引逗利率，通常在 1% 左右。同时，在房价已经非常高甚至接近其峰值后，次级借款人通常有进入住房市场的倾向。他们之所以如此，是因为：

- 有意或无意地，他们经常会低估违约风险；
- 他们经常被那些关注自己佣金多于关注其客户是否有能力还债的经纪人鼓吹着借债。

降低对偿债能力弱的借款人的限制导致了两个不可避免的结果： 97
一是前文提到的低标准信贷条件，这已成为了银行业普遍存在的事实；另一个是市场需要研发出新的安全性较弱的金融产品，而这种产品是如此复杂难解，以至于设计者自己对其了解也非常有限。

更进一步地讲，让客户自我证明其收入情况必定导致借款人完全没有信用证明。这种稀奇的抵押贷款形式，也被称作“说谎者贷款”，在借款人扩大其预算时变得非常普遍——这种现象不仅在美国的房地产行业中发生，它也存在于全球的其他地方。在西班牙，抵押贷款人对这样的年轻移民提供信贷：

- 他们缺失或完全没有信用记录；
- 通常他们本身就是这些房屋的建设者。

在所有的欧洲国家中，西班牙的情况与美国次贷周期最为接近（虽然意大利也同样在次贷上出现问题）。低利率和欣欣向荣的房地产市场给人们带了一种错觉，即低收入市民也是可以买的起房子的。激烈的竞争让西班牙银行的服务进入到了高风险客户群体——400 万的移民人口。

- 在 2003 年初，西班牙向购房者发放的贷款量为 2 350 亿欧元；
- 进入 2007 年，短短的 4 年内，该数值飞升至 5 500 亿欧元——234% 的增长。

西班牙的贷款机构雇佣摩洛哥人、撒哈拉人、中国人和拉丁美洲人分别向其邻里的移民销售次级贷款，对这些客户在抵押贷款上的特殊需求量体裁衣。精力过剩的次级贷款机构桑坦德，这个西班牙最大的银行甚至提供了拥有 5 年优惠期限长达 40 年的抵押贷款。从经济学的角度而言，

- 这太过美好而显得不那么真实；
- 就算这是真的，它也仅仅是没有担保的杠杆。

次级借款人面临巨大的压力将是不可避免的。在马德里，一名
98 34 岁的秘鲁人罗格·萨阿维加（Roger Saavedra）说到，他不得不将其拥有的 50 平米双卧室的小房子出租一间出去，以偿还其 16 万欧元的抵押贷款。“我的妻子在第二个孩子出生后就已经停止了工作，就算加班，我也不可能偿还我们的贷款。”萨阿维加指出[10]。

次级房地产的迅速发展和婴儿潮似乎互相促进，而这两者显然

不是理性的结果。萨阿维加是一名砖匠，他最大的担心就是失业，因为建筑行业的工作大多是短期的，并且西班牙的建筑者如今遭到了挫折。失业同样是美国次级借款人的噩梦，这引出了以下两个问题：

- 为什么借款人首先将自己置于如此不可思议的状态；
- 为什么贷款人不像每个银行家本应该做的那样，对其客户偿还利息和本金的能力进行审慎调查。

这些被戏称为“次优抵押贷款”的抵押贷款，正在取笑那些不明智的自我证明财产和收入并将自己置于沉重的债务负担之下的借款者。据专家估计，次优抵押贷款的数量远大于次级贷款的数量。许多经济学家认为，随着针对那些不良信用借款者的引逗利率最终由1%上升至12%，而政府又仅对这些不良借款者中情况较好的人群进行救助（见第5章），美国次贷危机最糟糕的情况可能在2008—2009年发生。

在2007年8月和9月间，一个新的如房地美和房利美那样的政府支持机构（GSE）——联邦住房贷款银行（FHLB）被迫向深陷危机的机构放贷，例如国家金融服务公司和华盛顿互惠银行。FHLB在报告中声称，它们在这短短的两个月内发行了如此多的短期债券，以至于它们发行在外的债券飙升21%，达到1.5万亿美元，其中大部分都将在2009年前到期。

资产的相关性导致了另一隐含问题的出现。在2007年7月和8月市场急速下降后，分析家迅速指出由于大量被抛售，那些原本毫不相关的资产的关系变得紧密。一种观点认为，风险数量模型中货币管理的影响本身导致了这种紧密的关系，从而挑战了这些模型赖以生存的：

- 判断； 99
- 原因；

• 模型在风险控制上的作用。

2007 年 10 月 16 日，前高盛集团首席执行官，时任美国财政部长的汉克·保尔森（Hank Paulson）在一个关于住房市场形势下滑中的演讲中警告道，美国经济将会面临更严重的打击。他同时也指出，部分抵押贷款市场参与者的行为是可耻的，他号召用全国范围内的管制来取代现行支离破碎的美国住房贷款监管系统。他同时还提到以下两点：

• 采取短期措施以缓解此次危机的伤害（见第 5 章）；

• 使用长期措施提高在金融下滑时对损失的控制能力。

这位财长的言论，反映出住房市场的不景气将会继续对美国经济、资本市场和众多的住房拥有者产生负面影响。住房市场的自我调节远不如 2006 年末预期的那样迅速结束，保尔森说到，但既便如此，美国经济依然保持着健康和多样化，并将持续增长。

此番言论对严重的危机做了细致的说明，保尔森号召银行应对表外风险敞口更加谨慎，并说到："我们的银行监管者必须对银行表外的风险敞口所对应的资本金要求进行评估"——同时建议财政部对这些机构的会计准则重新审查[11]。他强调，美国必须确保过去的悲剧不再重演。

4. 次级房贷的噩梦

部分观点指出，导致此次次贷危机的原因可以追溯到抵押借款市场的一连串变化。2002 年美国可调整利率抵押贷款（可调整利率的抵押贷款）在新增抵押贷款数量上，占所有抵押贷款份额的 10%，在其对应的美元价值上，可调整利率的抵押贷款占比为 20%。这些数据在 2005 年分别上升至 35% 和 50%，虽然数据在随后有所回落，但相对于 2002 年的水平，它们都上涨了较大幅度。

100 这种变化的后期作用与这样的事实相结合，即自 2005 年起大量的次级抵押贷款被出借给信用记录不良或根本没有信用记录的个人。另一个不祥的预警是，次级抵押贷款的违约率上升幅度惊人，特别是 2005 年和 2006 年发行的这批贷款。专家认为这种现象的发生是基于以下 5 个方面的原因：

- 次级借款人的信用资质通常较差；
- 他们通常利用杠杆，即其负债收入比很高；
- 对其抵押贷款通常有较高的贷款价值比；
- 为了销售更多次级债，越来越多的次级抵押贷款都利用了引逗利率；
- 在 2—3 年的优惠期之后，低利率被重新调整为较高的利率，而这一利率是很多低收入者无法承受的。

瑞士信贷的分析家估计，2006 年发行的 80% 的次级贷款包含着引逗利率，并且会在将来提高。同时，这导致了许多经济状况不好的个人过度负债。这样做的结果就是坏账（bad debt）高企——为次贷危机的到来埋下伏笔。不幸的是，美国银行业忽视了这种信号。

基于美林证券发布的数据（ING，2007 年 11 月 16 日）[12]，图 4. 2 给出了 90 天宽限期限后的次优抵押贷款违约率曲线。在 2002—2005 年发行抵押贷款期间，2002 年并不是一个好的发行年份，因为超过 24 个月的违约率高达 4%。

- 最好的次优抵押贷款年份是 2003 年，期间超过 24 个月的严重违约率仅仅略高于 1%；
- 这一比率在 2004 年和 2005 年上升至 2%，达到了 2003 年 2 倍的违约比率，这预示了危险的到来。

由于信贷机构完全忽视了这种预警信号，次优抵押贷款的发行依旧上升。不奇怪的是，短短 12 个月后，2006 年的违约率升至 3%；此后，统计显示严重违约率大幅上升。

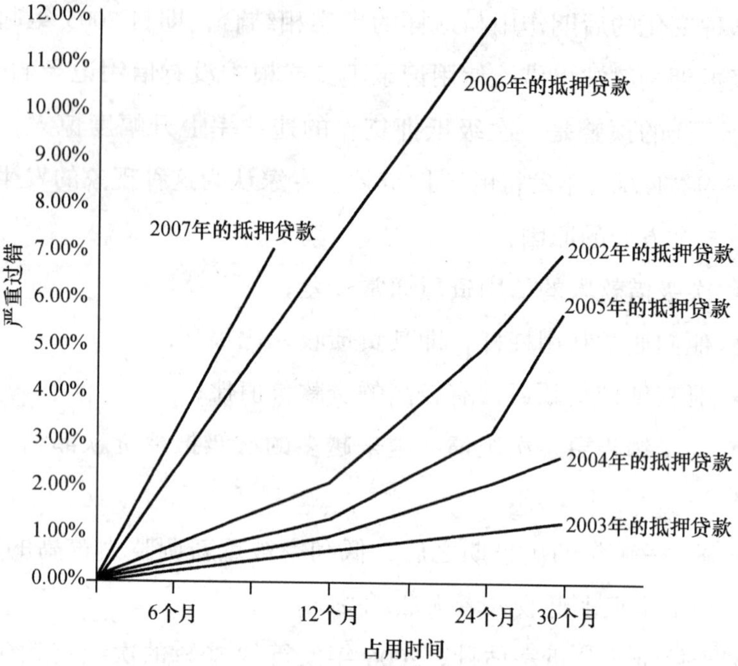

图 4.2　2007 年底，90 天宽限期限后的次优抵押贷款违约百分比

到 2006 年，全美国范围内的房价昂贵得难以支付，特别在那些住房价格飞涨的州。在经历了峰值后，全国范围内房价开始下跌，同时住房建设量也从 2005 年占 GDP 比重 6. 3% 开始下降。然而，次级贷款交易依然火爆，全行业都在放松信贷要求——这不仅仅存在于抵押贷款发行人那里。

为了更好地了解房价上涨的情况，我们应该注意到，在 1997—2007 年的 10 年间，真实价格上涨了超过 2 倍。在 2005 年 4 月后房价增速放缓，许多抵押贷款超过了房屋价值。同时，下降的房价增速减少了以下机会：

- 借款人通过卖出房子来偿还房贷；
- 将房屋作为抵押品，以满足不同个人需要而不断借款的人们。

第二条实际意味着，只要次贷体系继续运作，系统的缺陷将被

102 掩盖。投资者仅需要高回报率的资产和通过住房抵押支持证券和债务担保凭证所产生的高收益幻象。最终，投资者为忽视结构性工具带来的风险敞口付出了惨痛的代价。

对他们而言，各家银行和经纪人通过对那些信用记录不良的人的贷款进行打包，并分割贷款中的信用风险，以此赚取了高额佣金。这就相当于在信用梯队的底层进行投资而获利，一位专家称——他同样表明了对次贷借款人和投资银行的惊讶，为什么他们能够通过不断的打包和分割，找到如此多的仅仅接受比国债高 0.2 个百分点收益率的购买者。基于预期风险的定价完全错了，因为：

- 住房价格飞涨；
- 投资者都愚蠢地相信房价的上升势头不会停止。

在市场清醒并发现基于次优抵押贷款的抵押贷款与基于次级抵押品的贷款具有同样风险时，这种投资哲学坍塌了。确实，截至 2007 年 7 月，房价高于 80 万美元房屋的违约率超过了 2.5%，高于全国平均水平。超过 80% 的次优抵押贷款变成了说谎者贷款：

- 贷款价值比经常高达 90%；
- 为了诱骗客户，甚至第二份“附加贷款（a second piggy - back loan）”也被加进抵押贷款合约[13]。

在英国，次级贷款被称作非一致性贷款或不利信用贷款，它们也同样被证明具有高风险。市场总体曾经是盈利的，新发行的抵押贷款在总贷款中的比例在 2005 年为 6%，2006 年上升至 10%。然而，正如美国的借款者那样，英国次级借款者忽视了这种非一致性贷款并不是免费的午餐这一事实。这种贷款的利率通常要比优质贷款利率高出 50%，甚至更多，这进一步加剧了借款人的财务困难。

在一段时间内，价格的持续上涨使房屋被银行收回并拍卖的比例很低，因为住房拥有者基于其房屋获得了账面上的资本收益，所以更倾向于偿付抵押债务而不是违约。然而，经济学家们质疑，这种情况可以持续多长时间。最终，2007 年市场的表现回答了他们的疑问。

但是，英国的情况与那种更像泡沫破灭的美国的情况稍有不同， 108
英国市场依然充满风险。最终，借款人财务上的吃紧、低信用等级借款人面临的高利率和从房屋上融资机会的不断减少，这三方面共同作用，导致了违约率的上升。

5. 次贷余波未平

从 2005 年开始，利率越发高涨，这使高杠杆率的抵押贷款的生存受到了威胁。但高利率是必要的，因为通货膨胀将会冲击每一个人，特别是那些经济情况并不太好的人群。当市场表面运行正常时，中央银行担心市场上普遍存在的借款条件宽松的现象。货币政策制定者特别关注的是：

- 通货膨胀与低信用资质的相互关联；
- 这使得他们不得不采取更紧的货币政策，而不是宽松的货币政策。

对于 2000 年网络泡沫破灭后宽松的货币政策，批评者认为正是格林斯潘曾经倡导的信用民主化吹起了如今的次贷泡沫（但这并不是 20 世纪晚期的现象。美国对私人个体的贷款开始于 20 世纪 20 年代[14]。1929—1933 年的大危机破坏了私人借贷的发展，但它在第二次世界大战后又重新启程，并在随后的 20 年中以令人吃惊的幅度上升）。

对于这些批评格林斯潘宽松货币政策的经济学家而言，最令其烦恼的是前美联储主席并没有预见到宽松货币会导致如此糟糕的结果——这是他的第二大失误（他的第一大失误，是其 20 世纪 90 年代中期的货币政策导致了 2000 年的网络泡沫）。

这种现象实际上说明了货币政策有可能在更广的范围内失灵——而不仅仅是格林斯潘的问题。为了将日本经济拉出泥潭，虽然日本银行在将近 20 年的时间内宽松货币供给，但日本经济依然不见好转。

104 如果说次级贷款在经济风险敞口方面有什么特点，那就是套息交易已经达到了零售银行业的程度，特别在住房市场上。因为瑞士和日本在全球范围内具有较低的利率，两国的货币将会给建房者利好，同时给新的住房拥有者以利空。

至少在理论上，这种套息交易使房地产市场的卖方在一年中将其抵押贷款打 300—400 个基点的折扣。在匈牙利、拉脱维亚和其他欧洲国家的住房购买者肯定没有意识到借入这种“极具吸引力的贷款”，会使他们成为全球套息交易商，并与那些赚得巨额利润的对冲基金接触：

- 在利率低的国家借入货币；
- 在利率高的国家投资，所有的操作都基于抵押贷款。

对于房地产市场将会陷入何种境地，大家众说纷纭。在 2007 年 6 月和 7 月间，乐观者认为，次贷危机导致的后果不会波及其他行业，因为处于风险中的抵押贷款量太小，冲击不了美国经济，就更别提欧洲。基于这种观点，就算危机贷款（crisis loan）由 13% 上升到 20%，这：

- 也仅仅意味着美国 6 500 亿美元浮动利率抵押贷款中的1/5出现了问题；
- 这仅是美国 40 万亿美元债务工具的一小部分。

悲观者和众多现实主义者反对这样的假设，因为在他们眼中，那时出现问题的次贷还仅仅是冰山一角而已。2007 年的 12 月，财经新闻证实了他们的看法。正如他们所认为的那样，在庞大的次级抵押贷款中，只有不到 1/3 发生了损失，但就是这并不太大的数量都让许多大银行付出了惨痛的代价（见第 6 章）。

乐观者在 2007 年 6 月和 7 月间还认为，即便房屋被银行拍卖的情况进一步蔓延，这也不能使失业率保持在 4. 5% 和 4. 7% 之间的经济脱离正常轨道。然而悲观者认为上述情况会发生，比如 20 世纪 90 105
年代发生在东亚、俄罗斯和长期资本管理公司（LTCM）的相比稍轻微危机导致了 2000 年的股市崩盘。

最让经济学家担心的是次级抵押借款人的违约，特别是那些信用记录缺失或不良的借款人的违约，会极大的挫伤人们对于经济复苏的期望（一种估计认为房价直到 2014 年才会恢复到过去的峰值）。没有人可以确认住房市场的衰退会以怎样的速度波及经济中的其他部门。在 2007 年第 4 季度末，经常可以听到的一种观点是次贷危机并不会伤害到实体经济，因为美国住房市场只占包括中国在内的国际市场的一小部分。确实，

- 住宅建设仅占美国经济的 5%；
- 加入家具业、家居装饰和公共事业后，这一比例上升到 15%。

在这些数据之外，与广泛的证券化和可疑信贷的贷出相伴而来的是银行业务方面结果未知的变革。米歇尔 · 戴维 · 韦尔（Michel David - Weill）——一名法国的投资银行家曾说到：“我们不喜欢变革。当我们迫不得已需要这样做时，这往往意味着我们在一定程度上失败了[15]。”格林斯潘本来应该注意这一点。

戴维 · 韦尔专注于业务的逐步增量，而不是对业务的彻底变革，但现在许多银行的高管都走上了另一条道路——基于可获得的结果来评判。以美国住房市场融资为例。在 2004—2006 年间，那些借入浮动利率抵押贷款的借款人，就有 86. 2% 在其住房中所拥有的资本金（自己有能力支付的部分）达不到 30%。进一步而言：

- 69. 5% 的人拥有不到 20% 的资本金；

- 51.3% 的人拥有不到 10% 的资本金；
- 25.4% 的人处于零资本金状态；
- 12.7% 的人拥有将近 5% 的负资本金；
- 6.5% 的人拥有将近 10% 的负资本金。

这些负资本金对提供这种贷款的银行资产负债表无疑是一剂毒药。并且，将这种贷款进行证券化和出售时，也会给相关投资者和其他银行的资产负债表造成损害。确实，令人吃惊的是超过 1/4 的
106 “住房拥有者”并不真的拥有其住房；相反，房屋主宰了他们的命运。上述统计数据和其他事实共同指向一个结果，即如果情况变得更糟糕的话，成千上万的美国人将由于陷入到这种贪婪贷款者的圈套中而无家可归。

2007 年 3 月底，在金融地震之前的几个月，南卡罗莱那州的一个非营利性组织——可靠贷款中心的主席迈克·卡尔霍恩（Mike Calhoun）向美国国会证实，借款人丧失抵押品赎回权的情况将有可能广泛发生[16]，这种大范围的信贷危机将会导致美国经济陷入深度衰退，2007 年 6 月和 7 月的情况证明了卡尔霍恩是正确的。

在华尔街上，批评降低的信贷标准的人们认为，2000 年发生在互联网内部的危机引起了股市的深度调整，并随之导致了衰退的到来。今天，不仅仅是次级借款人的杠杆太高并转而破产，整个美国经济也承担了过多的债务。同样的情况也发生在英国、法国、德国、意大利、西班牙和其他西方国家。

通常可采取去杠杆化的措施，去修复一家银行或一名住房借款人的资产负债的情况。虽然这对大量的个人、企业和政府而言是可行的办法，但其成本确实不容忽视。去杠杆化的代价将是经济的衰退，这正是格林斯潘在 2007 年 2 月底所说的，他认为美国经济有1/3 的可能性在同年走向衰退。如果他说的是萧条（而不是衰退），那么格林斯潘才算讲对了一次。

6. 次贷危机对经济的影响

随着财经新闻变得愈发糟糕，2007 年上半年与下半年最大的差别在于市场信心的极大下挫。标准普尔住房建设指数从 2007 年 2 月的 1300 点在随后 1 个月内下降到了 700 点。在 2007 年 6 月，美国住房建设者信心指数从 2004 年和 2005 年的 75% 下跌到了 25%，大家普遍担心：

- 次级抵押贷款的将来；
- 住房建设的急速下降。

美国最大的房屋建筑商莱纳公司（Lenner Corp）在 2007 年第一季度利润下降了 73%，第二季度仍不见起色，其他房屋建筑公司情 107
况也如此。银行家却完全不关注建筑商和其他产业的糟糕情况，因为下降的房价很可能导致美国家庭财富的缩水，进而影响消费的增长。他们的注意力都集中在美联储的降息上，完全无视房价下跌对经济可能造成的拖累。

在 2007 年的前几个月，特别是 3 月和 4 月，利率看空投机基于这样的假设，即次贷的崩溃会促使美联储大幅降息以控制经济，这是一方面的预期；在 2007 年 5 月经济形势不明朗的情况下，降息的呼声仍旧不减。

那些发现自己的资产负债状况出问题的商人强调，他们之所以主张下调利率是为了减轻购房者的还贷负担。2007 年 3 月，第一美国科洛捷（First American CoreLogic）的一名经济学家——克里斯托弗·卡甘（Christopher Cagan）基于他们公司的数据，提出在 2004 年放出的所有浮动利率贷款中，60% 会在以下情况下被重新设置：

- 总体上，偿付金额等于或高于 25%；
- 但这 60% 当中的 1/3 其每月支付额将增长 50% 或以上[17]。

这些百分比意味着住房市场的消费者的风险敞口很有可能在一段时间内拖累美国经济。温德尔·帕金斯（Wendell Perkins）也持有相同观点，他查看了约翰逊资产管理公司（Johnson Asset Management）在拉辛（Racine）和威斯康辛（Wisconsin）的 16 亿美元的资产[18]；帕金斯想弄明白高涨的违约率背后的原因。

另一些资产管理经理人和经济学家则担心向信用记录不良的借款人放出的抵押贷款所产生的危机，会波及更广的经济面，特别在信用卡消费和汽车贷款上[19]。早在 2007 年 4 月，美国统计资料就显示，由于违约率的上升，超过 30 家的抵押贷款人停止了运营、破产或试图寻求买主。就在一个月前（2007 年 3 月），对于丧失抵押品赎回权的担心，使大企业联合会消费者信心指数降到了 5 年中的最低值。

但是，在次贷危机的最初阶段，许多经济学家并没有非常悲观。他们认为美国住房抵押市场非常庞大，而且将近 3/4 的住房贷款都
108 已经通过打包变成了抵押支持证券（MBS），这主要是通过政府支持的房地美和房利美两大机构实现的。相反的，他们担心诸如保险公司和对冲基金这样的证券化抵押贷款的买者。

- 在次贷危机爆发的链条之中，它们处在前线；
- 但可能不拥有足够的力量来抵御次贷危机所带来的冲击。

（低估房地美和房利美的风险是不明智的。在 2007 年年末，两房报告显示，由于贷款较高的违约率，它们经历了严重的季度亏损。然而，在 2008 年 2 月底，布什政府表示，因为会计制度的不规则，他们正在考虑将两房的投资资本金上限提高 2 倍。这种“提高”使市场变得兴奋。）

暂不考虑其他因素，汇率不断下跌也令人担忧。在 2007 年 7 月和 8 月之后，对次贷危机的乐观预测越来越少，同时美联储在 2007 年的 3 次降息：第一次 50 个基点，接连两次 25 个基点。一些经济学

家认为 12 月 11 日的降息是没有必要的，因为：

- 它使本已经不坚挺的美元变得更弱；
- 这次降息处在一个不恰当的时期，因为美联储本应该腾出时间努力堵住 2008 年可能发生的更糟糕事件的源头。

从另一个角度也可以得出同样的结论。在利率预期普遍不确定的情况下，汇率市场是不稳定的。在 2007 年 4 月，美元相对于其他货币已有了明显下降，6 周内对英镑下降了 4%，对欧元下降得更多。在他们的记忆中这是少见的变化，

- 分析家们看重短期风险；
- 而经济学家则倾向于考察长期问题。

无论是基于短期考察，还是长期分析，有一件事情是清楚明了的。毫无顾忌地在衍生产品上赌博的代价将：

- 高得令人吃惊；
- 冲击了西方银行业回归正常的轨道。

最高决策层的决策失误、风险控制的失败和信贷质量的糟糕， 109
是次贷危机带来的关键问题。人们指责过去 20 年制定的信贷政策，特别是 21 世纪的政策，其着重强调所有形式的次级抵押借款者——不仅仅是住房市场上的借款者，成为了美国市场上发展最快的部分。截至 2007 年，在抵押贷款中，他们占到了：

- 新增贷款的 20%；
- 所有抵押债务的 10%。

在放松信贷标准后，各家银行和其他金融机构自酿苦果，它们才是这次灾难的元凶。当美国房市开始疲软时，贷款人却走向了进一步放松信贷标准的道路。

各家银行纷纷不顾信用记录，对每项资产放贷更多，放弃对借款人自有资产的考察，承担了巨大的风险。那时华尔街自娱自乐；但是当所有的这些风险敞口出现问题时，其危害将蔓延至欧洲，接

着导致了全球范围内的金融危机。

7. 逆境求生者的良机

关于市场究竟向何处去，从美国到英国再到西班牙（欧洲大陆），越来越多的人认为未来市场存在一个巨大的商机，例如购买并重新组合以各种抵押贷款为核心的危机债务。专家同样预测，这种重组所创新的金融工具将会给了解以下方面的人带来巨大的收益：

- 如何依靠信用风险而壮大；
- 如何经营或出售糟糕的金融工具。

对于不良债务进行资本化处理，曾经只是少数投机者赖以生存的基础，但现在似乎吸引了大量主流银行家和其他的债务处理专家。统计显示，仅美国而言，如今已有 170 家左右的机构主要投资了危机债务及相关产品，这种在危机时期的急备资金估计额度为 3 000 亿
110 美元，这在银行业历史上还是第一次。

这些危机债务的专家大多是秃鹰基金或那些坚信自己拥有美好未来的人。抵押贷款违约比垃圾债券违约给他们提供了更多的商机（据估计，大约 17% 的优先无担保垃圾债在危机的边缘被发行，这比 1990 年 2% 的通行做法高了 850%）。

无需解释的是，那些处理危机债务的艺术家并不是在教科书上找到其投资工具的。面对如此轻易赚钱的情况，他们相信，在长期的牛市转眼变成了熊市时，即便是市场上的短期投资者也会过度反应的。正因为这样，他们模糊了：

- 完全没有投资价值的证券；
- 虽然充满风险但却具有价值的证券。

然而，处理危机债券的艺术家需要有足够聪明的头脑来推进他们的交易，因为他们面对的是一个史无前例的环境。一些统计显示，

下一次的危机很可能与我们现在已经经历的危机不一样，这是由于商业银行已经不再主导借贷过程了。相反，一些类似于对冲基金的非银行金融机构：

- 现在大概占据了一半的高收益杠杆贷款；
- 它们同样在二级市场上持有了更大份额的这种债务。

一个有趣的事实是，借给那些困难的公司，包括传统的金融机构的资金，一般源自银行业，并且只通过始终追求高回报的对冲基金来实现。在银行撤出资助资金后，法拉龙（Farallon）向诚信房屋贷款公司提供了 2 亿美元的资金，它这样做当然不是为了成为一个乐善好施者。

据报道，法拉龙要求要有一个相当于信用卡的贷款利率——实际上年利率达到了 18%。同时，条款中还赋予法拉龙一项权利，即 10 年以每股 10 美元的价格购买诚信公司 300 万股的股票。这样的条款会给法拉龙带来巨额收益。专家认为，这种“从贷款到拥有”的策略在对冲基金内已经变得流行，现在正被广大主权财富基金（见第 2 章）所采用： 111

- 提供信贷的条件，是贷款可以在优惠条款下最终转化为对借款公司的股权；
- 这种从贷款者到所有者的转变，可以彻底地重组公司，使其盈利，最终将其出售。

以上两点导致了 21 世纪金融市场的第二个巨大变化。与以前的情况不同的是，曾经具有不同负债和资本金形式的借款者的资本结构，如今包含大量复杂的权力。在违约发生时，对其处理也比原来更复杂，因此：

- 哪一方应该获得怎样的权力变得难以划分；
- 出现了一些极好的盈利机会。

这些年来，贷款复杂性的上升，一方面是借贷双方针对不同的贷款情况逐步商议的结果。另一个原因是第二抵押贷款的爆炸式发展。教科书上曾说这样的贷款是以一公司的资产为担保的，但其比优先贷款的权力要小。但金融领域的艺术家们正准备证明教科书是错误的。

由于没有界定清楚权力，第二抵押贷款人开始发掘这种贷款存在的法律漏洞，以此来挑战那些理论上求偿权在他们之前的第一抵押贷款者。虽然第二抵押贷款者在求偿权上不占据优势，但由于如今的贷款，越来越多的是低门槛贷款合约，这会使得那些拥有精明律师和充满天赋的分析家们组成的团队，对借款人的还款偿付顺序和偿付内容作出彻底的变革。

第5章

信用风险的产业化

112 1. 信用衍生工具

信用衍生工具是一种可以使信用风险与其他类型的风险相分离，并对其进行交易的金融工具。这是通过恰当的设计、证券化（本章第2节）以及在愿意接受该风险的投资者中将信用风险敞口分散而实现的。这种双方信用衍生品交易的一个简单形式就是，对于给定的信用事件和确定的到期日，交易双方交换事先确定的现金流。

虽然如今以这种方式交易的信用衍生工具相对较新，它们可以追溯到20世纪90年代，但这种交易所暗含的原理却很古老。那些以充满违约风险的金融产品为标的物的信用衍生品交易就是此种交易的早期产品，例如各种类型的债券和银团贷款。对信用衍生产品，人们爱恨交织。

- 许多分析家认为信用衍生工具这种金融产品大发展的时代已经到来；
- 其他人则认为，信用衍生工具交易被人为放大了，如银行就不顾后果地大量出售它们，因为“香草冰淇淋贷款（即普通贷款——译者注）”自从20世纪90年代后就不再是一个盈利的产品了。

无论人们持有哪种观点，交易信用风险与交易市场风险的区别已不再明显（虽然它们的特征和机制有所不同），之所以这样，是因为借贷本身变得和交易一样越来越有风险。

案例

支持上述论断的例子有很多，诸如 20 世纪 80 年代早期的拉丁美洲债务危机；得克萨斯州和新英格兰地区在 20 世纪 80 年代末和 113
90 年代初的房地产泡沫；1997 年的东亚金融危机；俄罗斯在 1998 年的经济困境；2007 年的次级贷款危机。

支持信用衍生工具交易的基石是市场最近 15 年来对信用风险偏好的增大。传统上，银行就其发放的贷款承担信用风险，如今它们不仅购买信用风险，甚至还将其卖空。在一个呈跳跃式上升的市场上，如图 5.1 所示，成功将依赖于发现交易对手的意愿，并且能通过现金流交换承担分散的信用风险。

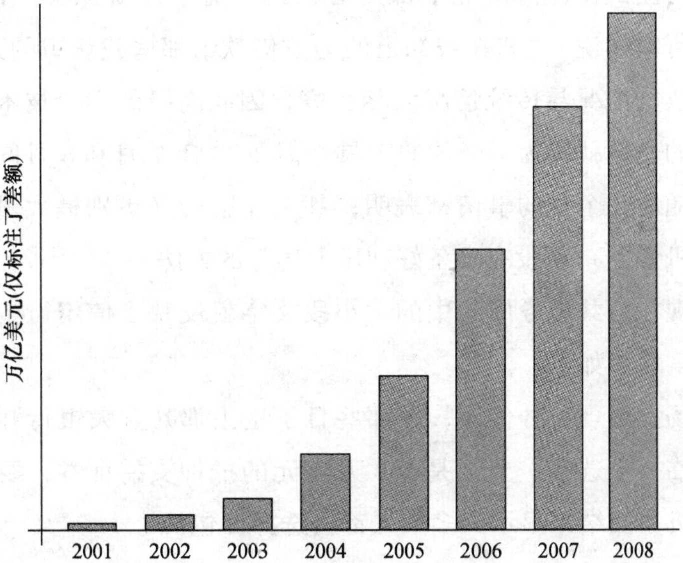

图 5.1　全球信用衍生工具未清偿的名义本金额

批评者认为，由于信用衍生工具使银行可以将其贷款的违约风险转移，因此它们创造了一种银行文化，即基本忽略了借款人的信用资质。因此，投资者必须对破产的可能性提高警惕，并具有计算违约风险的能力——这是一项艰难的工作，因为交易对手的信用资质通常是难以获取的秘密。

114 尽管面对不明晰的信用资质问题，保险公司和其他主体，包括其他信用机构，通过对具有信用风险敞口的发起人收取费用来承担信用风险，以此对其提供保护。典型的，作为风险卖方的发起人，无论在有无担保的情况下，就买方同意信用风险的账面转移而提供补偿。这本身就是一个充满风险的游戏，买方必须事先：

- 理解并分析风险和收益，并加深对标的资产的了解；
- 通过分析市场对于负面事件及其结果的反应，对风险和收益建立模型；
- 对市场信息进行压力测试，并分析极端情况下的结果[1]。

压力测试在任何情况下都是必须的。对于传统意义上的借贷，商业银行家能说："我在我知道的地方借款给那些我认识的人。"而如今的放贷情况与传统情况大相径庭，因此高级的实验技术对于此种新兴的交易就成为了必须的工具。但 2007 年 7 月和 8 月间爆发的危机和随后几个月的事情都表明，甚至连银行（更别提大量的投资者和投机者了）都没有准备好利用上述新的方法。

出现在公共事务周刊中的一小段文字就反映了信用衍生工具问题的严重性。如下：

市场上出现一种传闻，在那些日子里去那几家大银行开户的人们将面临一个选择，要么是 100 万美元的抵押支持证券，要么是一台面包机，而结果显示大多数人都会选择面包机[2]。

一些极具前瞻性的人已经在 2007 年次贷危机爆发前看到了这种衍生交易的缺陷。早在 2000 年年初，布兰登·戴维斯（Brandon

Davis），前巴克莱银行的财务官，就说过信用衍生工具并没有分散风险，相反却集中了风险，因为这种交易的主要客户一直都是（而且将来也会是）机构投资者、保险公司和各家银行自身[3]。这正好与 2007 年次贷危机所反映的情况一样。由于我们的经济运行是建立在借入的资金上，这种集中化增加了违约的风险，违约率的增大将导致这种损失大得令人触目惊心。尽管这些资产池里的贷款已经被证券化了，但这种风险集中会变得越来越危险，因为信用波动比市场波动更加隐晦。

- 市场波动的观念或多或少已经在银行家、投资者和监管者头脑中建立。

尽管关于流动性和市场波动的相关性的研究还有待深化，如今 115
已有成熟的矩阵和方法去研究它。此外，指数和完善的交易市场有利于发现市场波动。

- 信用波动，量化了一个责任主体或责任群体信用资质的损害程度，就目前来看，其定义依然需要进一步分析。

我们不知道它与流动性（第 9 章）的确切关系，在其本质、范围和影响上的研究还不充分。同时，可靠的矩阵也处于缺失状态。如今最可能的方法就是利用信用评级，但正如次级贷款危机反映的那样，信用评级存在偏差；因此它不如我们设想的那样可靠（第 6 章）。

确实，一个健全的信用波动估量是信用衍生产品定价的重要因素，因为，诸如期权、远期和互换合约，它们都是金融合约，并且都是具有信用敏感性定价机制的工具。如同信用违约互换（CDS，第 1 章），它可以被看成是信用保险计划。

2. 风险与证券化相伴

证券化，从广义上来讲包括了打包、信用风险（和其他商品）

的生产和将其转嫁给第三方的所有交易：具有信用风险敞口的贷款被放到同一个资产池里，且被分为两个或更多的发行份额。每一个发行份额具有不同的信用风险特征，高等级的发行份额更具优势，至少从理论上来讲，比其他低等级的发行份额具有更低的风险。作为一种原则：

- 证券化的资产的表现依赖于标的风险敞口的表现；
- 在最低等级的产品中，所有或大部分标的风险敞口包含的金融风险依然留在购买者的证券组合中。

自从大约 1912 年以来，当证券化与房地产资产建立关系后，纯资产池运作的方式与抵押支持证券一起发展了近 60 年。随后它渗透到其他类型的资产，如信用卡应收账款和汽车贷款。这种证券化最通常的特征就是资产支持证券（一种债务工具），它在最近 12 年中急速发展，如图 5.2 所示。

116

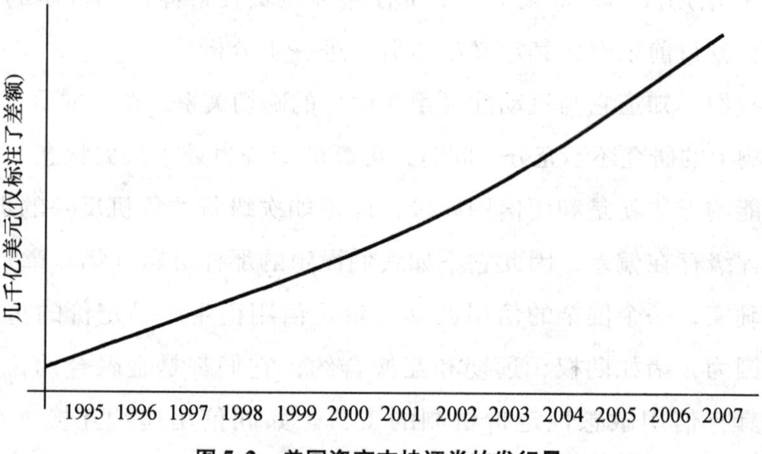

图 5.2　美国资产支持证券的发行量

理论上，但仅仅是在理论上，机构和其他类型的证券投资者对此类投资有过要求。从 20 世纪 80 年代和 90 年代早期的经验来看，抵押证券的投资者将不会支付他们的现金，直到承销商提供期权调整利差（OAS；它的计算要通过蒙特卡洛模拟过程）[4]。但渐渐地，对于细节的关注越来越小，理论和实践在本世纪初渐行渐远[5]。

读者应该注意，除信用资质以外，所有的证券工具都具有基差风险。这反映了标的资产与公开交易的参考资产的风险敞口之间的 117
关系。基差风险来源于这样的事实，即参考资产不一定必须追踪那些已经被对冲的真实风险。正因为如此，它的存在使每一个人都很担心：

- 从发起人；
- 到投资者；
- 再到监管者。

第三大风险来源于对证券化信用工具的大量投资。正如上文已经提到的，证券化债务面对的一个主要问题在于对贷款发起人的信用资质评估经常是很肤浅的。在“发行并分散化”操作中（本章第3节），各个银行家极少应用“斯坦原则（Stern Principle）”来发放贷款——这意味着不仅在其逻辑上，在其风险敞口的绝对水平上都存在问题。

米歇尔·戴维·韦尔（Michel David - Weill）曾经提到过一个年长并且充满智慧的银行家（爱德华·斯坦的爷爷，戴维·韦尔的女婿），他曾是如今的巴黎银行的董事会成员之一。在一次会议中，董事会正在翻阅大客户的信用记录，此时他的一位同事说到：“我们正打算借1亿法郎给土耳其国王。”这位老银行家听后拍案而起：“什么？1亿法郎？我甚至都不会借给我自己那么多钱[6]！”

当他与各个银行家谈话时，戴维·韦尔引用了这个例子，因为他知道他们总是忘记有些数额是大到不能放贷的，即便是对你最尊敬的人：你自我感觉良好的人。你应该说“不！这样的贷款太荒谬了。”如果斯坦原则被应用到次级贷款上，那么各个银行家和投资者将不会由于担保、生产和轻易地购买他人的垃圾而损失惨重。

完善的评估原则应该不仅应用到资产池中的每一个贷款，也应该运用到证券化的每一个发行份额中，包括期限、协议、定价和收益。并且人们需要时刻铭记的是，信用风险商数在每一个资产池和每一个发行份额之间都不一样。

- 此外，各家银行认为证券化了的信用风险已经不在他们账上的看法是错误的；
- 118 监管者可以将部分或全部的证券化风险敞口拨回他们的资产负债表。

当然，这存在监管上的投机。巴塞尔协定 II 中有关资本充足率的规定的漏洞是，服务于证券化住宅抵押贷款的银行不需要对合格的服务商现金的未提取部分事先准备资本金。另一个监管上的要求则是基于巴塞尔协定 II 内部评级准则（IRB），每一个发行份额信用风险敞口必须由独立的信用评级机构进行评级（或者推断性评级）。发起人需要两个评级，而投资者只需要一个，其风险权重基于：

- 评级；
- 优先权；和
- 间隔时段。

但正如次贷危机所暴露的那样，信用评级是有失偏颇的，因此它们的现实意义不大。另一个有趣的事情是，针对单一证券化的多重风险敞口，与单一银行相伴的单一证券化的风险资本要求为，不超过 IRB 对标的资产风险敞口的资本金要求与银行标的资产风险敞口的期望信用损失之和。这似乎会带来灾难性的后果：

- 高杠杆；
- 风险因子之间的显著相关性[7]。

监管规则要求，拥有多个可复制的信用风险敞口的信用机构必须遵循最高资本金头寸的资本要求。对于抵押支持证券形式的证券化风险敞口，或由具有担保人的抵押贷款互换合约而产生的参与利息，银行应该分开考虑其风险头寸：

- 保留的担保责任；

• 在抵押支持证券的比例或参与利息中，没有被担保覆盖的部分。

尽管每一部分的风险资本要求分别计算，人们却很少关注两个或更多的部分可能会相互关联，并通过风险敞口商数被放大。然而，总的风险资本金要求却存在上限，如同它们被直接持有在资产负债表上一样，并通过杠杆效应和相关性效应从表上剔除，但人们又忘了表外风险应承担的责任。 119

3. 发行并分散化

21 世纪最具特点的金融工具之一就是所谓的“发行并分散化”模型。在很短的时间内，它被很多银行所采用。这个概念基于类似于亨利·福特的生产线规模来发行证券并出售。因此，至少在理论上，它们仅仅用少量的资本就能满足发起人方面的需要。

• 这种发行并分散化战略是处理短期风险敞口的，其目的在于短时间内生产并销售资产；

• 这与贷款教科书上的“放贷并持有”的模式完全相反，这种“放贷并持有”的模式是银行的金融中介战略的基础。

各家将其贷款证券化的银行意识到，大体上来讲，不是每一个涉及到资产池的信用交易最终都具有投资价值。具体的违约率将会随公司和贷款评级而改变。对他们来说，那些买入“发行并分散化”模式下的证券的人们承担了超过一种的风险敞口。其中 4 种最重要的是：

• 交易对手风险——它的存在是明显的，但其范围不易发现；

• 担保价值风险——当作为担保品后，证券化产品在将来的价值究竟如何；

• 担保流动性风险——通过合同条款，不能补偿的风险；

• 法律风险——特别存在于资产池全球化并且各式的证券化贷款越来越多的背景之下。

比如，人们普遍担心信用衍生工具的法律结构，因为这些工具
120 通常没有写明是什么组成了信用风险的买方对信用风险的卖方的违约（见第 2 章中针对法律风险的讨论）。那些购买证券化信用风险的投资者可以分成 5 大类：

• 公司财务主管们，他们寻求分散化的工具来管理或对冲账上的风险敞口；

• 保险公司和投资基金公司，它们寻求新的产品和年金来卖给其零售客户；

• 养老金，它们希望将某种高收益资本化，或者有一个与市场风险不同的信用风险敞口；

• 其他银行及其使用特别投资工具的机构，它们保留或交易债务工具；

• 高净收益的个人和那些迅速增长的中等收益的银行业客户，他们被各银行家和对冲基金所引诱，去购买债务（和权益）型的结构工具。

除了以上 5 种之外的则是对冲基金和交易员，他们投入到衍生工具交易中不是为了投资，而是从交易中赚取利润和佣金。这一类型的还包括投资经理和其他专业人士，他们从信用衍生工具市场上赚取佣金，并从巨额的红利中获得难以想象的利润（更多信息可参见第 6 章）。

除了探讨发行并证券化的过程之外，我们也需要仔细考察先前提到的风险。在 2007 年 7 月和 8 月，次级贷款危机摧毁了这样的观念，即通过资产池的魔力可以将低门槛贷款合约转变成具有投资价值的资产。各家银行基本忽视了对信用资质的评估和提供风险控制的信息。

实际上，信用机构不仅对其客户毫不谨慎，对它们自己也是如此，因为它们并没有如它们设想的那样将大量的风险交易出去。万万没想到的是，诸如渠道那样的在表外持有的资产（本章第 5 节）已经迫使其持有的资本金多于需要分散的资产。例如，一个已经被卖出的贷款，银行依然保留名誉上的风险。

2007—2009 年出现的危机同样也摧毁了这样的观点，即对于暂时的风险敞口，最关键的因素是分散的可能性，它被认为是交易评价的一部分。次级债的深渊表明，在实践应用中分散化功能比在发起人业务方面这样做更重要。因为它限制了银行应承担的责任的类 121
型和程度。通常来讲，尽管不是经常发生：证券化贷款越容易分散，其头寸的平均风险评级就越低；因此，银行业账面信用风险的集中度上升，风险敞口在相对短的时间内上升。正是由于这种集中（不管承担的信用风险是短期的，还是长期的），在其发行和分散方面才需要良好的管理：

- 被很好地记录；
- 它们中的任何一个都对风险敞口有着全面的限制。

各种限制使得对可承担信贷风险的质量更为关注，并应当与健全的政策相结合。这与大型信用机构发生的情况并不相符，它们都是通过杠杆的分散化来提高进一步放贷的能力。然而，信用条件和市场条件显示，不管所谓的低门槛贷款合约政策如何，如今都需要更为小心。

典型的是低门槛贷款合约缺乏长期稳定的条款，这意味着当业务朝坏的方向发展时，各家银行对借款人的控制是匮乏的。2007 年年中爆出的消息显示，当次级贷款市场下滑时，低门槛贷款合约在当年前两个季度在美国的发行量就达到了 1.05 万亿美元，它比 1997—2006 年间共发行的 320 亿美元的低门槛贷款合约还要高出许多。

一个极具讽刺的现象是，这种低门槛贷款合约的买者主要并不是抵押借款的消费者，而是那些能够发现贷款人需求的私募公司。数据显示在 2007 年 5 月，仅仅一个收购公司，KKR，为收购第一数据（first data）就融资发行了 160 亿美元的该种贷款[8]。

面对冒失粗心的指责，各家银行都辩解道，它们对信用投资组合采用了很多降低风险的措施。理论上，它们通过现金、市场化资产和其他资产来增加安全性；或者通过风险转移，包括购买信用保护产品。各家银行还补充道，根据不同的产品和降低风险的不同措施，其政策亦有所体现：

- 通过确定它们将要承担的风险敞口意识到它的存在；
122 • 在报告的信用风险敞口中，直接说明信用保护措施降低风险的作用。

这种说法有许多不同的理解版本。确实，作为一种政策，各家银行都会用市场交易的证券和对当今市场价值的折价等方式来进行金融担保，以反映资产的质量、流动性、波动性和其他特性。如图 5.3 所示，担保工具的形式多种多样。

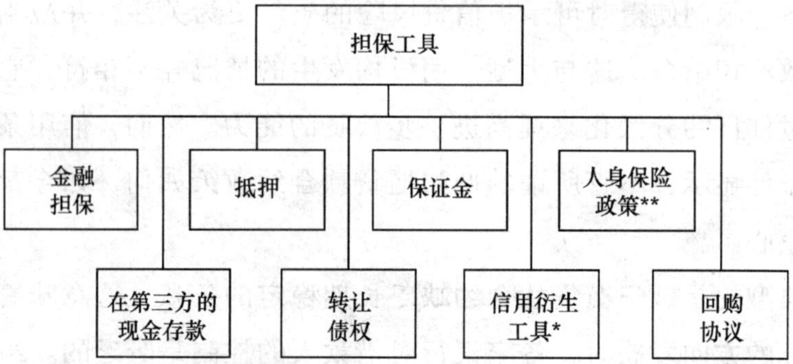

* 这个正是次贷中最糟糕的产品，被高估成AAA评级。
**对个人附属担保品而言。

图 5.3　信用风险缓解的合格担保品

然而，并不是所有的贷款都能通过担保增加安全性。未通过此种操作增加安全性的贷款对公共权力机构和其他银行、公司客户都带来了极大的风险敞口。不仅如此，具有法律效应的合约条款与信用风险控制一样重要，它们的稀释可能会隐藏将来更大的风险敞口。

批评者认为谨慎性条款的稀释并没有被恰当地考虑到新的银行业资本充足协定之中；这是巴塞尔 II 的失误之一。虽然压力测试可以帮助部门解决此问题，但这又会导致第二种缺陷（国家监管）。它们不再是全球范围内统一的标准了，因此将导致不同裁决之间的相对不兼容性。

4. 可变利益实体 123

好像在衍生工具上的巨额美元、次级贷款危机、信用违约互换上危机的挫败和单向的信用评级灾难这些糟糕的事情还不够一样，2008 年 2 月 26 日，马克·皮特曼忧心忡忡地在彭博资讯上写了一篇文章。在文中，作者认为，就算高盛和雷曼兄弟如今在次贷危机上没有遭受重大损失，能够勉强维持——他们会发现自己最终逃脱不了进入地狱的命运。新的潜在损失可能来源于可变利益实体（VIEs）[9]，它们可以使类似于次级抵押贷款证券被划到金融公司的表外。基于这种估算：

- 可变利益实体可能会额外增加 880 亿美元由于住房市场[10]崩溃带来的次贷危机的损失；
- 高盛，尽管没有银行业大量的资产减记，也可能由于这些可变利益实体工具造成 111 亿美元的损失。

这篇文章解释了可变利益实体，在 2001 年安然破产之前也被称作特殊功能公司（SPVs），通过卖出短期证券支持债务来融资，其中部分实行了针对违约的安全性操作；其中一种可变利益实体已经被迫放开或寻找银行融资，这就是结构性投资公司（SIV）。

这些名字很令人疑惑，而它们本不需要如此；我们将在本章第 5

节看到其原因。读者应该注意的是，不管它们叫什么名字，这些工具都是表外隐晦的，具有不同寻常大量的风险敞口的工具。它们同样可以在银行资本要求上要花招：

- 监管当局控制了银行的资产负债表，这些资产负债表被审计过，且建立在它们的财务报告上；
- 表外是监管的疏漏之处。这种现象始于 20 世纪 80 年代衍生品高速发展时期。这是一种欺骗，也与官方所谓的处在监管下的情况相反。

许多可变利益实体（还包括特殊功能公司）被设计成为它们的客户进行表外融资或进行房地产投资而服务。理论上，由可变利益
124 实体持有的资产，当一家银行提供融资，且它是第一受益者时，这些资产就必须被记录在合并资产负债表上的贷款、银行票据和抵押借款中。但是，若可变利益实体持有的资产是银行投资在房地产市场上的伙伴或其他金融产品，且它是第一受益者时，这就存在一个漏洞。

- 对母公司的总体信用情况没有追索权；
- 在可变利益实体中，它们的投资与从资产上的支付是分开的。

但是，实际上，一个可变利益实体仅是少量地被资本化；因此它不具有自我支撑运转的能力。其他实体必须提供资金支持，同时这些实体中的一个必须是第一受益人。这意味着，至少一个实体承担了超过一半的期望损失和收益：

- 如果没有任何一个实体承担超过一半的期望损失或收益；
- 那么就不存在第一受益人，也就没有合并的存在。与谚语相反的是，此时甚至一只骆驼都可以穿过针眼。

这种会计上的漏洞的大小可以通过了解它们的财务报告来理解。银行业必须合并可变利益实体，这在且仅在它们少于 10% 的投资来

源于“外部投资者”的情况下发生，这一比例确实可以随银行意志而人为控制的。超过了这一比例可以避免审慎监管，银行可以自己操纵表外资产。

这就是为什么丹耶·阿扎什（Tanya Azarchs），标准普尔公司执行经理引用了同样一篇彭博资讯的文章，文中说到：

> “可变利益实体的出现是令人绝望的……你完全不知道它的结构，或这些结构是如何工作的。直到你明白你不知道任何事情。这就像每一天你走进办公室，字母形花片汤已经完全变样。”

阿扎什提到预期损失变化在各家银行间会相差很大，因为银行不需要具体说明可变利益实体所持有的是哪种资产以及这些资产到底值多少钱。比如高盛，在2007年11月底赚了116亿美元。同时，125
它通过在孱弱的住房市场上赚取利润，避免了资产减记。两个月后，当公司在2008年1月29日公布其监管情况时，可变利益实体中担保债务凭证冲击达到了189亿美元。

雷曼兄弟将其次级抵押证券的净价值减记了15亿美元，保证了其可变利益资产如2007年11月30日的价值一样为75亿美元。雷曼兄弟在其报告中说道，“我们相信我们面对的真实风险是有限的，因为我们的债务已经通过可变利益资产和长期稳定的约束提供了担保”；但它并不详尽。

在2008年第一季度的末期，华尔街上最大的担忧就是担保债务凭证、结构性投资公司和渠道的共同抛向已经承受巨大压力的市场。这种情况下最大的可能就是价格的崩溃，导致部分银行比其他银行受损更为严重。

金融分析师认为，遭受重创的花旗银行，截至2008年2月在次贷危机中损失了224亿美元，另外还有3 200亿美元在没有合并的可变利益实体中。这个消息直接来源于2008年2月22日的报告文件。相反的是，根据信用展望公司（Creditsights）的消息，美林由于次贷危机资产减记了245亿美元，其中226亿美元来源于可变利益实体。

以上提到的统计数据都是非常巨大的，因为据测算，可变利益实体的证券一旦被记到资产负债表上，其价值就变得很小，相当于每1美元中仅值27美分。大卫·亨德尔通过E-Trade金融公司对如今卖出的8亿美元的债券进行了估计。他认为：

- 美林集团可能会另外损失165亿美元；
- 花旗的损失将会达到2 336亿美元，这意味着，如果上述估计是正确的话，那么这些信用机构已经足够破产很多次了。

具有讽刺意味的是，没有理由不预见到这种整体灾难。这就是全球债务机制的运行方式，即倚靠毫无现实意义的美联储管理下的大量的非持续性贷款而运转。可变利益实体，特殊功能公司、结构性投资公司、渠道、担保债务凭证和信用违约互换的“良好效用”就是建立在债务上杠杆工具不同的组成部分。而这些债务的再次支付却由那些受到一系列杠杆工具的影响、已经消失的现金流来支撑。

5. 结构性投资公司[11]和渠道

126

细心的读者会记得结构性金融工具的基本原理是，通过组成资产池和分散风险，将贷款持有人与贷款发行人分开。本章第4节向读者展示了VIES如诗般的故事，它同时也被称作特殊功能公司和结构性投资公司，它是一系列相互交织的晦涩难懂的金融工具的子集。

最早的两个结构性投资公司，阿尔法金融公司（Alpha Finance）和贝塔金融公司（Beta Finance），由花旗银行的尼古拉斯·索萨德斯（Nicholas Sossidis）和史蒂芬·帕特里奇·希克斯（Stephen Partridge-

Hicks）所创立。后者还撰写了一部名为《组合证券》的著作，将SIV描述成一种极度优越的金融工具——但实际上它不是。事实是，由于银行业试图控制资产负债表，掩盖某些灰色交易，减少资本金，变换到期日交易和变化不同类型的风险交易，它的数量在飞速上升。特殊功能公司可以分成以下3大类：

- 结构性投资公司；
- 简化型结构性投资公司，主要应用住宅抵押支持证券领域；
- 资产支持商业票据渠道。

这三种是相互关联的。结构性投资公司和简化型结构性投资公司在货币市场上通过资产支持商业票据实现自我融资。然而，如果信用风险上升或存在市场恐慌，那么结构性投资公司将面临流动性问题——甚至是亏损。直到某一个点，仅仅到了这个点，累积的损失才会被公众发现，因为：

- 渠道是由那些创造它们的银行在表外操作的；
- 结构性投资公司本应该与母公司独立开来。

信用机构可以凭借其自身的意愿为了自己或客户建立渠道和结构性投资公司。因为在这方面没有监管，它们制作尽可能高的杠杆，满足尽可能大的风险需求，并允许在股权和债务上投资，超过法定的风险敞口。基于此，渠道是一种用来尽快赚取高收益的高风险工具，因为：

- 标的资产便宜，通常仅流通了几个月；
- 资金被用来购买实际上是垃圾但被错误地评级为高质量的资产，如同担保债务凭证中的高层级资产。 127

其结果就是双重风险敞口：一是贷款信用风险，如次级贷款；二是流动性风险（第9章），因为各家银行购买中期工具，却通过短期信用来融资。根据穆迪投资者服务公司的数据，渠道在2008年末已经有7 840亿美元的商业票据发行在外。

这是完全错误的金融政策。非常有趣的是，第一个风险很高的渠道出现在 10 年前，是由西德意志银行 West LB 和巴伐利亚银行 Bayern LB 这两家德国银行在 1998 年建立的。它们本应该作为当地存款性银行和州立银行的财富安全保管人——但却用纳税人的钱承担了巨大的风险。它们如此操作没有取得任何许可，显而易见的是德国政府已经对它们失去了控制。

直到 2007 年 3 月（从最近可获得的资料来看），欧洲渠道中的虚假 AAA 资产估计有 5 070 亿美元，全球范围内此数值达到 1. 3 万亿美元（是 2004 年的 2 倍）。West BL 大约有 350 亿美元的风险敞口（510 亿美元）。Sachsen LB 估计有 170 亿美元的风险敞口（250 亿美元）[12]，并已经破产。

那些设计渠道的人，很擅长利用金融的魔力，却在风险管理上显得手足无措，特别是流动性风险敞口。由于经常采用短期融资，2007 年 7 月和 8 月次贷危机爆发后，渠道都面临着严重的流动性危机，包括前面提到的虚假 AAA 级证券：

- 渠道所持有的 AAA 级资产被认为不会遇到流动性问题；
- 但是，其 AAA 级仅仅是高档的证券化债务，其本身包含了高信用风险，因此还是垃圾。

美林的研究报告曾指出：

> 金融机构将面临的风险比用静态方法衡量的发行在外的债务所带来的风险要高。由于证券都被打包在一起成为了结构性
> 128 债务工具，如担保债务凭证，这使较低的资产支持证券价格的问题进一步恶化。被高的信用评级和相对大的利差所吸引，国内外的金融机构利用表外实体购买这些债券，这就意味着资本金要求极少或根本没有[13]。

随着针对发起银行的利差的减少，尽管有所谓“暂时支持信

用”，商业票据的流动性却开始枯竭。具有讽刺意味的是，渠道的危机令很多专家惊异，因为它们在欧美都很流行，但这种讽刺并没有随着商业票据市场的冷遇而消失。

最具讽刺意味的是，许多银行期望，基于巴塞尔协定Ⅱ，那些高评级的渠道则能降低其监管资本：它们的评级是 AAA，在所有工具中，其偿付能力比类似的美国国债都高，直到投资在这些领域的钱一半或以上亏损了。次贷危机的疯狂证明 AAA 的评级和隐含于其后的逻辑完全是一个谎言。

在市场和监管者的眼中，渠道并不是隐藏市场高风险敞口的唯一途径。在表外项目中，结构性投资公司与渠道相近，但是它们也同时具有：

- 更加一般性的目的；
- 更高的杠杆，这导致它们更为容易失败。

结构性投资公司成为了焦点，因为理论上它们从银行得到的信用支持很少，仅仅依靠于保险公司为众人所知的加强信贷措施。然而，此理论在次贷危机面前变得不堪一击。

只要结构性投资公司的业务有其母公司的帮助的事实被人相信，那么就可以使其贷款人相信特定投资公司的资产是逐日盯市的。这样的论断至少一半是假的，因为市场上没人知道这种极少交易的结构投资公司的价值——它们主要的业务就是通过借入短期债务来购买长期高收益的垃圾证券。

为了保持住它们金融创新的名声，但又同时拥有类似于小型对冲基金的自由，大部分结构性投资公司在深思熟虑之后涌向英属开曼群岛：处于离岸并表外的状态。正因如此，它们躲过了政府的控 129
制和监管。但是随着次贷危机的到来，结构性投资公司受到了三重打击：

- 金融债务产品市场价值的下降；

- 很难给它们投资的复杂结构性债券定价；
- 由于投资者放弃高风险的金融工具以及高风险企业，它们无法在其依赖的短期债务市场筹集资金。

对结构性投资公司造成同样打击的是这样一个事实：在次贷崩溃之后，许多分析家开始视结构性投资公司为极其原始的结构性金融工具。它们与其他为复杂投资者设计并向其出售的金融工具一样，经受着价格的自由落体。这是注定要失败的，因为从一开始，为最大化其持有的金融工具的利润（不是为投资者的利润），结构性投资公司过度杠杆化了，借入短期债务，向长期金融产品投资，并购买最具投机性的资产。

6. 州立基金买单：佛罗里达的例子

次级贷款的大额账单总要有人买单的。渐渐地，极高风险投资中的“大腕儿（Who Is Who）”开始为人所知。在损害房主以及银行自身的利益之后，次级贷款的蔓延冲击了美国各州的投资池：从康涅狄格、佛罗里达到缅因、蒙大拿以及华盛顿；也冲击了许多美国的市政府投资。政府的财政收入被用来购买数十亿美元的商业票据和中期票据形式的结构性投资公司债务。

结构性投资公司所假设的“资产”发生了亏损，使持有它们的政府公共部门的收益减少。在 2007 年 12 月 4 日，据称在佛罗里达州，地方政府投资基金损失惨重。由投资公司黑石所做的审计指出：

- 市政基金头寸中有 14% 违约；
- 这代表在被审计的 140 亿美元市政基金中有 20 亿美元的损失。

这并不是佛罗里达州在房地产市场的第一次惨痛经历。在 20 世纪，仅在 1 年的时间里（1924—1925 年），其房地产价格翻了两番，几乎所有人都成了房地产投资者或者经纪人。而后泡沫破裂，佛罗

130 里达的房地产市场在 1926 年崩溃，造成了大量抵押赎回权的丧失，同时也警示着未来可能发生的痛苦经历。

在 80 年后的 2007 年，佛罗里达州和当地政府都由于不值得信任的投资而遭受大规模损失，使得农村地区以及城市失去了对学校、消防以及其他公共服务部门的资金支持。而估计的州资本市场基金价值 20% 的损失会比其通常情况下的收益损失要大，因为：

- 房屋价格以及房地产税的大幅下降；
- 房屋销售的下降以及随之而来的各种相关费用收入的消失；
- 销声匿迹的建设活动；
- 大规模房屋抵押赎回权丧失的经济影响。

当地政府的投资基金经理所犯的错误就是他们特别希望得到额外的收益，因此他们贪食了结构性投资公司发行的数十亿美元的债务。随着橙郡以及许多其他地区的惨败，这些结构性金融工具大量的投资于次级抵押贷款，在 2007 年 11 月这种敞口的程度才慢慢地被发现。由于信用评级机构加紧对结构性投资公司借款进行降级（尽管已经晚了），紧张情绪升级。在州官员冻结取款（2007 年 11 月 29 日）之前，投资者撤出了 130 亿美元的投资，这几乎是基金资产的一半。

这些不幸的“投资”违反了州政府的政策，因为像许多其他州一样，佛罗里达州要求其短期投资头寸必须是流动性最高的证券，这样才能保证纳税人的钱没有风险。与此相反，佛罗里达的财富经理财投资于对冲基金以及抵押支持证券市场的结构性投资公司。州政府投资中被降级的有：

- 4 亿美元的埃克森金融基金债务，被标准普尔降级为垃圾债券；
- 8.5 亿美元的 KKR 大西洋信托基金，被惠誉评级公司降级为违约；
- 5.77 亿美元的 KKR 太平洋信托基金，被惠誉评级公司降级为违约；

- 3.19亿美元的由奥迪基金发行的债务，被标准普尔降级为违约。

根据专家的观点，在佛罗里达有近1 000家学区、城市以及乡村投资于这种命途多舛的当地政府投资基金。在这场大规模的错误管 131
理灾难中，佛罗里达并不是唯一一个，但是，佛罗里达的例子告诫人们什么是任何时候都不应该做的。

2007年12月4日有消息爆出，该州州长查理·克里斯特批准了一项由黑石公司帮助的救援计划：损失惨重的投资被放置于一个减值基金中；同时，对于损失较小的投资，至少一部分要重新开放。当然，美国的市政府也无法对其财富的糟糕管理享有豁免权。外国的市政部门，从挪威到澳大利亚也未能幸免。

这些参考资料想要传达出消息就是：次贷危机的发生对金融行业能否服务社会需求的能力提出了质疑；同时，银行资产负债表的常规处理方法已经被证明是次优的选择。银行将信用风险规定玩弄于股掌之间的一个基本原因就是，监管者现在允许它们持有更少的贷款预留金，如果它们将这些出售给“外部”经济体——即使这些经济体恰巧是它们自己的分支机构（本章第5节）。这一巨大漏洞的根源在于：

- 渠道以及结构性投资公司都是表外项目；
- 对对冲基金没有监管；
- 每一家大银行都有一定数量的渠道、结构性投资公司以及对冲基金，这有效地规避了监管。

因此，不仅是对对冲基金、结构性投资公司以及导管不完善的管理需要引起我们的思考，其他的事项也亟需解决。这些事项绝对要包括：对州以及市政府财富基金管理的质量问题——由于错误的投资决策以及风险控制的缺失导致的流动性冲击问题。

7. 美国政府看着次贷陷入混乱

第 4 章得出的观点是：2007 年 7—8 月间爆发的危机不同于以往的全球性危机，这次危机就像一把锤子一样冲击着全球金融体系，而且它是银行自己造成的。此外，银行如此完全错误地管理其自身以及其客户的资产，以至于直到 2007 年美国的房地产价格第一次出现：

- 全国范围内的下降；
- 据投资专家称，价格总共下降 20%—40%。

132 更糟糕的是，如果次级贷款以及次优级贷款蔓延至其他形式的消费者信用，造成的损失将更为严重。高盛的分析师承认，所有的银行都处于信用卡应收账款的状况。信用危机也威胁着汽车贷款，若汽车贷款因此注销，金融企业以及保险公司也将卷入其中。

对于次贷危机及其后果，确实仍有许多问题需要回答，因为 2007 年第 3 季度和第 4 季度所公布的数据很可能只是冰山一角。数据令人不寒而栗。据估计仅在美国就有 200 万种的可调评级的次级抵押贷款，到 2009 年年中才会重新评级。

- 它们的价值是很扎眼的 3 500 亿美元；
- 它们就像达摩克利斯之剑悬在全球金融系统之上[14]。

当局熟知这些事实以及数字。在 2007 年 10 月 15 日那一周，财政部部长汉克·保尔森曾严肃地警告，美国房屋市场放缓及其在信用和抵押贷款市场并发的危机对美国经济产生了极大的威胁。他同时指出，问题的根源并不只是次级贷款，也不仅起源于数以百万计的房屋所有者发现很难偿付其他形式的抵押贷款。

房价滑动以及对不合格借款者放款条件的放宽如同产生了一只九头怪蛇，想要杀死它，就必须有赫拉捌斯（Heracles）。次贷危机的后果不仅使房屋所有者以及投资者承受了巨额的损失，而且在很大程度上改变了数以百万计的借款者的心情，因为他们随后发现自己不能偿还已经到期的信用还款。对于大多数的美国公众来说，一则福克斯新闻民意调查表明：

- 70%的受访者反对使用纳税人的钱来帮助遇到困难的房屋所有者；
- 80%的受访者反对政府救助银行、抵押贷款公司，以及制造了次贷混乱状况的机构。

加利福尼亚州长阿诺德·施瓦辛格与4家抵押贷款服务提供商达成一项创新性的协议。这4家公司会将数千名（不是数以百万计）借款者享受初期固定利率的时间延长几年（但是目前谁来负担这笔费用仍然是个未知数）。

联邦存款保险公司（FDIC）的首席执行官席拉·布莱尔则有一 133
个更加大胆但却不太具有可持续性的建议。她的建议就是对于大多数面临重新评级但却仍然在偿还到期债务的借款者，服务提供商应给他们一个机会，将其利率转换到30年固定利率——同样是在初始利率水平。但是布莱尔和施瓦辛格都没能明确指出谁来保证抵押贷款服务商免受破产的打击，因为：

- 它们以高利率从短期市场借款；
- 它们需以低利率来支持30年的次级贷款。

其他的政府官员也提出各种建议，但是都因为缺乏资金而停止了。有一种建议的解决方案则是将次贷借款者分成“需要”和“不太需要”。希望尝试这种方法的人有好运气。亨利·保尔森则更加现实，他总结说，服务提供商缺乏相应的资源来处理单个抵押贷款调整案例。这位财政部部长指出：“我们正在未知的地域慢慢摸索着[15]。”

因为目前没有调整抵押贷款条件的行业标准，选择性救助计划能够成功的机会变小。而且关于重组的讨论也没有结果，尤其是在房价下跌的特殊时刻。证券化也增加了挑战的难度，使得救助计划难以实施，因为投资池中包括了各种各样的 CDO，而使得其价值很难计算。

有些人也指出，在某些情况下阻止丧失抵押品赎回权不是一个好主意，因为并不是所有违约的借款者都是正在受罪的家庭。在最热门的资产市场，许多持有抵押贷款的投资者都预期房价会上升。例如在佛罗里达，估计有 25% 的违约贷款是为非居民所持有，他们中的许多人都是赌输了的投资者。

其他人则表达了这样的观点：美国政府应该对此负责，因为它希望增加房屋拥有者的数量，在美国拥有自己的房屋是社会地位提高的标志。因此当宽松的信贷以及极低的利率滋生了房地产泡沫时，布什政府只关注其中一方面。而且，尽管房地产泡沫增长突飞猛进，布什政府仍然没有采取任何纠正措施。

总的来说，这场经济衰退由大规模房地产泡沫以及信用泡沫引发，以这样或那样的方式影响到了大量美国家庭，并且对许多大银行的资产负债表造成损害，对于这样一场经济衰退是没有轻松的答
134 案的。此外，仿佛这种坏消息的双重海啸还不够糟糕，股票市场周期性的熊市又开始了，这有可能创造了第二次世界大战后最深远的通货紧缩。

8. 走出衰退之路不能用更多的债务来铺就

布什政府提供的解药就是对 1929 年以及赫伯特·胡佛伟大的一揽子经济刺激计划的回忆。在股票市场崩盘之后，大萧条发展成全面萧条之前，当时的胡佛总统以及财政部部长安德鲁·梅隆将一些美国顶级的实业家以及商人召集到华盛顿，以求就刺激经济的方法

达成共识。该方案包括：

- 1.6 亿美元的联邦减税；
- 美联储降息的承诺；
- 增加政府建设支出；
- 工会不追求更高工资的承诺；
- 实业家则关于更多资本支出的承诺。

承诺、承诺、承诺。听起来很熟悉？确实很熟悉，从胡佛总统的 1.6 亿美元一揽子计划开始，由于通胀涨至布什政府的 1 680 亿美元。但是我们都知道该经济刺激方案的最终效果如何，经济陷入有史以来最严重的衰退（最早的银行破产发生在提比略统治时期的罗马）。

有些经济学家将这 1.6 亿美元视为财政部部长亨利·保尔森以及美联储主席本·伯南克的创意。2008 年 1 月 17 日，在众议院预算委员会上，伯南克呼吁进行财政以及货币刺激，他认为尽快实施这一措施至关重要。尽管如此，批评家们还是评论道：

- 保尔森和伯南克所提倡的不过是另一轮的债务增长，这只能让情况变得更糟；
- 由财政赤字支持的刺激计划是杠杆性的，有可能导致一连串的负面影响。

根据欧洲中央银行，财政刺激计划带有这样的风险：本来想要暂时起作用的减税或者增加支出，实际上会变成永久性的……这增加了政府债务积累以及长期财政可持续性的风险……债台高筑已经 135
使许多国家蒙受损失，这反映了与积极财政相关联的难题……此外，由于人口老龄化所带来的预算成本强调了亟需承担永久性财政赤字以及债务风险的必要性，尽管这不是我们的初衷[16]。

正如《全球策略信息》中所表述的那样：

从经常账户余额上就可以发现我们的经济已经滑落到破产的边缘，它表明我们越来越依赖外国产品及投资……将债务的增长与

GDP的增长做一下对比就能发现：从21世纪初开始，GDP每增加1美元，债务就要增加5美元，这足以证明美国经济“从根本上来说很健康”是不折不扣的谎言[17]。

一些美国经济学家讽刺布什的经济刺激计划，一位法国的女经济学家保罗·法布拉指责该计划削弱了美元。法布拉在2008年2月1日的金融报纸《回声报》中写道：

> 美联储持续性的大规模降息将使银行受益，但受益的仅仅是银行而已。布什政府提出的新的减税措施（经济刺激计划）以及增加预算支出的措施使美元持续疲软，对于外部世界来讲构成了很大的威胁。也许有人想高呼：“请不要再试图让一个已经腐烂的体系复活……”

在经济刺激计划方面，日本的经验有点令人望而却步。其“迷失的十五年”之梦魇一直萦绕美国政策制定者的脑海中，因为房地产市场泡沫破裂的严重后果在整个金融市场都能感觉得到。没人想重复日本从繁荣到萧条的可怕经历，但是将钱砸向经济中就是灵丹妙药吗？（日本的资产以及股票市场泡沫在1990年破裂，创造的坏账等于其GDP的1/5。为刺激经济复苏，日本几乎花掉了100%的GDP，但最终无功而返。）。

在2008年2月初的七国财长以及央行行长会议上，日本财务大臣额贺福志郎在提到20世纪90年代日本努力摆脱经济衰退以及通货紧缩时，对记者们说：“从我们经济泡沫破灭之后的经历中，我们
136 学到了这种财政支出政策意味着什么。”他同时补充了一件重要的事情，“那就是稳定市场并通过推进诸如金融机构损失之类的信息披露而创造出一种信任关系。”

像20世纪80年代的日本一样，在2002—2007年之间，美国政府、中央银行以及监管机构应该为对繁荣的金融市场缺乏监管而承受指责。似乎没有人关心大规模抵押贷款的交叉分析。日本的情况

不同之处在于其政府内部串通一气将接下来发生的混乱隐瞒了数年，而非简单的漠视。

在反对将财政政策作为救生圈这一问题上，额贺福志郎并不是唯一的一个。在柏林，财政部副部长托马斯·米罗坚持认为德国的经济仍然强健："没有理由采取进一步的措施。"在伦敦，一位财政部的发言人明确指出，财政部认为大规模的财政政策是没有根据的——即使至少在美国，凯恩斯经济学开始重新登上历史舞台，以上这些都是其他七国集团政府不愿跟随华盛顿的脚步采取宽松财政政策的证据[18]。一个共和党政府采取预算赤字政策确实很奇怪：

- 由于民主党政府采取稳健的财政政策，在2000年美国出现结构性财政盈余；
- 但是在小布什执政的8年后，美国政府的基础赤字占其国民生产总值的3%。

理论上，这一超出以往大额赤字的1 680亿美元经济刺激计划至少应旨在减缓经济的下滑。其目的是使消费者的口袋里有现金可以用来消费，并鼓励公司进行投资。但是批评家们指出这样做只能使美国经常账户对中国的赤字增加[19]。其他经济学家认为，即使时机把握得很好，一个暂时性的经济刺激计划也不能奏效，因为人们很难根据一次性的减税而改变其消费模式。

很奇怪的是，乔治·沃克·布什得到了国际货币基金组织的支持。从传统上来讲，国际货币基金组织是平衡型预算的守护者，但是在2008年2月，国际货币基金组织开始大范围推广全球宽松的财政政策。其新总裁多米尼克·施特劳斯·卡恩（同时也是法国社会主义党的领袖）认为货币政策在此次经济下滑的过程中可能有效性会更低。但是该组织的前首席经济学家肯·罗格夫认为，施特劳斯·卡恩的放松银根计划前途不太明朗。

此外，有趣的是，在新兴经济体国家，即使高企的商品价格和 137

良好的经济管理状况允许诸如中国、俄罗斯、巴西和墨西哥等国放松其预算，但是宽松预算的呼声却如泥牛入海。只有西班牙，在 2007 年通货膨胀率达到 4.1%，比欧洲中央银行的目标水平高出 2 倍多时，其政府才想到预算赤字的办法，意在通过财政扩张计划刺激因房地产泡沫破裂而引致的经济减速。

除美国和西班牙之外，其他国家在财政赤字的问题上采取谨慎态度的原因无疑是历史经验，即通过赤字刺激经济无法产生积极的效应。通过对美国 20 世纪 70 年代的经济刺激努力的分析，我们得出的结论是其时机不宜而且效果不佳。而在欧洲，积极的财政政策带来的则是永久性的公共支出增加和国家债务的上升。至于日本的经验，在 20 世纪 90 年代为了摆脱滞涨，它也曾试图采取了大规模的财政扩张计划。

- 债务水平迅速上升到超过意大利的水平，但是经济并没有真正复苏；
- 米尔顿·弗里德曼常引用日本的例子来论证财政刺激计划并不奏效。

让 - 克劳德·特里谢贸然地说应该避免不谨慎的财政政策是有充足的理由的。欧盟经济事务委员会主席华金·阿尔穆尼亚（Joaquin Almunia）也对这种放松银根的做法提出了警告。但是，如果美国政府继续向市场注入资金，美联储选择最低的利率水平，美元持续走向低谷，经济悲观主义一直蔓延，结果又会怎样呢？

第6章

杠杆性工具、其信用评级以及其他非正统的操作

138 1. 担保债务凭证怎样让你蒙受金钱损失

为了在更广的范围内了解次级抵押贷款崩溃后的影响，很重要的事情之一就是了解杠杆性金融工具供给泛滥的状况；也应该了解到2000年股票市场泡沫后长期而稳定的低利率以及低信用评级政策。综合以上这些因素，我们可以看到，若以美元计价，2001—2005年期间各种证券化抵押贷款的发行量增至原来的3倍。

信用衍生工具市场的蓬勃发展（第5章）为许多经营不善的银行进行交易奠定了基础。2006年，美国就有6千亿美元的金融衍生产品以担保债务凭证（CDO）的形式被创造出来，CDO是一种相当新的金融工具，而且也几乎是主流金融产品中最为复杂的一种。有一种估计认为，约40%的CDO是由抵押贷款支持的。金融创新的步伐很快，在全球金融市场：

- 1999年综合资产负债表CDO问世；
- 2001年综合套利交易CDO出现；
- 2003年出现现金可与综合债务连动CDO交易；

- 也是 2003 年，单一层级合成型 CDO 问世；
- 2004 年新的金融产品为：与指数挂钩的综合性 CDO 等等。

所有的 CDO 都是结构性金融工具，通过发行已评级的债务证券 139
（分为不同发行份额）来为购买其他资产提供资金支持。它们独有的特点是使市场参与者都能很容易地将大量的信用风险转移给第三方，转移的方法通常是通过高杠杆的交易。与传统的证券化不同的是，支持担保债务凭证的资产数量很少。此外，CDO 的种类不同，导致风险敞口的集中。从图 6.1 可以概览 2006 年全年以及部分 2007 年使用的 CDO 标的资产担保。

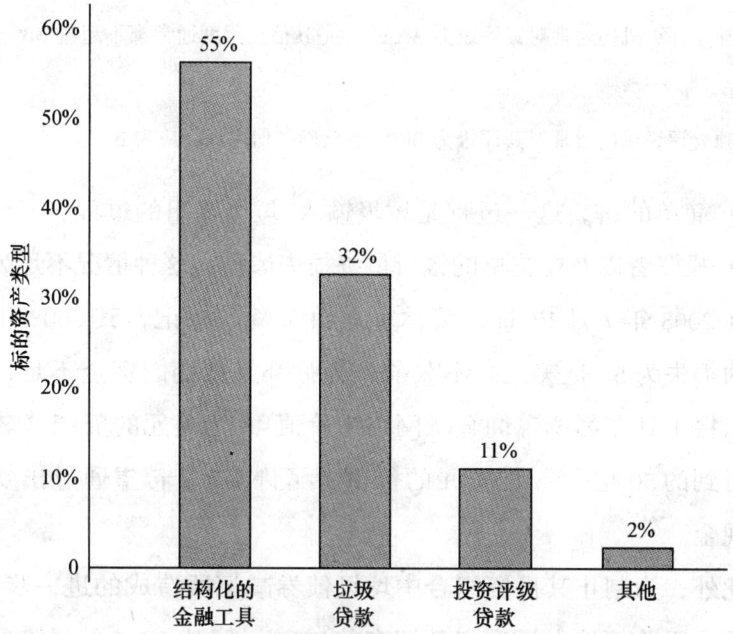

图 6.1　2006 年以及截至 2007 年 9 月使用的 CDO 标的资产担保

（德意志银行，金融稳定评论，2007 年 11 月）

表 6.1 展示了另一组使人瞠目结舌的数据，表明渗入住宅抵押贷款证券以及担保债务凭证的有毒资产的数量。在被误定为“高级”的资产支持 CDO 中，50% 的优先资产为次级贷款，19% 为其他高风险的 CDO。

加上夹层 CDO，次级贷款的比例升至 77%（详见本章第 2 节）。

140 **表 6.1　　资产支持证券 CDO 的抵押品的典型成分**

	高级的资产支持证券 CDO[1]	夹层资产支持的证券 CDO[2]
次级住房抵押贷款证券	50	77
其他住房抵押贷款证券	25	12
CDO	19	6
其他	6	6

资料来源：国际清算银行；巴塞尔银行监管委员会，联合论坛。“信用风险转移”，咨询文件（2008 年 4 月）。

1. 独立评级机构通常对其评级为 AAA，但是其信用程度通常都不超过 BB-。见本章第 5 节。

2. 独立评级机构通常对其评级为 BBB，更精确的信用评级应为 B-。

- 简单的讲，这一过程是垃圾输入/垃圾输出的过程；
- 投资者以及要花招的银行最终损失惨重，这种情况不足为奇。

在 2008 年 7 月 17 日，美林宣布由于资产减记，其 2008 年第二季度的损失为 57 亿美元。不久前，为弥补其预期的资金不足，美林已经出售了其在彭博咨询金融网络中价值 48 亿美元的资产（较之其希望得到的 50 亿—55 亿美元的价格少了许多），希望通过出卖资产获得现金。

此外，为制止其投资组合中垃圾债券减记所造成的进一步损失，该公司史无前例地大量出售其拥有的 CDO，使其 CDO 的风险敞口排名降至 14 名，原来排名三甲的是花旗、瑞银以及美林。美林的声明中宣布价值 307 亿美元的 CDO 以 67 亿美元的价格出售——这是一个巨大的折扣，它意味着以不到 2.2 折出售。基于如下新闻：

- 美洲银行评论说，该交易可能为其他想要摆脱 CDO 的公司建立一种模式；

• 高盛从该交易中看到一个新的机会，将具有“高回报”的美国垃圾债券卖给轻率的欧洲银行。

但是折扣真的是 2.2 折吗？后来的一些信息显示美林 CDO 提供 141
的折扣远不止这些。一家达拉斯德兀鹰基金龙星基金同意以该价格购买上述担保债务凭证，但是前提是美林必须为其中 3/4 的购买行为融资。也就是说，以真实货币来计算，这笔交易的折扣为 0.55 折，该交易的平衡点在于将信用风险从美林的存量 CDO 转移至龙星基金。

正当美林公司、其股东、客户及美国经济普遍因为 CDO 遭受金钱损失，这些身处“沸腾年代”的 CEO、他的朋友以及许多交易商都通过在公司内积累大量的有毒资产，获得奖金和期权。这些男男女女们还没有：

• 经过司法审判；

• 因为获得这些无根据的、具有欺骗性的奖金而被公开指责；

• 因为自己或愚蠢或可憎的行为而受到惩罚。

但是美国 2002 年颁布的《萨班斯—奥克斯利法案》（SOX）有一个有趣的章节——304 条在其他案例中应用过，虽然只是部分的应用。该法条规定：无论是由于欺骗性的原因还是会计错误，公司有权向经理以及其他获得期权或者奖金者索回相应款项。

企业图书馆（TCL）的研究显示，截至 2007 年中期，也就是 SOX 颁布后近 5 年中，在美国的各行业中仅有 14 个案例的判决中应用了 304 条款。但是在 2007 年的次贷以及信用危机时，也就是仅仅 1 年后，这一数字已经增至 297 家公司。而这也仅占 TCL 考虑样本的 14%；但这比前几年未能发现或者惩罚的欺诈行为多了 20 多倍。

专家称即使是那些应用了《萨班斯—奥克斯利法案》304 条款的公司也只是部分的应用而已。根据 TCL 的研究，我们注意到美国业界这样一个有趣的现象：

• 44%的毫无根据的奖金以及从期权中所获得的利益都是源于完全的欺诈；

• 其中39%是由于会计错误而不是普通的欺诈；

• 其余的案例有许多其他原因，但是仍然导致了公司股东极大的损失，因为公司向犯错的一方付了钱。

142 在本章中我们将会看到，美林公司如此大规模地发行此类CDO，不导致赤字的概率简直不到百万分之一。在金融行业薪酬过高以及奖金过于丰富都是很常见的，但是公司的“盈利”却成了遥不可及的目标，即使公司已经承受了大额损失还是会派发红利，银行因为愚蠢地承担了高得离谱的风险而身受重创（见本章第7节关于买卖特权以及奖金的喧嚣）。

从CDO赚取的所谓利润为践踏了整个体系的内部人士所得，而且这种情况的后果也成为一颗难以下咽的苦果。0.55折的折扣加上信用风险（假设再加上给兀鹰基金的贷款）证明：美林的CDO根本一钱不值。对于其他希望摆脱各自不明智地承担了有毒资产风险敞口的银行以及公司来说，这也是一盆凉水。

另一件有讽刺意味的事情就是经理无法给资产以实际的定价。UBS称其持有的CDO价值在3—4折，也有谣言说花旗银行对其CDO的定价为4.5折。龙星基金提供的价格可以告诫我们这种估计与现实的距离到底有多大。如果它们能卖到比0.55折更好的价钱，为何它们不以高价出售CDOs呢？

美林以及其他风险敞口过大的银行的悲剧不止于此，因为在“沸腾年代”（第1章）他们自己就是危险得身处悬崖边的债券发行者。截至2008年7月底，美林宣布他们已经解决了与资本有限（XL）在CDO方面的争端，资本有限作为债券发行者遇到了麻烦。为了取消其不能履行责任的37亿美元的合约，XL应向美林支付5亿美元的赔偿。但是如果这37亿美元打0.55折，那么这5亿美元的意义恐怕不止于此吧？

2. 担保债务凭证的机制

说到 CDO 的机制，可以分为单一层级和多层级。在多层级中，最先损失的层级（低层级）就是净资产。高层级的由那些不总是能够保持独立性的独立机构进行评级，目的就是出售给保险公司、养老基金或者高净值个人之类的投资者。因为许多高层级的 CDO 都出售给其他银行，它们错误的 AAA 评级对整个银行业造成了很大的打击。

理论上来说，单一层级的 CDO 可以使投资者对于交易的特质拥有更好的控制，使他们能够选择承担部分或全部的标的资产风险。143
如果发生信用事件，与多层级 CDO 相反，持有单一层级 CDO 的投资者也更易于重新构建资产组合。事实上，单一层级 CDO 会比多层级 CDO 带来更多的敞口集中，多层级 CDO 的结构为：

- 首先损失的层级（净资产）吸收违约或者延迟付款的风险；
- 夹层是下一个层级（更高级），如果净资产层级耗尽，那么夹层就会遭受损失；
- 最高层级被净资产层级和夹层保护，但是当次贷危机出现后，这种保护就烟消云散了。

华尔街、伦敦以及欧洲大陆和亚洲金融中心的银行家认为他们持有担保债务凭证“最安全”的层级而免受侵害，他们把这种层级称之为“超高级”，与此同时，他们将风险更大的层级出售给那些接受了错误信息的投资者。但是次级贷款以及次优级贷款的垮台表明这些高层级的损失也可以数额巨大。

即使高层级的可以由独立评级机构（错误的）给出一个很高的评级，但这种增强信用措施的结果却是，对所有类型投资者以及评级机构本身造成了莫大的伤害。正如 2007 年 7—8 月的崩溃所证明的那样，次级贷款的高层级在一开始就不应该被评为 AAA 级，这种假的 AAA 使以下两方的信用都受到损失：

- 评级的签署者；
- 在做投资决策时使用这些评级的人。

英国中央银行货币政策委员会成员之一保罗塔克，喜欢把风险分散成像俄罗斯套娃那样的层层相套的系统。杠杆性的商业贷款以及房屋抵押贷款被打包并且作为 CDO 出售给对于这种风险毫不知情的投资者；或者它们被融合进各种复杂的担保债务凭证、渠道以及具有极大不透明性的结构性投资公司中。

在 2007 年中期，投资银行 J. P. 摩根估计，流通中的美国杠杆性贷款 CDO 价值为 180 亿美元，与欧洲的杠杆交易额为 150 亿美元
144 (真实的数量会更高)。一旦这座杠杆性债务的金字塔中某些元素碰了壁，对于其他所有 CDO 的需求就会消失。这种投资是最不受欢迎的，因为假的、高评级的层级比风险最高的层级收入低很多。此外：

- 定价问题的蔓延造成了 CDO 在金融交易中的生存能力出现了问题；
- 市场的反应表明，如果一个 CDO 经理无法将净资产层级销售出去，那么他/她将无法将整个交易推销出去。

系统崩溃后的第三个月，在 2007 年 12 月的第一周，J. P. 摩根全盘修正了其 2007 年中期的估计。仅银行就持有价值 2 160 亿美元的 CDO 超高层级（又是一个低估值），这些层级是在两年前发行的，并且有抵押之类的资产支持。理论上来说，由于拥有抵押的支持，这些超高层级的 CDO 是可以使投资者免受最初的损失的。但是实际上，正如一位证券交易委员会执行人员在 2008 年 11 月 28 日的一个演讲中指出的，其他两种力量也在起作用：

- 当银行摆脱 CDO 的中等层级而将更安全的保留下来时，其风

险敞口将变得不那么明显，但这是很不明智的做法，因为此时风险雷达就检测不到这部分银行风险；

- CDO 的高层级风险暴露与看跌期权是相似的，但是看跌期权在股票市场的交易很活跃，而 CDO 却是低流动性的。

从发行方和交易方的角度来讲，这种情况的另一个负面效应就是 CDO 交易员不能通过参与对冲交易来确保其价格。但是他/她需要利用金融工具的德尔塔值（delta）来对标的资产提供保护。有了对冲值作为最初的基础衍生品，风险货币就随着信用利差的水平变动而变动。

3. 债务市场与产权投资市场的协同效应

始于 2007 年 7—8 月的 CDO 崩溃产生了非常广泛的反响。安东尼·伯顿，一位公认为比较优秀的英国基金经理在 2007 年 5 月 14 日已经警告说，股票市场 4 年的牛市可能已经走到了尽头。他也抱怨说对于向私人资产公司借贷的标准太宽松[3]。其他的一些高级金融机 145
构执行人员、资产经理以及投资者也在私下里认同这些担忧，尽管如此：

- 对于向私人资产公司借贷的标准变得更加宽松了；
- 不同的“创新”，诸如低门槛贷款合约这样的金融产品还是得到了批准。

批评家说这种行为是不负责任的，因为市场发现很难消化这种剥离了正常情况下用来保护银行和投资者门槛的金融工具。但是事实就是，银行正追着借款人跑。而在正常的情况下，所有的借款人都会努力劝服信贷机构的管理层放松贷款的条件。即使在他们已经知道门槛代表着放款人在借款人刚出现财务不良迹象时对其的制衡，许多银行还是降低了贷款的标准。

按照传统的观点，受合同约束的债务包括这一“门槛”，它就像贷方的保镖一样在公司违约或者破产的时候保护他们。与之相反的是，近年来发行的一些债务，无论是抵押贷款、个人贷款，还是公司贷款或者收购，条件都有所放松。这使银行和债券所有者的权利都变小了。

无门槛或者低门槛的政策只能导致后院着火，因为这种政策导致了所有类型的贷款价格的下降。例如，一种有门槛的贷款可以以 8.5 折交易，但是由于投资者要求更安全的投资工具，这种贷款只能以 6.5 折或者更低且无门槛的方式进行放贷。

正因为低门槛贷款在市场繁荣时期给借贷者以更广阔的空间，权益投资者开始看到负面的迹象。这种正常借贷标准大幅放宽具有讽刺意味之处在于，尽管一些经济学家表示信用工具看起来过于泛滥，但信用循环却无法实现自我调整，因为：

- 大多数银行家都害怕交易被拒绝；
- 他们很少注意到这样的事实：股票市场已经注意到并且预测到银行的资产负债表要遭殃了。

在美国抵押贷款危机爆发之初，市场参与者不断加重的紧张心理体现在债券期货期权的波动上。所有主要金融中心的不确定水平
146 都增加了，这反映了市场参与者对资本市场未来收益的担忧，而这又导致了大范围内对风险的重新估计。

例如，2007 年 7 月评级为 BB- 的公司债券（非投资级别）的收益率差价比欧元区政府债券高出 25—138 个基点，在此之前一个月，该债券收益率已经跌至两年以来的最低点。分析家认为这种发展与信用违约互换（CDS）市场的风险转移溢价的上涨是一致的——差价的修正被认为是一种正常行为。

人们也注意到市场上两起公司收购在筹集贷款时遇到困难。有的分析家指出：这种与私募基金相关的市场情绪的变化，反映了证

券化市场的问题，这给高杠杆性的兼并与收购带来了很大的负担。值得担心的原因如下：

- 在与日俱增的不确定性环境中突然出现调整；
- 这些调整同时伴随着各个细分市场流动性的枯竭，而流动性问题对于市场参与者来说很明显会造成麻烦。

在这个令投资者沮丧的关头，传来了好消息：投资者可以预见市场的形势，因为债券价格和收益率可以为股票市场提供方向性的线索。在我的一次采访中，一位资深银行家评论说，在作出投资决策之前，投资者应该问的是一家公司的债券是否和那些与之评级相似的其他公司的债券交易情况相似；如果不是，他们应当远离这一资产。原则就是：

- 这种不相似可能是有问题的迹象；
- 一家公司债券评级的降级很可能会冲击其股票价格。

2007 年 7—8 月，公司债券确实与公司股票价格有着极大的联系。公司可以通过发行股票来融资，这样的事实是鼓舞人心的。如果发行股票的公司只能通过发行垃圾债券来介入资本市场，那么情况可能恰恰相反了。这种债券—股票之间的联系传达出的信息就是：股票投资者应该注意债券市场。这一信息在现今比任何时候都正确，因为：

- 公司负债水平史无前例的高；
- 在 2007 年下半年中期，美国公司中信用评级降级的比升级的 147
多很多。

历史上的参照有助于支持这种观点。在 2000 年股票市场泡沫之后，上市公司的破产案急速增加，这在第 11 章有所反映，2001 年就有 143 家公司破产。在尝试摆脱经济衰退时，更多公司破产了，陷入困境的公司花费了太多的时间考虑其融资选择方案，这使其潜在信用提供方撤资了。

我们应该更加注意到，公司负债并不纯粹是消极的。在 21 世纪的头 5 年中，像那些通过再融资而减少其抵押贷款的个人一样，公司也利用低利率来减轻其负债。但是，随之而来的就是新的杠杆，这些新的杠杆最终导致了低迷的情况，其里程碑为：

- 次级贷款危机，始于 7 月中旬；
- 始于十周之后的股市危机，虽然此危机而后为几周时间的股市大涨所代替，但是最终在 2007 年 11 月还是出现了股市危机。

从 2007 年 9 月末至 10 月末，由于科技股的推动作用，美国和欧洲的股票市场指数都出现了上涨。与之相反的是，银行以及其他金融机构的股票，特别是那些在次级贷款中遭受巨额损失的金融机构股票价格下降至谷底。到了 2008 年 1 月，股票市场的情绪已经变成绝对的负面情绪，债券市场的情况亦如是。

4. 对次级贷款的信用评级

从根本上来说，信用评级是对由于未能履行合同规定义务而造成损失的风险的评定。交易对手可能违约；即使对方不违约，债券发行方可能不想或者不能按时履行合同规定的义务。知晓这种可能性是很重要的，同时还应知道信用风险是许多商业活动中不可分割的一部分，而且在传统的银行产品中都自带信用风险：

- 贷款；
- 放款承诺；
- 或有负债，以及更多。

148 信用风险在交易的金融产品中也存在一些衍生工具合同（远期、掉期和期权）[4]、证券化金融工具、结构化金融工具（比如说 CDO）、违约互换掉期、回购协议、证券借/贷，等等。所有的市场参与者都对其对手的信用风险感兴趣——前提是假设这一信息是可靠的。

稍有名气的独立信用评级机构始于 19 世纪末，但是我们所熟知的信用评级体系在 20 世纪 70 年代才开始，那时证券交易委员会（SEC）正寻找一种方法来确保其监管的经纪人拥有足够的资金。对于 SEC 来说接受规模小且可靠的评级机构的意见比单独研究每一位经纪人或每一种债券都要好。此外，这种方法也为经纪人节省了费用。

SEC 那时就像一个授权机构，赋予一些全国认可的统计评级机构信用评估的权力。事实上，不仅是 SEC，联邦储备委员会以及巴塞尔银行监管委员会都已经正式把信用评级作为金融体系监管的正式一部分，特别对于那些处于监管之下的商业银行的资本充足性。

批评家认为，尽管这个系统在 25 年之中运行得很好，现在却四分五裂，因为独立评级机构面临着卖方市场的有利市场状况，这种情况赋予它们过多的权利。它们声称自己是中立的信用评级者，因此它们有权行使自己的“言论自由”而免受法律的挑战，而且它们的地位比原来预想的要高很多。正如欧洲委员会成员查理·麦克里维指出：

- 评级机构有利益冲突；
- 向评级机构进行支付的是它们评级的证券的发行者，这种模式背离了它们提供独立意见的初衷。

批评家指出，更糟的是信用评级机构有许多机会来寻找更好的合作伙伴。想从法律上使它们更加可信并不那么容易，因为这会增加信用评级机构受到严厉惩罚的机会（这也是为什么到现在为止，这些机构仍然没有为它们对次级贷款的错误评级造成的后果而受到惩罚）。此外，在一些监管者的眼中，只有监管机构切实的承担其责任，增加信用评级机构的透明度才有实际意义，但是目前：

- 信用评级机构仅在美国被监管；
- 即使是这样的监管也是非常温和的。 149

此外，评级不是一成不变的。图 6.2 给出了跨越 10 年的时间范围内信用评级为 AAA、AA、A 以及 BBB 的公司债券的预期违约率。

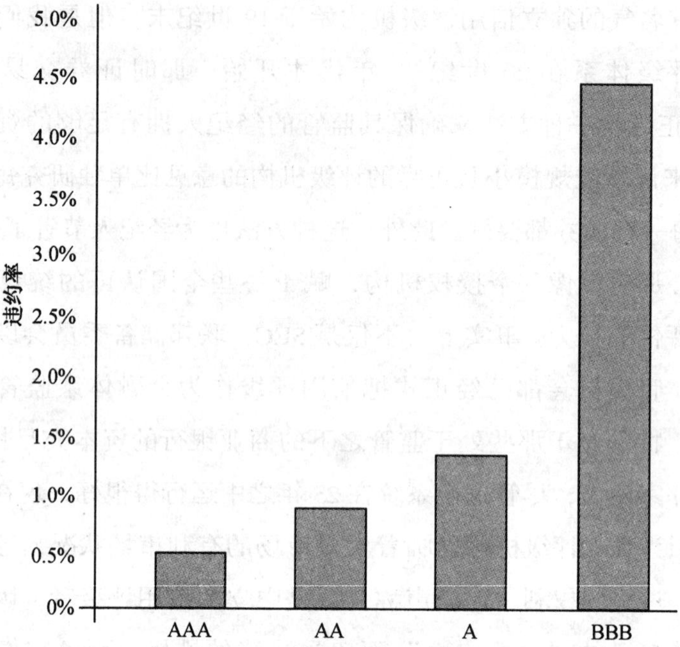

图 6.2　10 年内信用评级为 AAA、AA、A 以及 BBB 的公司债券的预期违约率

因为影响违约率的因素发生变化，银行以及信用评级机构必须经常向交易对手提供有效的评级，也必须保证其评级工具的有效性——重新评估其关于违约事件的预见力。当统计分析显示一个模型的参数需要调整时，我们在工具重新校正时必须对这种调整给予足够的重视。

所有这些参考资料的用意就是说明信用评级应该是被认同且被充分公示的。特别的挑战来自于这样的一个事实：设计一个新颖且不容易解释的金融工具，比如说一种复杂的证券化工具，可能使信
150 用评级的相关规定失灵。由“乐于助人”的评级机构评为 AAA 级，CDO 高层级次级贷款被：

- 自由地卖给投资者；

- 当买方筹集新的贷款时，被用作抵押物；
- 当作银行的一级资本，这无疑是对资本充足相关规定的嘲笑。

当年景好的时候，在 2005—2006 年，证券化次级贷款的高层级被轻易地授予最高信用评级。之后，由于某些次级贷款以及次优级贷款的信用恶化，评级机构将一大批以次级抵押贷款为抵押物的资产支持证券降级，但为时已晚。这也导致市场参与者对进一步降级的预期，因为：

- 标的资产贷款继续接近到期；
- 市价调整开始生效；
- 延期还款转化为丧失抵押品赎回权。

独立信用评级机构提出了导致抵押贷款表现比预期更差的各种理由——例如风险层的影响、数据质量差以及激进的放贷行为，诸如为吸引借贷者而向其提供短期、低于市场利率的利率水平。批评家说这些都是缺乏解释力的掩饰性的借口，因为当 AAA 评级被授予那些信用实际上很差的产品时，这些都是已知条件。批评家们同时指出整个评级系统都开始不受控制，在次级贷款崩溃后，评级机构都对资产支持证券评级方法进行改进，包括：

- 更严重的损失假设；
- 更严格的压力测试；
- 放贷方关于防范欺诈的更大力度的监管。

当降低信用评级这一趋势开始蔓延，在 2007 年 10 月中旬，穆迪评级将 131 种次级抵押贷款支持的证券降级，同时声称其正对 136 种其他的证券评级进行审查。2007 年 10 月 27 日，有人宣布标准普尔、穆迪以及惠誉评级都在接受康涅狄格州对其评级行为的调查。

金融监管者于 2008 年 2 月 4 日在阿姆斯特丹会面，宣布他们即将对独立信用评级机构的行为准则进行审查，希望通过对他们评级的证券的创造过程提出建议，以此来发现并控制那些处于利益冲突 151

的评级机构。评级机构自身认为对他们将次级贷款评为 AAA 级的批评是由于误解，因为他们评级的依据是：

- 违约风险；
- 不是基于市场动荡。

这种观点并不始于当时，因为违约风险随着市场心理而变化，许多与抵押相连的结构化产品的 AAA 评级都是不足信的，特别是担保债务凭证。因此，为阻止严格的评级控制，信用评级机构无疑会做好实施改革的准备。

例如，标准普尔公布了 24 项改革，包括建立专门负责监督建模和管理的委员会，以及要求那些使用评级的机构关于非违约信息披露作出回应，包括将流动性附在评级之后。此外，穆迪和标准普尔将分析意外事件的影响，“可能”会为证券化的产品推出单独的标签。2008 年 3 月 13 日，美国财政部长在一次会议上指出：评级机构必须将结构化产品与其他被评级的产品分离开。

5. 信用风险危机的蔓延：一个简单回顾

在很多银行家的眼中，直至情况恶化前，次级贷款以及其他非投资级债务工具的证券化对市场及其参与者都是“有利的”。这纯粹是误导性的信息。这场 CDO 飓风已经严重毁坏了市场，尽管它可能在很短的一段时间内“帮助了”某些银行，特别是那些忘记了财务上的失败是大多数危机的关键诱因的银行。到最后，有抵押支持的 CDO 造成了以下后果：

- 给银行业造成了数十亿美元的损失；
- 回报仅为损失的一小部分；
- 促使许多银行十分恭敬地向亚洲以及中东的主权财富基金伸手要求帮助（第 2 章）。

152 在许多信用机构，高级管理层人士误以为保险公司、养老基金、对冲基金以及个人投资者而非银行是首先因为抵押贷款和其他贷款违约而遭殃的人，因为信用风险转移的存在。正相反，这种痛苦蔓延到了整个金融体系，主要问题之一就是没有人知道有多少有毒资产充斥在银行账户和交易账户中。

- 许多担保债务凭证都是非流动的，因此无法制定常规的价格；
- 根据广泛认同的观点，评级很高但是信誉度很低的 CDO 层级仍然存在于那些投入过多资金的银行中。

在信用机构、保险公司以及养老基金和其他公司工作的高薪人士直到很晚才了解 CDO 的信用问题。银行被迫这样做是由于外部审计、监管机构以及出于名誉的考虑。至于市场信心，像 2007 年 10 月 9 日巴克莱银行那样未能承认次级贷款的损失一样，其实隐瞒比坦率承认造成的损失多得多。

因此在美国次级抵押贷款市场的延期还款，以及对美国宏观经济前景的不确定性增加的大背景下，大范围内资产信用利差的加大、市场波动剧烈的现象并不是什么新鲜事。对于诸如美国的次级抵押贷款危机会有怎样走势之类的担心也增加了。

- 这场危机会加深，扩大到欧洲（已经扩散至此）和亚洲（已经略微延伸至此）；
- 对高质量的结构性抵押贷款以及其他应收款项产生负面影响。

在 2007 年的上半年就已经有了利润警告，但这没有震动市场。公司财务官仍在担心其附带结果。在 2007 年 6 月末，一家批发商美国食品批发公司推迟了筹集 20 亿美元贷款的计划。在亚洲，世界上最大的液化天然气油轮的所有者 MISC 的一桩规模很大的债券发行被延期了。在欧洲，世界上最大的钢铁企业阿塞洛米塔尔集团推迟了其债券发行。

这只是预期在 2007 年中期发行的价值约为 2 500 亿美元的公司 153

债中的 3 个例子，这些债券原本是打算用来为公司的财产以及大规模的兼并与收购和其他交易提供资金支持的。当次级贷款危机引发人们对向紧张的投资者发行公司债券的质疑时，市场开始刹车，市场信心的变弱预示着收购风潮可能面临终结。

2007 年 7 月中旬，投资者对美国房地产市场放缓过程中出现的更多坏消息反应消极。标准普尔和穆迪都透露他们将给价值超过 170 亿美元的次级抵押贷款支持的债券降级或者考虑降级，因为它们低估了这些债券的违约风险。一位美林的经济分析师指出，次级贷款的惨败比起玉米、牛奶、金枪鱼或者面粉价格的（在那时）急速上升，是一个更大的问题：

- 在美国每年人们消费的食品价值为 1. 3 万亿美元；
- 但是房屋资产负债表上房地产市场的价值为 23 万亿美元。

截至 2007 年中期，仅在美国综合的信用市场债务就横跨房地产、商业以及政府部门等领域，这些债务占 GDP 的 340%。在 2002 年末到 2007 年年初的经济扩张期间内，该比率上升了近 60%。这一比率又是以 2000 年股票市场泡沫为结束标志的 10 年经济周期中美国经济杠杆的近 2 倍。

按照调查分析人士看待这些数据以及次贷危机后果的方法，房屋市场价格下降对于整体需求曲线的影响，很可能会远远超过供给面农产品价格的波动[5]。一些专家指出 2007 年股票市场断断续续的危机可能很好地反映出次贷危机的撞击效应，这些加起来对于美联储来说都是一件头痛的问题：

- 在次贷危机进一步蔓延之时，美联储能否尝试采取措施避免深度的经济危机；
- 美联储是否会等待事情发生之时采取行动，期待着所有的损害都能被自动消除干净？

两种选择都不是只有好处。投资人、房屋所有者和美联储都冒

着从悬崖边摔下去的危险，因为艾伦·格林斯潘在 2002—2005 年的
154 扩张时期所创造的“两种泡沫”都建立在巨额杠杆的基础上，且被位于最低点的利率所推动。在美国和西欧，债务增长的速率非常之快，已经快过经济体自身的偿债能力，这种情况被人们所担忧。

在华尔街一些分析家认为格林斯潘没有注意拇指定律，即如果事情不能变得更好，那么只能变得更糟。因此，第二种情况变成了现实。美国次级贷款崩溃这个坏消息演化成为更坏的消息：巨额的损失冲击了大型欧洲银行的资产负债表。至于其风险敞口，它们只能继续前进，丝毫没有想到要退出。

6. 风险集中以及资产估价

2007 年 7 月 11 日，美国财政部负责金融市场的助理部长安东尼·瑞恩表示：对冲基金在导致大量杠杆性债务的永久性危机上扮演了关键角色。在 2007 年美国管理基金协会论坛上发言时，他对一些金融行业的风险集中发出了警告[6]。几天之后，在众议院金融服务委员会的听证会上，主席巴尼·弗兰克就如下疑问向财政部长亨利·保尔森施压，即瑞恩的发言是否意味着财政部正等待一次对金融市场的系统性冲击。

在这些事件发生的 1 个月之前，2007 年 6 月 17 日，英格兰银行的季度性审查已经集中在公司的杠杆收购（LBO）上，LBO 的数量已经在全球范围内猛增。在 2007 年的第一个季度，LBO 在美国增长迅速，结果导致了公司债的泡沫——公司债在 20 世纪 80 年代末期仅占 GDP 的 55%，而在 2007 年这一比重达到了 85%，增长率达到了 54.5%。

2007 年中期，英国中央银行所支持的一个理论是：一个主要股权交易的失败可以导致一场大范围的金融危机。其季度性的审查进

一步警告说：杠杆收购的不断增加意味着被收购公司的基础价值可能在其债主能够干涉之前就已经开始恶化了，其结果就是：

- 随着风险溢价的上升，一次大规模且广泛的冲击可能导致资产市场的大幅调整；
- 造成这种情况的原因之一可能是一桩大规模的杠杆贷款交易的失败。

专家认为这种事件发生的概率很高，因为次级贷款危机使银行 155
开始惜贷。在市场上有这样一种观点越来越流行：如果发生这种情况，将导致放贷的银行产生承担不可预计的大量责任——使整个垃圾债券市场现存的债务价值突然下降，使信用机构自身处于险境。

低评级抵押贷款正处于风暴的中心，《华尔街周报》认为低评级抵押贷款集中是更广范围内的抵押支持的债券市场中一个潜在的问题。头脑更加清醒的中央银行银行家特别担心担保债务凭证的集中，尤其是那些大量持有诸如美国次级抵押贷款的证券的人。2007 年中期，美国抵押贷款市场的总值为 10 万亿美元，其中：

- 次级贷款 1.3 亿美元；
- 次优级贷款 1 万亿美元。

2007 年 7 月末进行的其中一项研究表明，尽管带有次级贷款的 CDO 具有高风险，欧洲的 CDO 比美国的 CDO 风险敞口要小——原因可能仅仅是欧洲的 CDO 抵押贷款成分更少，而且总值也比美国的小。在 2004—2007 年间发行的 CDO 数量为：

- 欧洲 3 350 亿美元；
- 美国 7 860 亿美元[7]。

但是尽管一些分析人士认为欧洲 CDO 的风险更小，其他人并不同意此观点，他们指出尽管欧洲 CDO 中包含更少的资产支持的证券（ABS），这种证券很大部分是抵押贷款，但是欧洲 CDO 存在的风险集中，因为贷款主要针对公司和中小企业。这些贷款包含大量的欧洲担保贷款凭证（CLO），任何集中趋势都会带来负面效应。

为支持其观点，其分析人士提到了瑞银的一支管理对冲基金在2007 年 4 月时被迫关闭，根据某些人士的观点，这是由于银行 CEO 的变更造成的；另一个例子就是 2007 年 8 月初，德国的一家中等规模的放贷机构德国工业银行正濒临破产，该行创造了 127 亿欧元（175 亿美元）的 ABS 资产组合，这些 ABS 中含有许多 CDO。几周
156 之后，由法国巴黎银行管理的三支对冲基金由于证券化抵押贷款遭受巨额赤字之后暂停了有抵押贷款支持的证券的赎回业务。

风险集中在其他国家也造成了损失。2007 年 8 月 15 日，澳大利亚对冲基金管理公司基本资本公司宣布：其一支基金的损失可能达到 80%。一天之后，在 RAMS 寻求紧急基金后，其股票价格下降了 60%，RAMS 是澳大利亚的一家抵押贷款公司。在 2007 年 8 月底，中国银行宣布其在次级贷款的投资额为 97 亿美元，这些资金的一部分已经蒸发。

正如这些事例所表明的那样，次级贷款以及其他债务工具的集中所产生的危机并没有局限在美国。除了单个银行以及对冲基金的损失，次级贷款风险集中不仅冲击了包含很多 CDO 的许多投资组合，而且也冲击了许多银行的股票以及全世界的股票市场——不稳定性正在增长，在这样的例子中这种情况经常发生。

对于利润的要求迫使对冲基金筹集现金，但是又很难通过贷款获得现金。这种困境通常就意味着其流动性最高的资产将变现，比如说石油合同。在英国，金融服务局抱怨说，投资银行以及对冲基金很容易产生利益冲突。在慌乱之中，这会使整个系统崩溃，同时也会产生谁欠谁什么东西的争端，因为：

- 对于在相似投资组合中所蕴含的风险，不同公司的估计是十分不同的；
- 对于投资组合的估价通常建立在错误假设的基础上。

似乎所有人都同意的一点是：对复杂且深奥的证券估价绝对不是儿戏。我们必须作出现实的估计，因为在常规的公允价值会计准则中，资产以及负债都应以市场价格作价。现在所面临的挑战就是这一柜台交易的工具并没有形成一个真正的市场。此外，监管者担心按照市场定价可能会将一次流动性危机转化为一场偿付能力的危机。

有了衍生产品以及其他动态定价金融工具，权责发生制会计准则就变得一文不值了。同时，在一场市场危机中，诸如抵押支持证券之类的金融产品价格都在自由落体，这些资产以跳楼价售出，结果就是证券出售方资本金不足，而这又可能导致更多的产品以跳楼价售出。

神奇的解决方法并不存在。为了在市场几乎不存在时采取市场 157
模式，一些银行依赖信用衍生指数，但是这远远不能替代市场的作用。其他人使用计算机模型，但是精确度是值得怀疑的，因为大多数都有模型风险。“所有的模型都是错的，”一位巴克莱银行的执行人员说，“但是有些模型是有用的[8]。”

对于互联网泡沫破裂之后的折磨记忆仍然深刻，注册会计师开始质疑这些模型及其结果的有效性。这对资产定价绝对有正面的影响，因为更多银行的审计员要求这些银行将更多的资产放入公允会计体制下水桶的最低处（这里的资产流动性最强）；同时他们要求银行更加注意风险集中的问题。这两种要求到最后都是要求有更高的资本金。

几家银行采取的另一措施是使用不同的指数以帮助其计算减值以及将其风险敞口对冲掉。例如次级抵押贷款使用的 ABX 指数，商业抵押贷款使用的 CMBX 指数，以及杠杆贷款使用的 LCDX 指数。在对冲基金对房地产市场相关的定价估值时，ABX 指数很受欢迎。

在定价估值时使用指数的方法并不是没有缺点的，在银行业的会议中，有消息称金融机构对资产的定价远远偏离指数的位置，这种行为招致审计员的不满。批评家也曾表示对指数的过度依赖会导致对风险敞口的单方面估计。并且，相关性可以很好地描述风险集中的问题，但指数在此却无能为力，而许多银行都有使用低相关性的坏习惯——这种习惯就像打开潘多拉的盒子一样。

7. 不合理的高额奖金

2008 年 1 月 17 日，华尔街的五大投资银行公开宣布其 2007 年发放的奖金为 390 亿美元，这一金额创造了纪录。2007 年是大规模财务损失的一年，这些银行中的三家遭受了历史上最严重的季度损失——其股东由于银行资本总额缩水而损失了 800 多亿美元（见本章第 1 节不合理的高额奖金的例子）。

如果将工资与奖金加起来的话，高盛、摩根斯坦利、美林、雷曼兄弟以及贝尔斯登在 2007 年对其 186 000 名员工一共发放了 656 亿美元（两个月之后，贝尔斯登破产了）。仅年终奖在 2006 年的发放就超过了 360 亿美元，占总数的 60%，当年投资银行的利润达到市场最高。

158 专家称这种巨额的奖金比斯里兰卡、黎巴嫩或者保加利亚的国民生产总值还多。尽管平均值可能有些误导，每年平均 21.9 万美元的奖金还是比美国中等收入家庭的收入高出 4 倍以上，而经常被吹捧的股东价值就变得不重要了。

至少有一位高级银行家对没有一家大银行真的愿意质疑其雇员这件事表示吃惊，尤其在这些银行知道公司已经遭受损失，将会有大规模裁员的时候。这种做法的好处在于通过高于自身营利水平的支付，投资银行向其雇员和竞争者发出的信号就是：它们仍然在做买卖，而且它们在 2008 年会在竞争中更加激进。

然而并不是所有人都确信 2008 年将会是一个丰收年，一些专家大胆地猜想 2007 年的奖金将会是一个制高点，因为利润降低的情况将会延续到 2008 年。彭博咨讯新闻引用了其中一人的话“黄金年代已经终结了。法拉利的经销商要转而卖塔塔汽车了。我认为这将是很长一段时间内最糟糕的一年。”

根据华尔街的分析，这个生意惨淡的年份中奖金发放的洪流并不是那么值得令人吃惊，因为投资银行过去一直在经营，将来也可能一直经营下去，为了：

- CEO；
- 高级管理层；
- 交易员和投资银行。

在其他行业，与商业道德和个人业绩脱钩的高额工资也已经成为一种流行。联合利华的首席执行官帕特里克·塞斯考在 2007 年工资增长了很大幅度，尽管集团的净利润在当年下降了 18%，而且其股票也继续反映了市场对其业绩的失望。

2008 年 3 月，巴克莱银行的 CEO 博达文不甘落后，得到了高额的薪水增长，而这家银行的利润和股票价格在当年都降到很低。劳埃德 TSB 银行的 CEO 紧随其后拿到了涨幅很大的实得薪水，尽管股东的处境很凄惨。

商业道德达到了历史最低水平，公众的意见令人震惊。正如一封写给《金融时报》的信中写道的：尽管有些晚了，但是现在正是关注高管报酬的时候了，包括废除对糟糕业绩及其他各种形式的怪 159
异的奖励。正如伊恩·邓洛普在一封信中写道，这种薪酬制度发展于 20 世纪 90 年代，跟随着美国“绩效薪酬”的模式，向首席执行官以及其他高级管理人员发放不合理的薪酬，但是结果并没有什么明显的改观[9]。

奢侈的薪水以及过高的奖金在金融丑闻中也能发现，从安然开始，到阿德菲亚、美国长途电话和数据服务公司、泰科、帕玛拉，一直延续到银行业的大劫难。仍然能独立思考的人对如下事实表达了惊慌，即在公司以及监管层的世界里，似乎很少存在下列共识：

- 不正当的激励创造了一种恶性循环；
- 贪婪又创造了新的贪婪，这种趋势一直延伸到董事会。

我们现在处于这样一种状况：尽管客户在上市公司仍然很重要，股东、雇员以及其他利益相关方对于 CEO 和董事来说并不是受欢迎的人。这种薪水和奖金的好事将不会成为过去式，除非：

- 国会通过法律禁止；
- 政府以及其他监管当局执行这些法律。

批评家觉得很难忍受的是，那些能够自由支配奖金事宜的纽约公司，由于 2007 年刺激抵押贷款市场的崩溃，其公司资产亏损了 25%。它们同时宣布会裁员 6 200 人，但是它们花钱如此之奢侈，在这样的一个时候：

- 美国经济正在放缓；
- 失业率正在增加；
- 零售业正在下降；
- 新的被迫失去家园的人口数量急剧增加。

大笔的奖金被发放出去，首先是高盛，紧随其后的是摩根斯坦利（2007 年遭受巨额损失，不得不将其资产卖给主权财富基金以求生存）、美林银行（在 2007 年也亏损，向主权财富基金贷款几十亿美元），还有雷曼兄弟，贝尔斯登的奖金发放规模小一些。

160 似乎没有人愿意去费力将这么多人得到的巨额奖金与各自作为个人或者集体的行为使银行获得的利润或者遭受的损失相比较。从根本上来说，这些奖金是作为挽留人才的费用发放的，银行担心交易员和投行家流向竞争对手——这笔钱并不是对银行盈利的巨大贡献作出的补偿。

专长于结构性融资的交易员前途存在很大的不确定性。从职业角度来讲，他们负责设计并销售与资产基础借贷、房地产借贷、服务以及这些交易相关的证券化、资产/负债管理投资组合、其他证券化资产的本金和权益投资以及其他工具，与之相关联的有：

- 利率，包括利率衍生品的销售以及交易活动，主权国家债务和市政债务、回购以及转售融资和债务融资；
- 汇率，包括货币、奇异期权以及远期的销售和交易活动，还有本币交易；
- 商业票据，包括天然气、电力、煤矿、原油、石油精炼产品、贱金属、商品指数以及新的工具。比如说关注天气风险的工具。

从这些以及其他领域，比如说与权益相连的衍生产品、可转换证券以及金融期货中，结构性产品专家获得了很多奖金。一些人发展了跨资产分类的定性以及定量的战略，为此而得到了丰厚的回报。但是当结构性金融工具价格见底，银行损失了几十亿时，他们对于专长在于结构性金融的交易员态度就转变了。美林在其伦敦总部的业务中开除了很多这样的交易员。

有这样一种说法：在未来的几年内，能拿到高额奖金的市场参与者将是负责开发以及向跨国或跨部门的发行方客户提供建议的投行家；为在股票市场和/或垃圾债券市场（包括私募）的发行方客户提供与资本活动有关服务的专家；与非投资级别的证券发行方客户相联系的杠杆融资专家，以及能够精心炮制战略选择、剥离和重组资产的全能型银行家。

将以下这些更为稀有的人给予最高级别将会是更加理性的事： 161
对风险控制政策、步骤以及正规风险管理结构真正非常了解的人士，在商业单位和管理层之间的沟通和协调方面的专家——着重点在风险敞口和积极的损失控制；还有精通分析以及执行与银行商业战略和资本结构相符的限制以及风险容忍水平。

8. 失败 CEO 的金降落伞[10]

在 2007 年次贷危机暴露的事情中，更有趣（也更令人厌恶）的就是：那些失败的 CEO、CFO 以及其他高级经理以股东的损失为代价，将其所领导的公司带到破产或者接近破产的地步。很典型的一个例子就是斯坦利·奥尼尔的“退休大礼包”——这个礼包和美林在他担任 CEO 时遭受的损失比起来显得特别不协调。

有一封写给《金融时报》的信中这样表述：一个投资银行家眼睁睁地看着其股东遭受着比其财富总额更多的损失，给这样的人 1.6 亿美元的“失败工资”，尽管不让人觉得意外，但是真是一件让人非常恼火的事情。这封信的作者把这件事作为一个证据证明给金融世界及其参与者：

- 在他们拿着别人的钱疯狂地投机时免受任何下行风险；
- 即使他们导致其公司损失了几十亿美元，他们也能拿到七位数的奖励。

自从 1992 年美国证券交易委员会最后提出这个话题，管理层的薪酬包发生了很大变化。在过去十年中业界变化最明显的就是高额薪水和金色降落伞的透明度。这些可靠的信息现在能够获得很大程度上应该归功于安然、美国长途电话和数据服务公司、帕纳拉以及其他几家在 21 世纪初极具抱负的公司所卷入的丑闻[11]。在这些丑闻发生后的几年里：

- 检察官和立法者更有胆量了；
- 董事们开始知道自己的职责了；
- 根据一些传闻，首席执行官们变得谦逊了。

162 但是当 CEO 们重新获得拿股东大把大把的钱来奖励自己的能力时，这些改变瞬间就成为了历史。随着管理成员的权力更加分散，通过权力联合或者合同条款来控制奖励金额的下降变得更加容易了，因为可以约定无论公司业务情况好坏都有自我满意的大笔工资。

解释一下温斯顿·丘吉尔的话："从来没有任何时候像现在这样，人们拿着这么多的工资但是做的事情却这么少。"这句话在今天，在整个行业内都是适用的，特别是用于那些市场表现糟糕或者将自己卖给其他人以求避免责任的金融机构。支付给被炒得或者离开的首席执行官的清算奖金对于以下这些人来说都是一种羞耻：

- 监管者；
- 拿钱跑了的人。

说到底，对于银行或者其他任何单位来说，CEO 没有任何借口作出糟糕的判断。除此之外，对于糟糕的管理水平的奖励是不道德的，因为这种事情的发生开了一个很不好的先例，是最糟糕的例子。

2007 年姿态最鲜明的例子之一就是贝尔斯登的总裁沃伦·斯派克特。在他领导的投资银行遭遇了两起抵押对冲基金垮台后，他被迫离职。另一个令人愤慨的退休礼包属于花旗的董事长兼首席执行官查克·普林斯，愤怒的投资者在该银行抵押支持的证券业务领域遭受史无前例的损失之后，要求银行的管理层进行变动，于是就有了普林斯的退休礼包。

其他一些人在普林斯之前就已经卷铺盖走人了。2007 年 11 月 30 日，结构信贷部的主管麦克·瑞斯以及担保债务凭证的联合主管奈斯特·多明兹，追随着固定收益事业部联合主管巴克尔及其老板资本市场运营部主管汤姆·马赫斯的道路，一起离开公司。2007 年 11 月初，一大批人在人事重组中离开公司，打开了他们的金色降落伞。

这些并不是花旗集团因为其失败管理而遭受的唯一损失。细心的读者会发现，为得到其所需的 75 亿美元而免于请求美国政府将其 163
接管，花旗集团不得不接受阿布扎比投资局苛刻的条件（在 20 世纪末有这样一个先例：芝加哥的大陆银行）。

早些时候，也就是 2007 年 7 月，瑞银遭受其内部对冲基金（DRCM）的次贷相关损失后，其首席执行官彼得·乌夫利（Peter Wuffli）被驱逐。之后，领导瑞银走向顶级投行行列的休·詹金斯于 2007 年 11 月离开，在此之前，瑞银公布了 37 亿美元的减记，休·詹金斯在人们的愤怒中打开了其金色降落伞。

然而放血行动并不止于此。在 2007 年的人事重组中 1 500 个工作岗位被砍掉了，与此同时，瑞银的首席财务官克莱夫·斯坦迪什也辞职了。在拼命抵制其驱逐者后，瑞银董事长、前首席执行官以及瑞银衰败的总设计师马塞尔·奥斯佩尔也丢掉了饭碗（在 2008 年初）。即使是这样，这种清理的工作也只是维持在表面水平，因为对毁掉这家伟大的瑞士银行有责任的大多数人仍在高级管理层工作。

我们都会犯错误，但是这种事不应该每天都发生。如果错误大规模的发生，就像次级贷款的例子那样，CDO、CDS 以及其他的高风险工具，那么这个系统以及运行这个系统的人就有问题。从美国到欧洲，与大银行相连的特权阶层已经从铁腕的斯大林变成了笨手笨脚的憨豆先生。但是那些作出错误判断的人把几千万甚至上亿的钞票带回家，而憨豆先生却从没有这样做过。

关于什么是符合道德要求的薪酬水平的问题不仅仅局限于那些已经失败的管理层人士。这种高额薪水、买卖特权以及奖金已经成为一种不明智的世袭现状，这种状况涉及了所有的 CEO 及其继任者。正如一位美国众议院议员在近期的一次国会听证会上所说："我正等待第一位收入上万亿的高管。"

第 7 章

北岩银行：案例分析

164 1. 最后贷款人

在金融历史书中，“最后贷款人”的概念可以追溯到 1797 年，当时弗朗西斯·巴林（Francis Barring）用这个概念描述英格兰银行。一个世纪后，英格兰银行被迫帮助巴林银行避免破产，但到 1995 年，英格兰银行并没有第二次伸出援手，于是巴林银行破产。有些经济学家为这一不干预决策而喝彩。

2007 年对北岩银行计划仓促的救援说明：

- 监管的不足；
- 危急时刻判断失误[1]。

北岩银行的故事有诸多讽刺之处，首先是纳税人的钱被浪费在一个注定要失败的项目中。到 2008 年 2 月，这家抵押贷款银行被国有化的前夕，它获得的公共融资达到 550 亿英镑（1 100 亿美元）。其中 250 亿英镑是英格兰银行直接注资，另外的 300 亿英镑由英国财政部担保注资。

随着次贷危机这场大灾难逐步暴露于世，不仅英国的北岩银行（相比之下巴克莱银行损失轻些[2]），美国的“著名”银行也损失惨重。随着银行家不再相互信任并放贷，所以花旗、贝尔斯登、美林以及诸如汇丰、富通、德意志银行、瑞银集团等等金融机构，都冲向亚洲和中东地区的主权财富基金（SWFs，见第 2 章）以获取现金，但它们面对的条件也相当苛刻（见第 2 章）。经过这个转变： 165

● 各种资金先后注入北岩银行这家小型抵押贷款银行，其数额相当于那些大型银行从 SWFs 所借资金（估计截至 2008 年 2 月借到了 690 亿美元）的 160%。

● 如果英国政府扮演白衣骑士对那些受困的全球性大银行施以援手的话，就可以用很低价格获得这些银行 10% 的股权，那么英国政府就可以把北岩银行打包卖给这些大银行并要求他们妥善照料北岩银行。

当然，这需要想象力和许多系统化思维，目标各异的监管机构可不具备这样的特点。英国财政部希望尽一切可能避免政治与经济的大动荡，英格兰银行被惊呆了，奉行不干预理念的金融服务局（FSA）本来应该监管银行，却迷失了方向并通过猎头公司在寻找新主席[3]。

批评者说，对工党政府而言，选择在 2007 年下半年面临又一次公众抗议是一个错误的时间。因为当时正处在房价下跌过程中，北岩银行问题仍然在恶化，而这时又传来大卫·亚伯拉罕斯（David Abrahams）丑闻[*]。他承认通过不合法的中介向工党捐赠了 66 万英镑（132 万美元）。《经济学人》杂志的一篇文章就此写道：

> 在亚伯拉罕斯先生的捐赠案中，可以猜想他希望得到更多的经济回报，比如获得贵族封号或让其生意得到照顾。甚至连他自己也没弄清楚为何以这种方式捐了这么多[4]。

从中央银行的角度来看又是另外一回事。可以说，由于中央银

---

* 译者注：大卫·亚伯拉罕斯是一个商人，他在 2007 年承认用别人账户给工党捐赠巨额经费，这对工党政府而言是一个大丑闻。

行是用纳税人的钱来挽救一家管理不善的信贷机构，使其免于破产，因此其决策就应该以成本最低为指导。但另一方面，大规模的救援以及诸如存款保险之类的法律制度，又会引发道德风险。

财政部既没有表明愿意做这家受困银行的推销员，而银行的所有者也没有就当时最令人关心的去杠杆化问题发布承诺，以提振市场的信心。在实质性销售之前时间拖得越长，原意救援的私人部门
166 的机构就越少，而北岩银行的股票也跌到最低价。

- 在 2007 年 2 月，北岩银行的股价达到 12.58 英镑，这家抵押贷款银行的市值超过 2 750 亿英镑（合 5 500 亿美元）。
- 在 2008 年 1 月，其股价跌到 69 便士（0.69 英镑），约为其 2007 年最高价的 4.4%，其市值降到 50 亿英镑（合 100 亿美元），市场似乎认为这家银行很快会倒闭了。

几家原来想入主北岩银行的投资者，如一家对冲基金赛博罗思（Cerberus）和一家擅长整顿陷入困境的金融机构的美国私募基金 J. C. 弗劳尔斯（JC Flowers）都退出了。只有两个竞争者留下来：一家是由维珍集团的理查德·布兰森爵士领导的财团（它们想获得银行的控股权），另一家是私人投资公司欧里凡特（Olivant Advisers），它们希望“改善管理”就能挽救北岩银行，因此只想获得少数股权。

为了让它们的出价显得可信，尽管北岩银行从中央银行所借近 50% 的直接贷款都是为了维持自身生存需要，这两家可能的救援机构都承诺尽快向英格兰银行还款。如果兑现这种承诺，那么北岩银行还是需要从他处借入资本，而次贷金融危机让银行和其他借款人都缺乏资金，并对信用风险非常警惕。

此外，虽然英国财政部和英格兰银行对一家陷入困境的抵押贷款银行花费巨资，我们并不能确保这种投入能够防止其他银行被传染，进而陷入困境。因为破产银行并非经济体仅有的负面因素，其

他负面因素也起到了重要作用。

几年前，德国联邦银行的一份报告指出，问题其实广泛存在：

> 今天有许多证据说明，某些国家经济的重大变化在根本上是由于国民经济政策的低效率所导致，这种政策通常伴随着监管架构的不足或不当。在许多情况下，这些变化被金融市场上并不鲜见的羊群效应所放大[5]。

德国联邦银行也讨论了最后贷款人的因素，如 1997 年东南亚金融危机中 IMF 实际上就扮演了这种角色，但它并不能防止紧张局势在地区内的传播。据此，单靠货币工具并不能纠正经济政策的低效 167
率——如果缺乏有效的银行业监管，也不能纠正私人部门与政府部门的错误判断。

2. 北岩银行与金融服务局

在 2004—2007 年的信贷膨胀时期，北岩银行被许多分析师（以及许多投机者）视为一家优秀银行。它是最进取的英国贷款银行，容易给人以假象的是，它的股价也高得耸入云霄。似乎没有人——包括监管机构在内——注意到其短期借款战略所蕴含的风险，及其通过在信贷市场上借入资金以实现快速增长的事实。

但是仍有许多值得谨慎的理由。在 1999—2007 年中的短短 8 年里，北岩银行通过对抵押贷款先进行证券化然后出售的方式，发行了 460 亿英镑（合 920 亿美元）的证券，熟练地分割信用风险，这对于获得未来贷款所需的流动性而言，也是非常有利可图的。

北岩银行陷入破产的境地并非在一夜之内发生。它用了多年形成这种高风险的借款与贷款操作，再加上冒险使用衍生工具（可能性非常大）。根据 2007 年 9 月下旬英国议院下院财政特别委员会披露的信息，监管机构当时毫无反应。直到 8 月 9 日他们才接到北岩银行陷入困境的报告，而此时次贷危机已经势不可挡。可见银行监管不力有多严重，因为：

- 到2005年，资产证券化工具和类似的金融工具已经占到北岩银行典型贷款的54%；
- 北岩的股票虽然价位已经很高，但在2007年仍上涨了75%，而监管机构没有进行任何调查或采取措施进行干预。

直到2007年12月第1周，即当年七八月次贷危机大规模爆发的4个月之后，金融服务局（FSA）才对抵押贷款市场发布了严重预警。FSA负责零售银行业务的董事总经理克莱夫·布里奥特（Clive Briault）2007年12月4日在一个抵押贷款机构的会议上说“非常肯定的是，有关流动性和信用风险的情况在明年会进一步恶化。”

168 在FSA内部，就像在银行家内部一样，他们都缺乏远见并忽视了责任。在英国抵押贷款的140万借款人群中，许多人在利率水平较低时期办理的短期固定利率贷款将在2008年底到期。过高的再融资成本可能超出了他们的承受能力。家庭储蓄作为困难时期的缓冲器，其占可支配收入的比重：

- 第一次跌到有史以来的最低点2.5%；
- 而如果把职业养老金排除在外的话，这个比重就变成了负数。

千真万确的是，银行监管者的管理水平还比不上被监管机构的。监管者的职责就是监督银行的高管层保全银行资产，并抑制他们的不当行为。监管机构还应该明确某个违约或救援是否可能发生。尽管没有证据表明FSA对将要出现的危险发布了警报，但是北岩银行出现了：

- 高杠杆比率；
- 风险偏好。

因为用短期融资应对长期负债导致了1998年8月的俄罗斯企业破产危机，这个教训被北岩银行忘记了，所以其管理层专注于用短期融资为其 50% 的抵押贷款进行融资——这个比例的确相当高。这家银行的融资渠道是发行期限平均为 45 天的短期票据。而一旦抵押贷款支撑的金融产品的资信评级被降低，那么流动性不足的情况就将蔓延，从而推动银行同业拆借利率飚升，迫使英格兰银行和英国政府介入。

北岩银行并非唯一用这种高风险方法从资本市场获取资金的机构。布拉德福德宾利集团（Bradford & Bingley）抵押贷款的 35% 都是依靠证券化获取资金来源。虽然巴克莱银行这一比例为相对合理的 9%，但是证券化资产对其市值的比率高达 58%。而 58% 与下列银行的这一比率相比又是小巫见大巫：

- 北岩银行 1 725%（!!!）
- 布拉德福德宾利集团 566%（!!）
- 苏格兰哈利法克斯银行 218%（!）

对读者而言，好消息是其他英国银行很好地控制了证券化的风 169
险敞口。这一比例控制得较好的是：

- 汇丰银行 9%；
- 标准渣打银行 9%[6]。

作为英国银行业和保险业的监管机构，金融服务局对其他需要调查的令人关注的指标也不敏感。贷款证券化的比例，在北岩银行为 54%，布拉德福德宾利集团为 35%，苏格兰哈利法克斯银行为 19%。而标准渣打银行这一比例为 3%，汇丰银行为 2%。

本来可以作出的唯一合理推断是，指标的不一致反映了信贷机构的行为，这本应使得监管机构立即启动详细调查：是汇丰银行和标准渣打银行在业务开拓方面太胆小吗？或者是北岩银行及其同类机构、它们的存款人在自掘坟墓吗？

由于金融服务局以及英国财政部（责任稍微轻些）和英格兰银行未能进行调查并采取行动，所以英国纳税人为此付出了沉重代价。

但在不幸中这也带来了一线希望。这说明证券化资产对贷款的比率是一个非常优秀的指标，应该由巴塞尔委员会在巴塞尔Ⅱ监管规则中引入。

- 一家银行的证券化资产对其贷款的百分比必须是较小的个位数，汇丰银行说明了这点；
- 这个百分比如果是较小的两位数，对信贷机构而言则意味着危险；
- 这个百分比如果是中等大小的两位数，那么这家银行就要破产，例如北岩银行。

上述比率的限制显得有些讽刺。截至现在，证券化——包括无债券的证券化——被视为相对稳定的融资来源，因为可以把资金在未来 5 年里进行锁定。然而银行与其监管机构忽视了一个大问题，即当部分证券化产品到期并需要再融资时，这种时间上的紧迫性就会导致问题。正如 2007 年的危机所表明的：

- 再融资会产生严重的问题；
- 170 当其他机构和投资者对银行停止短期融资时——即所谓的买方抵制——就会导致危机。

教训在于，再融资必须在假设出现最坏的场景下，进行中期或长期的计划。当然我们不可能在今天就进行这种纠正，出现上述戏剧化失误的不仅有北岩银行，还包括整个银行业，因为其资本已经大幅下降。令人哭笑不得的是，到 2008 年 1 月，更大的风险是银行业的去杠杆化，因为这将导致其他许多市场出现问题。

3. 审慎监管的失误

在北岩银行于 2007 年 8 月初“触礁并沉没”之前，它被一些分析师尊崇为英国增长最快的抵押贷款银行。但是，几乎没有人注意到如我们在本章第 2 节所看到的事实，即其成功的秘诀是不同寻常地在短期批发市场上为其贷款进行融资，而不是用安全而传统的方式，即用零售存款为其贷款进行融资，而获取零售存款毕竟是银行业中介最基本的特质。

被打入但丁[*]的地狱后，北岩银行高管非但不承认其战略失误及其自身缺点，反而坚持说这种商业模式本身是谨慎的，只不过被美国的次贷危机给搞砸了。这种观点是自负而且极端错误的：

- 抵押贷款是一种长期业务；
- 在货币市场上融资是短期业务；
- 而用短期资金为长期业务进行融资是一种最糟糕的商业模式。

只要一切如常运行，北岩银行的高管就既没有从因为同样原因崩溃的其他信贷机构吸取教训，也没有仔细研究信贷机构的未来。这种行为的后果就是英国北岩银行在目前已经臭名昭著，以至于所有计划在其崩盘价买下它的投资者都不愿意在今后保留这个名称。由于损耗了如此多的钱：

- 在伦敦金融中心常常听到的一个问题就是，为何监管机构如此松懈？
- 英国议会的一个委员会找到了答案，它说监管当局缺乏密切 171
监视，监管当局要对这场危机负责[7]。

还有批评者指出，当北岩银行宣布盈利预警导致其股价下挫后，为了弥补这个缺口，其管理层宣布提高股利，虽然其预期盈利在下降。这对监管机构而言绝对应该是一个警报信号，更何况当时市场整体上出现了紧张情绪导致 2007 年的波动程度更大。

从公众视野的信息来看，金融服务局不仅没有正确地强化监管，反而当北岩银行在 2007 年 6 月要求降低其资本对贷款的比率时，它

---

* 译者注：著名意大利诗人。

还开绿灯放行。因为它发现北岩银行的做法多少符合新的国际银行监管规则。回想起来：

• 这导致出现了重大的监管失误；

• 资本比率削减说明在巴塞尔Ⅱ下计算资本充足率的独立性是值得质疑的。

《经济学人》的一篇文章就此写道，

FSA 明显的漫不经心在北岩银行的发展历程中显得尤为奇怪。2004 年，当短期利率提高时，这家银行的风险准备金和利率都下滑。它当时向投资者承诺其贷款的一半将由零售存款来支撑，而当利率一旦回到适当水平，它就将此承诺忘得一干二净[8]。

后来在证词中披露出来的是，金融市场运作出现了大范围问题——特别是北岩银行所依赖的短期融资市场出了问题——并未被金融服务局所预见（更别说那些倒闭的银行了）。没有能力或没有意愿进行预见，这实际上相当于放弃了主要金融监管机构的职责。

“我没有预见到这些会发生，我甚至还在想这是谁干的?”北岩银行的 CEO 如是说。而 2007 年 12 月 9 日在议会作证时，FSA 主席凯勒姆·麦卡锡爵士（Callum McCarthy），仍坚持认为货币市场的瘫痪是史无前例的。对此辩解的一个直接反驳就是，监管者的基本职责之一，恰恰是假设出现最坏的情景下对未来事件进行预测，因为预测的关键之处在于：

• 估测风险的大小；

172 • 它可以根据所预测事件的严重程度而相应地加强对银行的监控。

在这家银行寿终正寝后出现的诸多观点，说明 FSA 和北岩银行都没有运用情景分析法，针对该银行应对困难的韧性进行压力测试。虽然在伦敦金融中心有人说 FSA，英格兰银行和财政部联合进行了模拟，以评估金融体系经历潜在困难的能力。但有些分析师指出，监管者：

- 没有让银行自己也进行模拟；
- 因此他们无法预测在一场大危机中他们可能的举动。

这使得金融体系在流动性下降时风险敞口过大，因为那时全球金融市场都资金枯竭，而投资者对任何与抵押贷款有关的产品都唯恐避之不及。由于没有进行过最坏的情景预测，而监管非但没有加强反而放松了，所以危机不可避免地发生了。2007 年 8 月 13 日，就在北岩银行流动性枯竭 2 个工作日后，它向金融服务局报告了困境。第二天，英格兰银行和英国财政部被告知：

- 北岩银行准备将自己出售；
- 正在尽力寻找一切可能的潜在买主。

总之，因为缺乏银行监管，所以北岩银行危机就落在了纳税人的家门口。据说，英格兰银行本来就想秘密援救这些抵押贷款机构，就像 20 世纪 90 年代初期那样。但由于 2005 年英国实施了一项欧盟法律《市场滥用指令》，这使得这种秘密行动无法开展。

此外还有所谓银行监管“三头共管”的体制失误问题。没有任何一家政府机构——FSA、英格兰银行或财政部——对英国金融稳定负全部责任。事实证明监管功能集中于 FSA 又导致了新问题。2007 年 10 月 20 日，北岩银行出问题的两个半月后，一家伯明翰的抵押贷款银行派拉根（Paragon），也宣布处于财务困境。当天其股价下跌 51%。

4. 救援的诸多形式 173

北岩银行被注资 550 亿英镑之后，它最终被国有化了，由此提出问题：究竟让一家自作自受的金融机构自行破产好，还是用大量纳税人的钱对其进行救援好？只有在对实际救援的多种形式进行研究后，才能实事求是地回答这个问题。

在英国，比较有名的一次中央银行干预是 20 世纪 70 年代初期为了应对第二次银行业危机而进行的，当时濒临破产的银行努力寻求获取资金的方式，而且对房地产部门也带来了巨大的风险敞口。在某种程度上，尽管那次危机的风险敞口是在传统的贷款领域，而不仅仅是通过证券化和担保债务债券来提高杠杆比率，但当时发生的一切与 2007 年的危机并非毫不相似。

那时和现在一样，商业地产比银行资产的风险还要高。1972 年年底，房租被保守党政府冻结了，而且当时利率飙升，于是商业地产与私人房产价格直线下跌，许多有抵押贷款的屋主实际上破产了。

- 存款人大为恐慌；
- 有些小银行出现了严重的挤提现象。

由于 London and County 证券公司以及其他几家金融机构发现它们再也不能从货币市场获得资金来弥补开支，于是从 1973 年圣诞节到 1974 年元旦，英格兰银行与大银行召开了危机会议，并决定拿出 12 亿英镑的"救生艇*"，大约相当于用今天物价计算的 100 亿英镑，来为这些二流银行提供流动性（这个可以与 2007 年英格兰银行和英国财政部拿出 550 亿英镑来拯救一家银行进行一下对比）。

10 年后，在 20 世纪 80 年代初期，资产质量差、风险高的拉美国家贷款给英国的银行带来了巨大压力。1984 年英格兰银行对约翰·马赛（Johnson Matthey）银行实施救援，并以 1 英镑的价格将其收购。后来到 1992 年，当货币投机商试图逼迫英镑退出欧洲汇率机制时，英格兰银行再次出击，但这次失败了。

而到了 1995 年，英格兰银行决定不应该拯救巴林银行，当时后者在大阪股票交易所对衍生工具进行投机并损失了巨额资金。巴林

---

* 译者注：救援资金之意。

174 银行并不包含任何系统风险。但3年后，即到了1998年9月，局势大变，当时长期资本管理公司（LTCM）破产引发了美国的对冲基金危机，并导致货币市场大动荡。在此特殊背景下，美联储纽约分行发现自己处于“战斗前线”。与英国的“救生艇”相类似，LTCM的救援操作：

- 没有使用纳税人的钱；
- 所采用的解决方案，是把LTCM的大投资者找来一起协商，因而没有产生任何通货膨胀的风险。

几年后，到了2002年11月19日，艾伦·格林斯潘在华盛顿特区的外交关系委员会（CFR）讲话时指出，当金融体系瘫痪时，美联储随时准备用其“无限创造货币的权力”来“提供相当于防护金融灾害的保险金。”批评者说他大概是指中央银行具有无限制造通货膨胀的权力。

另一个类似的表态，是当时的美联储理事本·伯南克在美国首都的国民经济俱乐部2002年11月21日的会议上作出的。伯南克承诺为了避免出现泡沫后的通货紧缩，美联储会采取一切必要手段，包括创造“任意多的美元，因为这基本上不需要成本”。当然，从德国超级通货膨胀的历史来看，这种表述是不准确的。伯南克愿意拜1923年的德国财政部长鲁道夫·希法亭（Rudolf Hilferding）为师吗？他可策划了当时的超级通货膨胀。

专家们猜测，由于中央银行官员通常不会公开这么说，因此这些表态的主要目的是在遭遇程度比较深的经济危机时，提振士气。在21世纪最初几年，由于布什政府经济团队的人事变动，以及下列传言导致这些猜测被强化了：

- 全球衍生产品市场正在流传黑名单；
- 这些黑名单列举了那些被认为很不稳定，以至于不能与之做交易的金融机构。

在传言中，全世界最大的金融衍生产品的交易商和持有者——摩根大通银行，居于名单之首。有些分析师认为，美联储官员的前述表态是为了在公开场合重申私底下的承诺，也即美联储坚定地站在摩根大通银行及其衍生工具风险敞口的背后，它也准备支持面临类似问题的其他银行。

如果口头保证还有价值的话，那么在前面所提及的他在 2002 年 11 月 19 日的讲演中，格林斯潘力图对金融衍生工具及其风险采取不偏不倚的态度。他说“衍生工具的构筑过程是高度杠杆化的[9]，这既带来巨大的利润也是阿喀琉斯之踵*。”接着他又补充道，衍生工具的阿喀琉斯之踵是过度投机，其交易量远远超过一个交易者用来进行风险防范所需要的水平。 175

在华尔街，分析师认为，美联储官员这些表态所透露出的信息是，中央银行的政策目标在于，为了使当时总市值高达 300 万亿到 400 万亿美元的全球衍生工具市场免于崩盘，它愿意进行一切必要的干预。有些专家甚至说，美联储和欧洲中央银行实际上已经这么做了，那些公开表态不过是它们努力的一部分。专家提供的证据如下：

- 2002 年 11 月，注入了 1 140 亿美元的货币供给，即宽口径的货币流动性；
- 而摩根大通的股价从其 2002 年 10 月的低点反弹了。

绝大多数市场参与者都把这种变化视为看不见的手效应，而非中央银行直接干预。这是市场弹性的表现之一，当时股票市场泡沫崩溃才过去短短的两年。相比之下，2007 年的房产泡沫表现为消费者的杠杆比率很高，其推动因素在于：

- 信贷标准的降低带来了巨大的次贷市场；
- 家庭倾向于花得比挣得多；

---

* 译者注：阿喀琉斯为古希腊之神，他的脚后跟是其最大的弱点所在。

- 新金融工具带来的幻觉是好日子永远会持续下去。

正如美林公司的报告所指出的，宽松的货币政策培育了房产市场的繁荣，更高的收入房价比导致房屋买主和投资者的杠杆比率上升，抵押贷款被大量证券化然后出售。评级机构对这些垃圾债券中档次高的部分授予 AAA 级。而房价和证券化产品价格上涨时，对“勇敢者”又是一种奖励；由于支付能力逐渐下降，于是房价上涨也趋于停止。信贷资金开始收紧。信贷紧缩和过多的房屋存量导致房产市场突然出现衰退[10]。于是“勇敢者”倒在自己剑下——其中包括北岩银行。

176 5. 非常遥远的一个丑闻?

伦敦金融中心的专家观点意味着北岩银行事件仍然出乎很多人的意外。如果 2007 年 8 月 9 日是第 1 天，那么第 2 天在 4 个月后才来到，即 11 月 25 日。当时市场传闻理查德 · 布兰森爵士的维珍集团被定为这家抵押贷款银行的优先竞购者，而后者当时靠着纳税人的钱注资才得以苟延残喘。

这看来就像是一个偶然的决定，让人大吃一惊。有些市场观察家怀疑在讨论竞购者的承诺时，一定有内幕。批评者说，即使有人非常不喜欢的某个竞购者被搁置起来了，出现这种情况也是非常严重的，因为拖延不太可能符合纳税人的利益。反过来，有人评论说，在处理这种混乱局面时，财政部长阿利斯泰尔 · 达林（Alistair Darling），本来应该动作再快些。

具有讽刺意味的是，财政部的不作为和拖泥带水增强了投资者的力量，特别是那些忙着寻找机会的对冲基金。到 2007 年 11 月下旬，两家对冲基金持有北岩银行 18% 的股份，并威胁说要否决任何它们认为出价过低的收购——而在其他人看来，这简直是一个厚颜无耻的主张，因为北岩银行如果不是靠着英格兰银行无限额的贷款，其市值早就损失殆尽了。

到 2007 年 11 月末，新任命的北岩银行主席布赖恩·桑德森（Bryan Sanderson）说，之所以选定维珍集团是因为它对所有利益相关方都承诺了一些利益[11]——而在批评者看来，这个声明有问题。理查德·布兰森承诺拿出 2 亿英镑（4 亿美元）自己的钱，再加上维珍集团的预算资金以完成对北岩银行的收购：

- 一半的预算资金将通过向现有股东发行折扣价很低的股票来获得；
- 其承诺立即向中央银行归还 110 亿美元的贷款，并在 3 年内偿还剩余贷款，这不一定能实现。而要看货币市场是否愿意配合。

此外，还有批评者说纳税人有正当理由觉得自己被欺骗了。政府在处理这个问题上已经投入了大量公共资金，而超过声明的 110 亿英镑的部分，将承担很大的信用风险。因为在给予北岩银行的所有贷款中，这些政府的公共资金是最早投入，却可能是最晚收回的。 177

- 北岩银行已经破产了一次；
- 谁能保证它不会破产两次呢？

2007 年 12 月，有人批评说，如果比较其他的竞争性出价，维珍的出价则显得更糟。例如，另一个竞争对手，私募基金 JC Flowers 承诺归还更多的英格兰银行给北岩银行的贷款（不久 JC Flowers 就退出了这场竞争）。人们普遍认为应该避免“强迫婚姻”，不管其背后有什么样的政治因素。

最后，这家亏损银行被适当地拍卖也最符合工党政府的利益。如果要说有一个丑闻的话，那就是大卫·亚伯拉罕斯以多种身份向工党政府进行捐赠，结果导致彼得·瓦特——当时的工党总书记和原监察部门负责人——下台，这可能意味着戈登·布朗首相也将下台。

为了进一步把事态弄复杂，政府放出消息说北岩银行最后有可能会被国有化。没有人出来详细说明对这家银行的国有化，是否意味着工党政府所采取的自由市场政策的立场发生了重大改变。到了2008年1月12日，有消息称，如果北岩银行被国有化，那么曾经在20世纪90年代处理过伦敦保险市场劳埃德公司事件的罗恩·桑德勒（Ron Sandler）将执掌这家银行。但也有人说将把这家银行变成国有机构：

- 这将使得布朗首相在政治上难堪，因为他在努力使工党摆脱主张国家所有制的形象；
- 这也意味着打破了首相自己设定的财政规则，因为至少银行一半的负债被转移给公众来承担。

2008年1月初在接受《金融时报》采访时，阿利斯泰尔·达林针对北岩银行事件提出了一系列应对措施，其中包括在未来由财政部长坚定地负责处理任何银行危机。在他提出的银行业破产新机制
178 中，这位财政部长想引入一系列的“扳机”——其中包括当一家银行向英格兰银行申请紧急贷款时，需要FSA介入，以确认这家机构是否处于危险中。

批评者说，作为监管改革的部分内容，给予金融服务局包罗万象的、干预即将破产银行的权力，其实早在FSA成立时就应该给它，而不是等到北岩银行破产后。比如说，法律应该授权FSA在一家银行出现严重困境时，直接控制和保护存款人的钱，以防止挤提存款的风险。《经济学人》杂志在2008年1月末写道：

- 英国政府不清楚如何处理一家由于自身不谨慎而出问题的银行；
- 政府既无法找到有足够资金的私人买家将北岩银行从其手上买走，也不愿意做政治上不受欢迎的决策，即将其国有化。

有观点认为，工党政府的犹豫不决证明了其在经济问题上一脉

相承的悲观主义传统。有人则认为是利益冲突问题。如果能和出价适当的私人买家进行谈判，而且北岩银行也能发行由政府担保的资产抵押债券，以筹集大约 300 亿英镑的资金偿还债务的话，那么这种结果就会完全不一样：

- 银行所有者将获得绝大多数利润；
- 而纳税人将承担绝大部分损失，如果大部分损失都发生的话。

最后，戈登·布朗政府于 2008 年 2 月 18 日选择了国有化，却将其委婉地称为“生产方式的公共所有”。有传言说，这个决策让许多工党政客惊恐，因为这不仅证明首相和财政部长没有市场导向意识，也由于让预算赤字已经占到 GDP 3.1% 的政府去“救援”一家破产银行，显得有些讽刺意味。

批评者还说由于北岩银行亏损而对其进行的资助远远超出对纳税人资金的应有要求。他们还说保管英国政府钱包的阿利斯泰尔·达林可能希望他能买到时间——但他为此付出了很高的代价，他的行为是：

- 欠成熟的；
- 太仓促的。

北岩银行无底洞似的亏损和救援计划，也凸显了英国是七国集 179
团中唯一没有处理陷入困境银行机制的国家。为了弥补这个缺点，除了建立新的存款保险制度之外，英格兰银行希望有个代理机构能够采取措施控制正在挣扎的贷款人，以保护存款然后再出售贷款人的资产。毕竟，中央银行官员一定会尽可能设法守住纳税人的钱。

当 2007 年北岩银行崩溃时，没有人曾想过工党政府会再次（甚至还有再次）手足无措地处理银行危机。但这的确在 2008 年重复应验于苏格兰皇家银行，苏格兰哈利法克斯银行（HBOS）、劳埃德 TSB、布拉德福德宾利集团以及联合莱斯特银行等金融机构。

以救火队的方式在极短时间内执行决策，对英国银行业进行大范围的社会主义式的国有化或部分国有化，这使得政府变成了商业银行，而且这是成本高昂的买卖：

- 成本超过 5 000 亿英镑（合 7 500 亿美元），这意味着所有英国公民（包括新生儿）人均负担 8 000 英镑（合 12 000 美元）。

- 尽管结果是原来作为银行业骄傲的信贷机构都加上了“有问题的”后缀，但是它们由于超高的杠杆率以及审慎监管的滥用、失误或不足而破产。

在此过程中，英镑兑美元的币值下跌了 1/4，而兑欧元和瑞士法郎的币值则下跌了 1/3。而这还没完。英格兰银行继续向货币市场注入资金，以鼓励银行再次放贷——而财政部则向银行提供更多的资金，来为许多质量有问题的中期贷款提供担保。

第三篇

银行监管者及其职权范围

第 8 章

金融监管的责任

1. 自由市场监管的升级 183

市场监管的概念首先起源于古希腊，当时城邦任命了一名谷类交易的监管人。历史向前推进，在 17 世纪晚期和 18 世纪早期，出现了旨在应对欺诈和价格操纵的监管条例。与前人所做的这些努力相比，在更宏观的层面上对银行进行监管却是一个比较新的概念。为了高效运作，管理有节，市场需要清晰明确的规则，具体包括：

- 具有法律约束力和执行力的合同；
- 对各方所有权和交易权的保护；
- 所有参与者都必须遵守的一个规则系统；
- 对于违反者的纠正措施。

监管是一个长期的投资，而非一日之功。今天，银行的监管受到了特别重视，因为银行在经济中发挥着中枢作用。它们吸收大众的储蓄，为企业和个人发放贷款，为商品和服务提供支付手段，并促进工业和贸易的发展。

为了使监管有效，政府的金融监管必须采用宏大的战略进行严格管理，但也不得不允许“例外”的存在，特别那些由于众所周知的原因而出现的不符合规定的情况，比如对某个领域或整个经济的

184 风险偏好的快速增长。一个失控的例子就是 21 世纪初市场所具有的 3 个史无前例的风险特征：

- 大量的金融杠杆；
- 对金融衍生工具的依赖性日益加深；
- 交易过程中的信用风险作为商品卖给第三方。

即使按照国际银行巴塞尔Ⅰ（Basel Ⅰ）的要求，8% 的银行资本充足率也会有 12.5 倍的杠杆系数。这当然比贝尔斯登[1]33 倍的杠杆系数好得多，而对冲基金或美国长期资本管理公司（LTCM）的杠杆系数则为 340 倍。金融业自身过度使用杠杆的趋势使得中央银行与监管机构必须时刻小心，因为使用杠杆不仅大量增加货币供应，而且风险巨大。

2005 年 11 月 15 日，在美国参议院任命本·伯南克博士为联邦储备委员会主席的听证会上，一位参议员询问他："为什么要设立巴塞尔Ⅱ（Basel Ⅱ）呢?"他回答说，"对于现代银行业而言，巴塞尔Ⅰ太基本。而我们需要一个更为先进的、对风险反应灵敏的资本充足率系统。"他发言中的关键词是"对风险反应灵敏"，但事实上，巴塞尔Ⅱ已经被过分操纵因而难以成为监管机构的工具。

在这个听证会上，2002 年《萨班斯·奥克斯利法案》的作者之一、参议员萨班斯询问伯南克是否看到了（当时）最新发布的定量影响研究 4（QIS4）的结果。该结果粗略地得出，有一半参与该研究的银行——包括美国、英国、日本、德国、法国和其他国家的银行，通过巴塞尔Ⅱ的高级内部评级方法和模型的运用，对资本的需求量减少了 25%。

萨班斯说，在 2005 年 11 月 15 日伯南克听证会之前，Seidelman 博士——FDIC 前任主席和其他著名的监管者就已经向美国参议院递交了一份书面证词，说明银行对于资本需求的减少是一件非常非常危险的事情。有几位参议员支持萨班斯，指出资本需求量减少 25%

将使美国银行体系置于更加危险的境地之中——当然，对于美国银行体系之外其他国家的银行来说也是这样[2]。

之后，在不到两年的时间里，2007 年 7 月至 8 月间发生的事件及接下来的几个月证明了对于资本需求量减少的批判是正确的。如果花旗集团、美林、UBS 和其他银行界赫赫有名的公司以风险加权的方式高度资本化，那么它们就不会滑向深渊的边缘——以至于不得不求助于主权财富基金以获得迫切需要的资金。这种大量减少银行资本充足率的不明智行为，加上流动性缺乏（见本章的第 2 节），就发生在全球银行系统大量充斥着衍生金融工具（见第 5 节）的时 185
期。更为糟糕的是：

- 信用风险已经成为一种商品；
- 信用标准降低；
- 交易过程中的信用风险已经发展到了规模巨大难以控制的水平。

在 20 世纪 90 年代初，信用风险的转移不过是几十亿美元。在到了 2008 年的时候，已经发展到了 50 万亿美元（参见第 1 章），而且还在急剧增长。相比之下，正如我们已经看到的那样，金融衍生品的总量估计大概在 1 000 万亿美元左右。这一切看起来似乎还不够，对于市场顺利运转所必需的法律或其他政府监管限制的缺失，比如缺乏全球范围的“《萨班斯·奥克斯利法案》”，这不可避免地导致了审查和平衡系统运作的不畅。同时，也使投资者丧失了信心。似乎是市场上的参与者，还有其监管者们都忘记了，约束和克制是避免经济无度运转和欺诈行为的守护神。

在 2007 年中期的信用风险和次贷危机带来的影响显现出来之前，业界中主导性意见还是中央银行只是针对通货膨胀开展工作，而不要去影响资产价格，因为就像阿伦·“双泡沫”·格林斯潘过去常说的，中央银行无法事先察觉到泡沫的产生。然而，2000 年的股市泡沫和 2007 年的房地产泡沫都证明了格林斯潘的论断是错误的。中央银行可以事先察觉到泡沫的产生，就像它们可以认识到采取措施缓解泡沫产生的必要性一样。

所以，在经过 2007 年次贷危机的惨痛教训之后，毫不奇怪的是美国、德国、法国政府都提出新的方针，遏制债务交易乃至房屋抵押贷款的过度开展。一些政客也担心过度借贷者在签署次贷合同前并没有充分理解其中所蕴含的风险。

更富有远见的监管者已经将精力集中在信用危机问题以及其他导致信用危机的因素之上。的确，2007 年 7—8 月间对世界经济造成沉重打击的信用危机给全球金融市场的运转机制留下了许多教训。此次信用危机也凸显了转变监管机构和中央银行传统职责的必要性，同时，也突出了值得关注的几个问题，例如：

- 对银行流动性的重视；
- 对于金融杠杆的合理限制；
- 186 “融资多样化”的智慧；
- 新风险领域，包括“监管反弹”（一个新术语）的后遗症。

事实上，现在被错误地称为“监管反弹”的做法，从根本上来说，是中央银行和其他监管部门考虑到应对（或者应该应对）不断变化的金融环境的方式，而简化政策和规则的迫切要求——在某种程度上推行矫正性的政策，但同时也避免矫枉过正。与此相对应的则是呼吁改进已经失去效力的陈旧规定，并建立新监管模型，以取代那些过时的方法，比如在险价值（VAR）[3]。

2. 流动性保证和监管部门[4]

在 2007 年 7 月至 8 月的危机发生以前，人们对于监管部门的普遍看法是，只要在监管之下将其重点放在银行的资本充足方面，即算是工作到位，而信贷机构的资金流动性问题则不是监管机构的职责所在。然而，在次贷危机发生以后出现的流动性紧张的状况改变了人们的看法，中央银行大量注入流动性，同时人们也认识到：

- 银行与市场流动性的起伏动荡并不绝缘；
- 资产市场泡沫将立即转变为投资者对风险的厌恶，伴随而来的则是流动性的枯竭。

资本充足（所以具有清偿能力）、存量资产的质量和市场心理都与流动性相互关联。本书第 9 章对此关联性和原因进行了解释。同时，读者也请注意，金融产品会影响流动性，比如资产支持商业票据（ABCP）和套息交易：

- 这些产品逃脱了审慎的监管；
- 这些产品交易下滑会使市场感到惊慌，因为投资者担心依赖他们而取得流动性的银行会倒闭。

通过这两点的逻辑推理可以得出，当资产价格产生了泡沫，流动性消失，监管机构和中央银行都应为此感到担忧，因为受到严重影响的不仅仅是商业银行的资产负债表，还有监管机构和中央银行 187
作为信用提供者的功能，随之而来则是整个工商业都会受到严重冲击。

如果仅仅发挥中介的功能，银行业不过像过去一样成为了流动性的制造者。然而在过去的 20 年中，很大一部分流动性和信用的产生都发生在传统的银行系统之外。下面的例子就是一些提供流动性功能的实体，其中包括：

- 对冲基金；
- 结构性投资公司（SIVs）；
- 快速增长的表外渠道。

尽管结构性投资公司、渠道和其他特殊目的机构/公司（SPVs）都是与银行相关的业务和机构，但关系不大，因为它们都不在银行的资产负债表上显示，逃脱了审慎的监管。同时，因为使用金融杠杆，它们影响着银行的流动性——而不是银行流动性的根源（参见第 9 章资产支持商业票据）。

最后，各中央银行不得不悄悄地将流动性扩展到监管框架之外的金融机构——这就是为什么中央银行和监管的相关旧规定已经过时，迫切需要进行彻底修改的主要原因之一。基于对此情况的考虑，保罗·德·高威（Paul de Gauwe）[5] 在 2007 年《金融时报》发表的一篇文章中，提出对现行的监管体系作两项重要变动：

1. 中央银行需要认识到，资产泡沫是一切顾虑之源。所以，它们应该在泡沫出现的时候就作出反应。

德·高威反对中央银行即使能够发现泡沫也无能为力的观点。他指出，阻击资产泡沫并不比阻止通货膨胀困难。

2. 中央银行应该对所有创造信用和流动性的机构进行监管和制约（特别强调）。

细心的读者可能会记得前几章中我们讨论过的内容，商业银行
188 和投资银行都有内部对冲基金和大量的表外渠道和结构性投资公司——当它们出借大笔款项给某些理应独立的对冲基金的时候。所以，当前金融领域中接受审慎监管制度监管的部分，其所占份额每月都在减少。

这个政策非常危险，迫切需要改变。所有的业务都涉及储蓄、借贷、出借、交易、信用评级、投资组合管理等金融机构，都必须遵守设置完善的规则，并接受严格的监管。关于德·高威提出的两个提议，我想再补充一条，目的在于提升监管活动：

3. 中央银行和监管机构都必须接受更高级别的监管。

美国联邦储备系统在此方面是最好的一个例子，它定期审计其 12 家联邦储备银行。事实上，早在 1998 年，在联邦储备银行审查人的要求下，波士顿联邦储备银行及其他几家地区储备银行第一批使用了全美反虚假财务报告委员会的（COSO）原则[6]。在欧洲，欧洲

中央银行发挥着同样的作用，它监管着欧盟 15 个成员国的中央银行[7]以及欧元国家的监管机构。这样就朝着下列目标迈进了一大步：

- 一个管理更为完善的共同货币体系；
- 一个运转高效的银行系统。

除了以上 3 点，中央银行和监管机构应逐步考量其所管辖的商业银行和投资银行（以及每一个对冲基金和其他“非银行”金融机构），不仅仅是监督，还要做好规划，不断试验，以保证在市场不利的情况下，这些公司不会面临流动性危机。

由次贷引起的流动性危机，为应避免什么样情况的发生提供了一个最好的例子。美国联邦储备银行和欧洲中央银行各自努力为资本市场注入流动性，但是都没有成功。政府借贷成本和银行借贷成本之间的差距急速增大，这意味着：

- 投资者在贷款给金融公司时比以往更加小心谨慎。

如果公司具有清偿能力，那么它就具有流动性（参见第 9 章对 189
此问题有更多的讲解）。2007 年及以后发生的信用危机和次贷危机的根本原因在于再没人相信另一家实体宣称自己具有清偿能力的说法，这个情况在银行界特别明显（2008 年 3 月 12 日，贝尔斯登首席执行官公开宣称，他的银行具有清偿能力，而 2008 年 3 月 14 日，贝尔斯登不得不接受联邦储备银行的拯救方案）。每家银行都在担心，交易对手的资产被过度高估，而所应承担的债务则被低估了。

通过次贷和金融衍生品进行烧钱的行为不仅仅发生在银行业机构里。在 2008 年的 1 月中旬，美林高科技研究团队发布了一个报告，强调某些高科技公司的流动性平衡可能存在风险，因为它们将现金投入到短期债务工具[8]中，而这些短期债务工具已经无法再出售了。

- 各家工商业银行的旦旦誓言使人们感到恐慌，因为担心它们会由于缺乏资本而导致经济下滑。

所以，2007 年 12 月和 2008 年 3 月中旬，5 家中央银行——美国联邦储备银行、欧洲中央银行、英格兰银行、加拿大银行、瑞士国家银行——作出决定，将数十亿的资金改投到银行系统中，以确保银行系统的流动性。另一方面，出于急切拯救银行系统于深渊的目的，中央银行开始为一文不值的抵押支持证券提供担保，反而损害了其自身抵御通货膨胀的能力。

3. 流动性注入和消费者保护

中央银行的监管可体现在不同的层面上。一种是直接的救助和国有化，比如政府拯救北岩银行所作的努力。更常见的是往市场中注入流动性，但用的也是纳税人的钱。在某种条件下，流动性的短缺可以冻结整个支付系统，使得本来具有清偿能力的银行发现自己突然面临着存款挤兑的窘境。从而也会造成一些公司破产，因为它们无法筹集到足够的资金。

为了降低这种危险，中央银行通常超过既定目标大幅度地增加基础货币。政府也试图为存款人提供某种形式的保险来平息恐慌。例如 2007 年 9 月，英国财政部和英格兰银行联合发表声明，保证北岩银行的储户会得到完全的支付（参见第 7 章）。

190 美国联邦储备银行、欧洲中央银行（ECB）与日本银行（BoJ）经常使用的工具就是“公开市场操作”。通过这个渠道，它们可以为银行系统提供可用的资金，这种做法从理论上来讲短期内是可行的。其中有两种操作方法：

- 直接购买；
- 临时公开市场操作。

*直接购买*指的是从公开市场直接购买资产，而资产同时也会在中央银行的资产负债表上显现出来，这会导致各银行持有中央银行

货币量的增加。相反，临时公开市场操作可以将中央银行的钱按照固定期限直接借给银行，通常在较短的时间内到期。这种做法可以使中央银行对银行同业隔夜拆借市场的流动性进行灵活管理，所以也可以控制极短时期内货币市场的利率。

美联储、欧洲中央银行和日本银行还执行其他两类信用操作：伦巴德利率（抵押贷款利率）和日间透支。伦巴德利率在欧洲被称为“边际贷款利率”，在美联储体系中被称为“一级信贷工具”，目的在于为银行同业市场提供安全阀：

- 如果市场无法提供所需要的流动性；
- 那么银行宁可支付较高的利率，仍然可以从储备机构中取得流动性。

正如这些例子所表明的，对于传统意义上最后贷款人（但并非主权财富基金；请参见第2章）职能的一个比较宽泛的解释就是，在没有其他选择的情况下，（通过银行）为市场提供流动性。然而，这并非是馈赠，因为借款者必须出具资产抵押并为款项缴纳利息。针对类似于欧洲中央银行那样接受证券化资产的银行来讲，在资产抵押价值明显降低的情况下，比如次贷危机中发生的情况（请参见第2章），问题就出现了。

传统上，储备机构必须拥有证券以垫付资金。资产抵押贷款使得中央银行能够对所有符合条件方运用同样的利率，这对于保证货币政策的顺利传导至关重要，其前提是：

- 资产抵押能够合法地转移到中央银行；
- 可以提供充分的评估和风险控制措施。 191

但是就像第2章中解释的那样，优质抵押贷款的规则最近已经被放宽，中央银行成了最后贷款人。各中央银行在2007年7—8月以及接下来的几个月里面临的另外一个主要问题是，巴塞尔Ⅱ——巴塞尔银行监管委员会有关新资本充足率的规定——严重依赖信用评级。但是，正像次贷大混乱状况所记载的：

- 信用评级太容易被操纵；
- 它无法提供可信的证据，说明哪家公司和债务工具是最危险的。

批评家说，在“半监管人（semiregulators）”制度推行之后，由于巴塞尔Ⅱ对资信评级所给予的重视，独立的评级机构开始受到“不良激励”和“利益冲突”的干扰（参见第6章）。在丰厚利润的诱惑下，它们帮助银行对信贷价值可疑的债务产品进行包装。这导致了巴塞尔Ⅱ在以下方面受到严重质疑：

- 银行的危机应对能力；
- 银行作为金融中介的能力。

市场对于自身和银行越没有信心，就越会导致更为严重的金融动荡。由于无法估量复杂的结构性产品的信用风险，投资人（以及很多金融实体）拒绝购买任何类型的按揭证券，这样，一个本该规模颇大、流动性良好的市场突然枯竭了，其结果就是：

- 相关机构无法获得信贷，而各机构就靠这种方式融资；
- 迫使中央银行和政府不得不拯救管理不善的大型全球性银行。

重新恢复市场信心——最重要的是普通老百姓的信心——可不仅仅是救助几家管理不善的贷款机构或者制定新规定那么简单。进一步说，经验也告诉我们，监管制度变革的速度，远远赶不上富有创新精神的全球市场的变化。为数不多的新制定的规定尽管内容恰当，比如对冲基金的监管，但实施起来非常麻烦，在政治上受到了市场参与者的反对。

192 政治常常是以施惠于富人阶层、损害普通老百姓的利益而取得胜利。对于市场观察家而言，现在让他们惊讶的是，中央银行和监管者竟然能够如此大幅度地放宽政策，去拯救那些管理不善的大银行，而不是让它们破产。这样将：

- 制造道德危机；
- 导致通货膨胀，而这是惩罚广大弱势群体的邪恶办法之一。

实际的通货膨胀率总是要比官方公布的数字高，传统上，政府也从来没有减轻过通货膨胀的影响。但更为要紧的不是“核心通货膨胀率”，因为它没有把能源和食品价格包括在内，而是“基本通货膨胀率”，它反映了实际的普通家庭生活费用。基本通货膨胀率在美国达到了 4.7%，远高于联邦储备银行的利率；而在欧洲，则达到了 3.4%，高于目标 2%。

普通老百姓对于自己来之不易的银行储蓄所面临的风险并非毫不知情。所以，他们选择靠信用消费——而非储蓄度日。2007 年，日本一度被别人羡慕的高家庭储蓄率降至 10 年来的最低，只占 GDP 的 3.2%，主要是因为工资水平停滞不前，而且退休人群使用了他们的养老储蓄。2007 年的 7 月至 8 月的金融危机对于个人或者对于我们的读者来讲，会有什么样的影响，人们都可以通过询问自己两个问题来找到答案：

- 我有没有为大萧条的到来做好准备？
- 我的投资组合能否帮助我渡过最糟糕的情况？

与这两个问题密切相关的一个关键因素在于，中央银行的高级官员和监管者在危机发生时候的应对，是行动快捷、小心谨慎，还是判断失灵、惊慌失措？毫无疑问，后者会带来恐慌，因为中央银行高级官员和监管者的权威性会大幅降低，他们最终不得不面对一个现实，消费者是否能够继续应对失业率上升、房价降低、信用收紧、食品价格上涨和燃油价格过于高昂等 5 个方面的打击。

没有什么法宝可以避免由各大银行制造的危机所带来的负面影响。在做风险分析的时候，一定要考虑到如果出现债券发行人无法清偿、市场崩溃、通货膨胀率过高等情况该如何处理。如果出现要求纳税人继续为管理不善的银行造成的巨大窟窿买单，而公司 CEO、 193

交易员和投资专家还在继续领取着丰厚的报酬的情况，又该怎么办？

4. 金融衍生品和政府政策

20 世纪 90 年代中期，当针对有关衍生金融工具的政府政策的争论进行得热火朝天的时候，当时美国运通银行的首席经济学家 Richard O' Brien，表明了这样一个观点，即衍生金融工具削弱了政府管理汇率和利率的能力。“政府与市场间的斗争不仅仅局限于经济政策领域”，O' Brien[9] 建议道。

日趋复杂的金融衍生产品层出不穷，以及投资者和大银行造成的损失重新激起了人们对于市场管理是否有效的担心。毕竟，正如乔治·索罗斯在其一本书中强调的那样[10]，衍生金融产品的主要用途之一就是规避监管——而索罗斯在这方面是最有经验的人。

在 1994 年 4 月 13 日给美国众议院委员会有关银行、金融和城市事务的证词中，乔治·索罗斯在其着重强调的声明中称：

“我们参与不同的市场业务，拥有股票投资组合、债券以及一些固定利率的金融工具，业务遍布全世界。所以，我们面临着相当大的外汇风险。我们使用一些衍生金融工具，但没有大家想象得那么多，很大程度上是因为我们并不是非常清楚这些衍生产品的运作原理。”

政府对此也缺乏了解。在很多情况下，他们也缺乏管理的意愿。早在 1995 年的时候，克林顿政府就不愿通过政府的监管机构控制金融衍生工具的风险。布什政府向克林顿政府学习，采取了同样的政策，直到 2007 年次贷危机的出现，证明了这样做是错误的。批评家认为政府对于市场的监管需要重新思考和定位，包括对以下方面实行规范：

- 发起银行；

- 交易者；
- 借款人；
- 作为最后贷款人的货币发行银行。

194 考虑到这些事实，中央银行制定的金融决策（比如 2002—2004 年的最低贷款利率规定）就显得格外具有讽刺意味，它们将本该稳健管理的养老基金、共同基金和其他投资者推向高杠杆的衍生工具。看起来似乎不仅仅是机构投资者，中央银行家们和监管者们也不理解由以下几方承担的风险：

- 他们自身；
- 本国经济以及全球经济。

为金融衍生产品立法并进行更严格监管所面临的主要难题是，这些工具无法作为一个产品来管理，因为交易中涉及了众多的金融领域：外汇、股权、债务和商品等。然而，一些深受衍生产品之害的专业投资人反而相信如果政治意愿足够强的话，可以管理衍生产品——并且可以高效地管理。

投资利益方强调衍生品在降低风险方面所发挥的作用，例如美国人在投资海外资产的时候，可以通过衍生产品应对潜在的货币贬值问题。但是，由于美元疲软，这个策略很难奏效。更为经典的一个例子就是投资者希望通过远期外汇衍生工具来降低货币贬值风险，避免可能由日元大幅贬值而带来的损失，以使他们在日本投资的资产保值。但是，由于美元贬值，而日元却日趋坚挺，这种对冲操作反而导致了不良后果。

在其他的情况下，投资者的损失不断增加，因为他们并不太理解所使用的衍生工具；或者衍生工具突然成了一种投机工具。在实际操作上，所有的金融工具都可以被操控——即使那些被广泛运用的金融工具也是一样。同时，还存在信息不对称问题，比如说：

- 股票交易需要委托保证金；

• 而对于债券交易，虽然债券更加不稳定，但投资人无需缴纳保证金。

对于投机者来说，信息不对称现象也依然存在。他们看到1993年的利率低，便义无返顾地冲进了国债期货市场。然而1994年2—3月美联储提高了利率，而且接下来连续多次提高利率，结果市场出现崩盘。这是一个金融衍生品如何通过它们的冲击，极大地改变了传统金融工具性质的绝佳例子。

国家监管机构面临的一个主要问题是，在金融边界开放的推动 195
下，大多数银行业务，特别是衍生金融工具业务已经在全球推广，从而大大减弱了国家和政府的控制能力。不仅国家间的边界概念已经不那么清晰，就连各金融领域之间，比如银行业和保险业的边界也已经模糊不清。所以，形势发展需要有一个新型的《格拉斯—斯蒂格尔法案》出台（参见第2章）。

确定金融领域的界限非常困难，因为市场主要存在于计算机网络上，以往对于物理位置的描述已经不再奏效，这对于国际性金融所能够发挥的效力产生了巨大甚至是出人意料的影响。在很多情况下，风险特别是系统风险以反常的方式出现。所以，满以为自己可以掌控新型衍生品的银行家事实上是在自欺欺人：

• 他们的想法是，复杂并不等于风险；

• 但现实恰恰相反，复杂性无限放大了风险。

这些问题足以使监管者警醒，然而很多人在应该履行监管职责的时候还是无所作为。2007年8月9日，英国监管机构在已经知道北岩银行（参见第7章）行将破产的情况下，没有采取任何措施。事后下议院特别参政委员会对于监管机构不作为的原因开展了调查，调查结果显出不仅仅是英国金融服务署（FSA），英格兰银行和财政部也都任由事态发展而不加控制。

约翰·麦克福（John McFall）议员作为特别参政委员会的主席，

对被动监管方式所带来的危害作了清晰的陈述。如果一个国家内部尚且协管缺失、集体不作为，那么考虑一下在当今的全球化经济体制下，协调 20 多个国家中的监管活动所面临的挑战。有些专家给出了以下建议：

- 如果监管者真的希望履行职责，就收紧对银行业务的监管；
- 那么，很明显，需要改变当今的监管活动中某些冒犯不得的惯用做法，比如对银行的过度使用金融杠杆行为的漠视。

196 在低名义利率，甚至经常是负的实际利率（比如 2002—2003 年的美国）以及相对低通胀率和快速增长的金融环境里，金融杠杆的扩张会引起明显的全球性动荡。这也削弱了银行系统的防御能力。痛定思痛，以下几个问题需要特别关注：

- 证券化过程；
- 复杂产品的发展；
- 公平交易的实践。

间接来讲，使用越来越高的金融杠杆也引出了另一个问题，中央银行是否应该继续扮演“最后贷款人”的角色（参见第 2 章），这样做的风险是将大量的流动性注入市场，从而引起严重的通货膨胀。国际货币基金组织前任总监罗德里戈·罗东（Rodrigo Rato）建议，政策制定者不应该认为这些问题只是停留在银行家的办公桌上。

5. 对金融衍生产品和对冲基金的监管：一个案例分析

当今金融衍生产品存在的一个主要问题就是缺乏明确的监管。在美国联邦证券交易委员会的管理下，证券公司通过下属公司开展衍生品业务，而监管机构的力量难以触及这些下属公司。所以，回到 1994 年的 6 月，当时的美国联邦证券交易委员会主席亚瑟·莱维特（Arthur Levitt）开始和当时华尔街包括瑞士信贷第一波士顿、高盛公司、雷曼兄弟、美林证券、摩根斯坦利和所罗门兄弟公司在内的6大衍生品交易商进行谈判，试图建立一个管理衍生品市场行为的自律标准体系。

一些立法者对于建立自律标准的想法心存疑虑因为自律的行为规范缺乏相应惩罚措施。美国联邦证券交易委员会主席回应说，这种做法在以前已经证明是有效的，而且看起来不会与金融衍生品发行方的内在利益发生冲突。但是，莱维特（Levitt）也警告道：

- 新奇的金融产品对于某些低风险的共同基金来说是不合适的；
- 在各方不甚了解的情况下，复杂的金融工具不应使用。

根据这两个前提，亚瑟·莱维特（Arthur Levitt）敦促共同基金卖掉其持有的高风险衍生产品[11]。这种顾虑凸显了美国联邦证券交易委员会为小型投资者所提供的更好保护。但是，这些努力没能产生 197
什么实际的效果，因为克林顿政府没有给予美国联邦证券交易委员会主席应有的支持。

几年后，关于对衍生品市场，特别是柜台交易衍生品进行必要调控的争论越来越多。1998年，美国商品期货交易委员会（CFTC）发表公告，建议或许应该针对柜台交易衍生品设立某种规定。这与1993年早期温迪·格拉姆博士（Dr. Wendy Gramm）做主席时的政策相比，已经有了较大的变动，那时候：

- 商品期货交易委员会将大部分的衍生品市场免予监管；
- 有报道说，这样做的理论基础就是衍生品市场专业人士不需要什么监管！

仅仅1年之内，1993年“大撒把式”的政策被证明是错误的，它只是为柜台衍生品交易在数量和复杂性方面的大幅上升铺平了道路。1994年10月份，新任的CFTC主席玛丽·夏皮罗（Mary Shapiro），承诺将对衍生品市场制定更为严厉的政策。但是只有在布鲁克斯利·伯恩（Brooksley Born）的领导下，商品期货交易委员会对衍生品的管理才有了实质性的进展，而她从1996年8月才开始担任主席。

在她的任命听证会期间，布鲁克斯利·伯恩提出有必要针对衍生品市场进行管理的问题。在 1997 年 4 月国会的听证会上，伯恩警告说，格拉姆实行的对专业市场免予监管的做法会导致大范围的管制解除，从而束缚了政府抵制欺诈、市场操纵、金融过剩和其他危险的能力。

1998 年 5 月，CFTC 的公告中提及有必要对柜台交易衍生品进行管理，由此激起了一波抗议的浪潮，抗议的声音不仅仅来自银行、交易商和对冲基金，还包括其他监管机构，比如美联储、证券与交易委员会、财政部等。就像批评家所说的那样，各方都担心美国松散的监管体系下的官僚混乱状态会被理顺。

于是，各种内在的利益方都被搅和进来，反对审慎监管的实施。一个为搁置布鲁克斯利·伯恩计划而做的可笑的努力就是总统金融市场工作小组所开展的研究。这个小组是在 1987 年股票市场崩盘后成立的，他们所做的研究于 1999 年 11 月公布，其主要内容包括：

- 得出结论认为，CFTC 对柜台交易衍生品市场没有管辖权；
198 - 敦促国会解释柜台交易衍生品市场管理机构的缺失。

这个报告发表后，伯恩辞职，她的位置由威廉·雷纳（William Rainer）接替，他先前服务于一家名叫 Kidder Peabody 的投资银行。之后，对柜台衍生品进行管理的所有说法都石沉大海，而华尔街则把此结果当成了一个利好的消息。渐渐的，有些专家开始对此事进行反思，不仅仅在对柜台交易衍生品管理的必要性方面，还有对（如果不是主要针对）对冲基金的管理方面，因为这是衍生品的主要渠道。

进入 21 世纪，2004 年 7 月 14 日，美国证券交易委员会决定有必要对对冲基金进行监管。5 个委员以 3 比 2 的投票结果通过了该决议。前投资银行家及证券交易委员会主席威廉·多纳森（William Donaldson）和其他两位民主党委员投了赞成票。

2003 年年初，在此提案产生的一年前左右，在参议院的听证会演说里，多纳森（Donaldson）强调了对冲基金业里潜在的不守规问题，并将此作为一个问题，提请证券交易委员会解决。高杠杆金融交易机构（HLFIs）对此问题进行了集中游说，并使用了以下论点（并无太大的说服力），“证券交易委员会不应该将精力放在一个传统上由‘成熟的投资者’操作的领域，他们（投资者们）可以很好地照顾自己”，从而导致该问题迟而不决。

但令人惊讶的是，连美国核心监管机构之一联邦储备银行也反对2004年7月14日证券交易委员会对对冲基金进行监管的立场。在给国会的一封信中，阿伦·格林斯潘陈述道，他看不出有什么理由要监管对冲基金。这番话出自一个天资聪明、经验丰富及信息灵通的人士之口，并且此人已经创造出了一个大的经济泡沫，实在是令人惊讶。

但更令人惊奇的是，在接下来的一次国会听证会上，萨班斯参议员询问格林斯潘“那封信”的事情，这位美联储主席回答说，他并不记得写过这么一封信，这引得参议员高声惊叫道，“你竟然不记得了?”（后来，在询问过助手后，格林斯潘确认他确实署名过这样一封信）。

各方利益的冲突是对反对监管的唯一解释。威廉·多纳森（William Donalson）并没有试图关闭对冲基金。证券交易委员会的决议是对冲基金经理必须在证券交易委员会注册，这是任何一个有荣誉感的交易商都应欣然而为的事。注册制度可以将类似的银行监管制度适用于对冲基金，因为众所周知，很多对冲基金仅仅只是商业 199
和投资银行的表外项目。

或许为了平息神秘利益团体的焦虑，多纳森表示注册制度将仅针对对冲基金业的某些“目标”，这意味着将对某种可能会给投资者带来危害的特定行为开展小规模调查。就像一位支持多纳森的委员高施密特（Harvey Goldschmid）建议的那样，证券交易委员会应该做更多的工作，从注册资料中发现潜在的风险，因为对冲基金业：

● 规模巨大，且在不断增长；

● 毫无疑问需要监管。

“如果证券交易委员会对此视而不见，政策还有什么用?”高施密特反问道。但是，另一位投票反对监管的委员保罗·阿金斯（Paul Atkins）提出，“我不会要求纳税人为一个‘钓鱼之旅’付账。”换句话说，也就是宁愿让纳税人为类似次贷危机那样的超级灾难付账，也不愿进行审慎的监管。监管的缺失导致从一个经济泡沫走向另一个经济泡沫，而这正是格林斯潘的功劳。

6. 对债务风险进行监控

根据国际清算银行（BIS）的第 77 期年度报告，“各中央银行正面临着大量棘手而且重要的问题，却没有得出一致的答案。”一个典型的例子就是货币和信贷总量在制定货币政策中的作用。在信用驱动的膨胀 - 崩溃循环的情况下，中央银行是否应该：

● 试图阻止失衡的形成?

● 在崩溃发生后使用纳税人的钱来收拾残局?

体会这两点的言外之意，细心的读者可能会觉察到，正如 2007 年中央银行和市场参与者所发现的那样债务比股票的风险更大，因为这是一种高杠杆的负债。债务证券化后得以广泛流传，它的信用度难以估算。这样的市场比传统型的贷款更加难以追踪和衡量价值。

200 2007 年 7—8 月间的次贷危机表明，证券化债务追踪和判断价值的难度加大的另外一个原因在于，货币市场比股票市场更担心信用紧缩何时结束——虽然最后股票市场将会大跌，就像在 2008 年 1 月及以后的几个月发生的那样。特别具有挑战性的问题是：

● 监督那些已被分割、打包并出售的债务风险；

● 在压力较大的环境下，对按揭证券和其他资产担保证券重新定价。

这两者都属于复杂业务，而它们的工具却都不成熟。中央银行对于维持均衡问题也没有作出明确的表示。上次危机中市场上主要的担心在于货币机构的决策，以及它们发挥的作用：它们是否会故意淡化通胀的风险，或者大幅降低利息？它们是否会抱着大赌徒不会输的心态行事？或者它们是否会坚持下去，避免道德风险（参见本章第 3 节）。

从 1980 年开始，西方大多数中央银行都坚信这样一个概念，货币政策需要由独立的专业技术人员，而不是由政客来运行，因为货币政策和银行监管都属于艰巨复杂的技术工作——专业意见的独立性非常重要。然而，2007 年 7—8 月和以后几个月发生的危机，都证明了中央银行和其他金融监管机构在开展业务和指导方向等方面所使用方法和工具的局限性。各种例子包括：

- 货币供应目标量每年都在增长；
- 对资本充足率的控制无法解释银行的流动性；
- 拥有歪曲的假设和条件的数学模型得出的结果对于风险控制毫无益处——或者根本就是误导。

不仅过去的政策和做法无法适应 21 世纪金融世界的需要，即使是中央银行的货币政策和干预做法的理论基础都无法达成共识。货币供应量的大幅上升令人担忧，而避免膨胀 - 崩溃周期，防止破坏信用体系的目标，还没有达到。

一些经济学家认为，如果控制通胀还是货币政策制定者的目标，那么通胀的定义要重新改写。2004—2007 年间发生的事件清晰的表明，通胀的定义需要进一步延伸，应包括以下方面： 201

- 所有的商品；
- 商业和家庭用房等房地产；
- 上市公司的股票；

• 较新的观念，即债务作为资产被分割、打包和出售。

在词源意义上来说，债务并非是资产，即使我们的经济主要通过借贷来运作，把应收债务证券化，用较高的信用等级将它们进行精美包装，并且作为资产出售。这种对债务的误读增加了市场风险，因为每一项新的债务不能偿还，会累加到前一项没有清偿的债务上面。这样，他们会导致损失的大雪崩，从而引发滞涨（GDP 停滞加上通货膨胀）。它们也导致了以下的质疑：

• 中央银行家们是否很好地履行了他们在维护金融稳定和价格稳定两方面的责任；

• 对于通过贷款转换成的市场工具，具有很大无法清偿的风险，在全球市场价值几万亿美元，中央银行家们能够掌控多少。

2007 年下半年到 2008 年上半年，美联储降低了银行利率，一些专家提出美国经济不利对通胀来说也不是什么好消息。这种判断有事实依据——美联储利用注入流动性及降低贴现率和联邦基金利率的做法来挽救金融市场。正像欧洲中央银行（ECB）和英格兰银行一样，美联储同样面临着一个道德困境："是现在降低利率呢还是让投资者继续遭受损失？"

欧洲中央银行和美联储对这个最基本的问题给出了截然不同的答案。前者坚守原则，清楚地表明欧洲中央银行的职责是抗击飙升的通胀率，而不是要弄利率。相反，美联储分几次连续降低利率，以至于利率大大低于当时的通胀率。

市场对此反映不一。因为投机次贷而遭受巨大损失，最激进的美国投资银行家和交易商们要求进一步降低利率。他们甚至控告欧洲中央银行没有实行低利率的政策——这实在是荒谬之极。然而，在瑞士达沃斯举办的世界经济论坛上，一些经济学家的观点是，由
202 于屈从于投机者，伯南克没有能够摆脱经济泡沫——现在他又在准备制造另外一个。

几年后，经济学家们和金融历史学家们会争论激进的降息政策是否是一个正确的选择。一方面，美联储不会对已超出美国抵押市场的大动荡状况一无所知。但是，另一方面，由于各自利益的难言之隐，各银行都纷纷以惊人的速度抢先打击金融体系的核心部分，包括：

- 拥有优质信誉的借贷市场；
- 银行间市场；
- 中央银行储备市场。

全球化进程也加速了 2007—2008 年的信用危机，为隐藏潜在的信用风险提供了大量的途径。所有这些都可以归结为一个概念：原有的全部监管机构都无法管制一个高速变化的金融环境，包括对通胀的短期影响、货币供应，直到对市场风险、信用风险、流动性风险的长期影响和新泡沫的产生。

7. 需要建立新的全球性金融监管制度

不管是对商品市场，还是对金融市场实施监管职能，一个监管部门的职责都包括确保市场的安全性、稳定性和遵守相关规定，目的是使市场中的每一个参与者的参与充分、行事得当，并得到足够的保护。但是，由于全球化时代的到来和金融衍生品的显著上升，人们对于以下几方面的问题产生了担心：

- 全球金融市场监管的不同；
- 衍生工具和其他相关产品的过快发展；
- 衍生工具设计和交易的复杂性不断提高；
- 对于银行交易员和经理人的奖励政策建立在牺牲金融稳定，鼓励冒险的薪酬机制基础上。

尽管薪酬丰厚，或许正是因为薪酬丰厚，很多高级银行经理人

对银行交易内情的了解滞后，或者他们根本没有意识到，他们所监 203
管的交易员创造出的金融结构中蕴含着风险。另外，很少有董事会成员会理解，客户会从银行购买自己不了解的金融产品，所以也无法管理。

多个证据，特别是2007年信用危机所提供的大量证据表明，需要一个新的管理体系以确保市场的良好秩序和安全性，以及新型金融产品的合理使用。然而，具有讽刺意味的是，在这次金融风暴之前，我们经常可以听到一个观点，说是风险已经“消失”，因为它已经在更大的范围内被分散了，包括：

- 地理区域；
- 金融机构；
- 各类不断增加的投资者。

这种定义不清的风险扩散系统仿佛从天而降，它被视为能够吸收快速增加的风险特别是信用风险敞口，所带来的压力。次贷危机和由此带来的系统风险改变了这种愚蠢的论调。有资料显示，这种“大规模扩散的风险”导致情况更加糟糕，而不是变好。经济学家、中央银行家和监管机构现在的说法是，现在很难判断风险到底是在何处，因为：

- 风险被分割开了；
- 通过各种方式架构起来；
- 通过不合理的高信誉等级对风险进行重新包装；
- 在全球市场范围内，卖给各种公司和个人。

由次贷导致的信用危机开启了一个新的视角，人们开始对重要的监管问题进行反思，考虑修订监管措施的必要性，这也是多年来迫切需要解决的问题。其中，排在首位的是，提高银行业的透明度，特别是一些“非银行金融机构”，比如对冲基金、私募股权基金、从事资产收购的公司、金融“渠道”和结构性投资公司等等。根据专家的意见，在次贷危机发生后，所有的金融实体，包括最常见的信贷机构，都要在以下几个方面，提供更多的信息：

- 针对增量违约风险的资本储备；
- 他们承担的各种不同的风险是如何组合的；
- 204 这些风险是如何估值和管理的；
- 如果主要风险是在资产负债表外，高层管理人员将会采取何种措施。

但是，这些真的能够成为现实吗？前两点提到的内容经常被讨论，但并没有找到如何进行审慎监管的办法。第三点关于估值的问题，本身是一个虚假命题（参见第 6 章）。关于第四点中提到的问题，2007 年国际货币基金组织《全球金融稳定性报告》提出了以下条件：只有完全披露投资公司与资产管理者、渠道和特殊用途公司的相互关系，投资者才能够评估它们的真正的信用度。

虽然国际货币基金组织没有做明确说明，但是，为了取得成功，信息披露和对这些机构的监管必须置于全球框架之下——由直接的管理部门进行监管，并采取修正性措施。仅仅美国、欧洲或者亚洲的监管规定是不够的。乔治·索罗斯说需要有一个国际警察，在这点上他是正确的（参见第 3 章）。

通过了解并学习以前智者的思想可以获得较大的收获。Bernard Baruch 说到，“股市动荡给人留下的印象不是这些事件本身，而是人们对这些事件的反应，数以百万计的男男女女对于这些事件如何影响他们未来的感受[12]。”任何监管规定和行为，如果不考虑普通大众，只回报有钱有势的人，注定将会失败。

除了关注普通大众之外，还有必要加紧对银行的监管，这样银行就会对没有在资产负债表中反映出来但会损害银行声誉和金融环境的情况——如表外头寸、渠道、特殊投资公司和其他受控实体——准备更足够的资本。为了实现这个目的，2007 年 10 月 12 日，巴塞尔银行监管委员会公布了一个咨询文件，名为“交易账户中增量违约风险资金计算指南”。

（有关将增量违约风险收费（IDRC）合并到交易账户资金体系的问题首先在 2005 年 7 月的 Basel/IOSCO 协议中被提出来。这是对于 1996 年的市场风险补充案的一个修订，提出的要求是银行展示特定风险模型，并且为银行的在险价值模型外的新增违约风险保留资金。但是在险价值本身就是一个不可靠的方法。）

银行需要额外的资金以应对金融衍生品所带来的风险，但是额 205
外的资金自身并不能保证充足的流动性。另外，最近的一个金融出版物提到，如今很多监管机构对巴塞尔Ⅱ要求的依赖评级机构为风险定级的做法已经感到不安[13]。

或许，回顾一下次贷危机发生后流动性消失的教训，巴塞尔咨询文件在“流动性时段”发挥着重要作用，它解释了交易账户中的头寸比银行账户中的头寸交易更加频繁、流动性更大的原因。从定义上来说，“流动性时段”说明了为完成下列行为所需要的时间：

- 出售头寸；
- 在压力较大的市场防范实质的信用风险。

应当制定条款和惩罚措施避免类似错误的发生。有内部消息说，在兴业银行丑闻出现后，法国准备向没有执行监督交易风险的银行实行罚款。在德国，财政部副部长托马斯·米罗（Thomas Mirow）提出，“最好采用一个国际化的解决方法，如果不可能的话，那么我们必须在欧洲层面上开展行动。如果因为政治或者现实的原因，这也无法做成，那么我们必须在德国实施相关措施[14]。”

另外，关心金融体系正常运转的政府主管部门希望采用更严厉的会计准则，防止银行的部分资产种类从资产负债表中消失，并阻止其他用来赚取奖金和隐藏风险的创新方法。这个背景中隐藏了一个事实，自由市场依赖相互的资本和信心——一旦信心不在了，资本也会随之消失。

8. 会计标准的重要作用

如果没有会计标准组织的紧密合作，即使是监管者出发点再好，也难以奏效。好消息是，美国的财务会计准则委员会（FASB）和欧洲的国际会计准则委员会（IASB）（这个会计准则在世界很多其他地方都适用）都给予了积极的配合。

2006 年 9 月，一些头脑更加清醒的投资者们关注了刚刚公布的
206 公允价值原则，依据 157 号财务会计准则的规定，此原则将指导会计信息的公布。157 号财务会计准则要求银行将他们的资产和负债梳理成 3 大类别：

- 第一层次（level 1），指在活跃市场上价格可以观察到的资产或负债，如交易所交易股本。
- 第二层次（level 2），指在不活跃市场上报价的资产或负债，例如大部分柜台交易衍生品、某些抵押贷款和交易不活跃公司证券 infrequently traded corporates。
- 第三层次（level 3），指需要输入一些对计算公允价值重要的信息，以及不可观测到的信息，以得到其价格或价值。“模型估价”属于这一类；资产类的例子包括外汇期权、担保债务凭证、信用违约互换、复杂衍生品等等。

另外，第 157 号财务会计准则禁止对在活跃市场上交易不受监管的金融工具的大头寸给予大宗折扣，要求发行者在决定自己负债公允价值的时候要把折扣包含在信用利差之内。

2007 年 2 月，美国财务会计准则委员会发布了第 159 号财务会计准则，提供了一个公允价值期权选择。它允许公司选择公允价值作为某些金融资产和负债的初始和以后的计量属性，一旦确定，便

不可再变更，有关金融资产和金融负债公允价值的变动直接计入当期损益。它也允许选择公允价值期权作为工具：

- 先确认一项资产或者负债；
- 一旦发生某种事件，就为该项工具确认新的会计基础。

一些金融分析家将信息披露程序仅作为理解银行从事复杂金融产品活动，以及开发与该活动相关的监管措施的一个出发点。

在欧洲，分析家们对于欧洲银行将在 2007 年的财务会计中使用最新的国际财务报告准则（IFRS）7 感到信心十足。IFRS 7 将取代国际会计准则（IAS）30 和 32，专门针对与金融工具风险相关的信息披露。IFRS 7 的第 27 段鼓励欧洲银行在第一、第二、第三层次的资产和负债使用美国公认会计准则（GAAP）标准进行信息披露。另外，它还比财务会计准则第 157 号更进一步，要求银行为第三层次的资产提供敏感性分析，以反映其不可观察的参数价值的合理变化。

读者可以从这些参考信息中感觉到，新的财务报告准则体现了 207
对以前准则的改进。以前的会计准则要求银行通过应计方法记录资产的历史成本价值，而第一代的公允价值会计方法则留下了许多可以在财务报告体系中做手脚的漏洞。很多复杂的金融衍生品，比如证券化住房抵押贷款支持工具都是“虚构定价”的。

随着次贷危机的爆发，银行已经艰难的感觉到，在财务报告体系中做手脚对他们自身来说并非有利。当贝尔斯登公司的对冲基金出现麻烦的时候，他们的银行家试图卖掉大部分以按揭证券形式存在的抵押品。可是，理应成为合约对手的实体担心：

- 没有办法知道这些资产的价值；
- 如果金融衍生产品在下跌的市场中出售，他们的低价格会为同类的投资组合开启一个先例，最后导致价格大跌。

模型应该能够显示资产在出售时应卖得的价钱。可是在一个非流动市场里，大减价会拉低价格，特别是应成为买家的投资者和银行家认为这些资产里包含很多“不良废物”的时候，价格更会一落千丈。

这场风暴主要体现了这样一个事实，市场最终从这些模型的局限性中觉醒了。一个最基本的事实是，模型是非常容易操纵的。一家名为风险数据（Risk Data）的咨询公司，研究了一千多家对冲基金后得出结论，差不多有 1/3 的从事低流动证券交易的基金修改他们的模型结果，以便于消除账面过大的波动[15]。

面对“虚构定价”问题，监管者加紧了公允价值要求及规定。除了第一、第二、第三层次资产与负债以外，一些监管机构开始要求银行审查会计假设，并披露相关信息。另外，对复杂的金融工具进行正确的估价需要有大量的培训，很多银行的经理人没有接受过关于模型假设和结果的综合指导，这也是需要解决的问题之一。

全球会计标准和监管规则为国际性法律诉讼提供了一个公平的环境，因为总是存在着起诉华尔街公司和其他大银行管理层失职的国际法律诉讼风险。一些专家认为，很有可能在 2009 年的时候出现大量的与损失相关的法律诉讼。

208 通过使用各种方法，各大银行在 2007—2008 年的金融大地震后劫后余生。但实际上，大量的隐性的、悲剧性的、难以解决的问题依然存在。导致法律诉讼的原因主要是围绕银行的资产遭到大量损失的问题，而这些资产是属于他们的客户和债权人的。具体包括为：

- 大银行徘徊在债务无法清偿的边缘；
- 抵押债券造成的大量损失无情的显现出来；
- 美国房地产市场进一步崩溃；
- 信贷行业持续冻结；
- 对于在次贷大诈骗中失去住房的消费者，再也没有愚蠢的银行支持他们的消费。

美国政府也可能成为造成这次损失的诉讼对象。通过阿伦·

“双泡沫”·格林斯潘的致命低利率政策，美国金融市场比经济内其他领域的扩张都快得多，导致金融业和整个经济失灵。一些专家认为，如果银行的证券标价正确的话，很多早就启动破产程序了。

另外，持续贬值的美元导致了油价和其他以美元定价的商品价格不断攀升。2008 年，货币兑换问题成为一个国际政治事件，不管对于欧洲、亚洲还是全球市场都是如此。美联储抛弃了其在金融史上的一贯做法，于 2008 年 3 月 14 日对贝尔斯通公司实行救助，并提供 300 亿美元的担保，这一切并没有改善对美元的预期，反而更有可能制造一场新的滞涨。

亨里克阿姆·穆勒（Henrik Müller）在他的文章“Warten auf den Dollar Crash”（“等待美元的垮台”）中提到，一位中央银行家最近告诉他，“我们正面临着自己无法控制的各种力量，投资者很有可能将直接超过我们[16]。”这种事情发生的可能性并不像有些人想象的那么遥远，尽管 2008 年 11 月中旬美元对欧元的比价上升到了 1.25。如果事情真的发生了，那么将会对全球经济带来严重的后遗症。

第9章

偿债能力、流动性、资产支持票据和套息交易

1. 资本需求

209

监管者、董事会成员和社会公众肯定认为信用机构的资本需求，是按照加强安全性和稳健性的标准确定的，这种安全性和稳健性不仅仅指公司本身，还指整个银行系统。资本充足条例不应该处罚银行，也不应该人为地扭曲竞争市场，它们应该确保在危机发生时，银行能够得以存活，此时，核心资本是最为重要的。在资本充足方面，银行承担着两种灾难性风险：

- 无偿付能力；
- 无流动性。

金融机构资产超过负债时有偿付能力。有流动性的金融机构拥有足够的现金和其他短期资产来满足订约方的合法要求，这些订约方包括储户、债券持有者、借款人、相应的银行和税收机构。有时无流动性会导致偿付能力的匮乏（本章的第2节会有更多关于偿付能力和流动性的内容）。

对信用机构的资本充足性要求，无论是由一国当局还是多国当

局（例如巴塞尔银行监管委员会）设定，它们都要求信贷机构为（可能发生的）信用风险和市场风险储备一定的资本。因此它们的目标是有偿债能力。但是直到2007年次贷危机，人们才戏剧性地认识到流动性储备的必要性。

210 对于监管当局的资本充足性要求，商业银行总是抱怨1988年设立的巴塞尔协定Ⅰ[1]，将资本水平设置得太高。从历史角度来讲，用一战前的水平作参考是不确切的。但是对于巴塞尔协定Ⅱ，批评者完全有理由来说，进行不应当的分配（由监管者和模型）来降低资本会使银行在危机或者重大经济低迷时期变得更加脆弱。

这绝不是一个理论上的辩论。正如美国2006年的一项研究所表明的，巴塞尔协定Ⅱ会导致监管资本广泛且不一致的下调。在参与这项研究的26家银行中，13家的资本金下降了26%或更多。随后，2007年7月和8月的危机更充分地表明，与其说太高：

- 不如说巴塞尔协定Ⅰ的资本充足率太低；
- 为流动性融资的担忧（参见本章第3节）并未出现在监管者的视野之中。

有趣的是，至少从记录上来看，上述美国2006年的这项资本充足性研究关注的问题之一就是银行如何测算现有风险，以及由此而定的巴塞尔协定Ⅱ下的资本要求。平均来讲，银行认为巴塞尔协定Ⅱ会允许其将监管资本降低15%，这是通过对整个系统的估计得出来的结论。

尽管美国商业银行一直推崇在险价值和基于巴塞尔协定Ⅱ中模型所设定的规则，美国监管者并没有接受巴塞尔协定Ⅱ，正如美国货币监理署署长John Dugan所说，“资本充足率降到了可靠水平之下，而在基于风险防范的资本管理方式上，监管者是不可能接受这些估计的。”而John Dugan的职责之一就是银行监管[2]。

资本充足估计不可靠的证据在于，银行在计算其资本需求时有偏向性地选择相关关系和其他因子。据联邦存款保险公司前主席Donald Powell所言，即使银行努力标准化其计算过程，巴塞尔协定Ⅱ依然会引发担忧。他对美国参议院讲，巴塞尔协定Ⅱ中资本监管规则：

- 其本身就会大幅度下调风险资本需求；
- 它们将会导致比当时水平（巴塞尔协定Ⅰ）更低的一个资本 211
充足性标准。

欧洲人无视巴塞尔协定Ⅱ的缺点，以致于没有银行业经验的欧盟于2006年通过立法来贯彻这个新资本协定。相反，美国的监管者却有3点担忧[3]：

- 他们认为巴塞尔协定Ⅱ允许银行大幅度降低资本金，这样的规则太宽松；
- 他们估计银行还需要几年的磨合才能可靠地贯彻这些规则；
- 他们担心这些规则会为大银行带来相对于小银行更多的优势。

支持这些担忧的假设认为，大银行会使用内部评级法和高科技时刻升级其风险计算方法，分离出捆绑很多资本的资产。相反，小银行交易时没有相同的技术和资产的多样性，结果就会导致大量错误定价的风险。

我们现在知道欲望和贪婪使得这些根本行不通。在2004—2007年之间，大银行因为侵略性的政策和肥厚的佣金积累了很多有毒资产，最后耗竭了它们的资本来源而不得不十分恭敬地寻求主权财富基金（SWFs；第2章）的帮助。而小银行没有下大赌注，却得以保存了自己的资本。

史无前例的风险计算失误导致了2007年7—8月份严重的信用危机，这使得巴塞尔协定Ⅱ还未来得及在实际中测试就受到了详细审查。事实证明使用假定风险敏感的模型来计算资本充足是不可靠的，除此之外，独立机构的信用评级也因为泛滥的AAA信用发放而变得可疑。因而独立信用评级作为巴塞尔协定Ⅱ的另一个基本前提，也由此被置于放大镜之下。

巴塞尔协定Ⅱ的另一个缺点，表现在商业银行迫使监管者允许其大规模使用诸如信用衍生工具之类的金融工具，这些工具的远期风险敞口连它们自己也不是很清楚。2007 年年中的事件再一次证明，
212 担保债务凭证和信用违约互换的复杂性大大地增加了银行分辨自己所承受的假定风险的难度。

尽管巴塞尔协定Ⅱ在实施过程中存在这些缺点和漏洞，它仍然是巴塞尔协定Ⅰ的一个改进；但它不是一个全盘的解决方案。越来越多的专家建议认真地升级巴塞尔协定Ⅱ，建立一套可靠的、统一的资本需求计算方法。这套方法不仅为信用风险计算资本需求，也为以下几点计算：

- 流动性风险；
- 模型风险；
- 信用评级风险；
- 管理风险。

巴塞尔协定Ⅱ并没有注意到以上几点内在的风险敞口，可能它有一个错误的前提，即认为银行家们的工作做得越来越好，将银行业变成了一项低风险的行业。如果这是一个前提假设，那么 2007 年的次贷危机则粉碎了这个假设。这次次贷危机强调整个银行业的偿债能力和流动性体系需要经历一次彻底的修正。

2. 偿债能力和流动性

本章第 1 节已简单定义过，有偿债能力是指一个实体有能力偿还其现在和将来一段时间内的债务，这些债务包括利息成本、偿还计划、许诺交易支付、信贷额度、担保和其他假设的约定等。评定

一个公司的偿债能力最重要的因素为：

- 权益资本；
- 债权资本或者债务杠杆。

对于银行来说，权益资本比其他任何形式的资本风险都低。因为股东只有在董事会同意下才能得到分红。而且，如果要保护债权人利益或者有其他支付义务，权益资本总是会首当其冲。

债权资本也叫负债。公司经常以避税为由用债权资本来做财务杠杆，却没有计入与借入资本相关的风险。而不愿意或者没有能力偿还负债经常会导致债权人采取法律措施，从而可能迫使公司破产。

信贷机构偿还能力的另一个基本问题是它们许下了诺言，但是 213
却不打算遵守。这样的诺言大都以或有负债的形式出现，或有债务要求银行以超出承诺的贷款数额支持客户。在特定情况下，与或有负债相关的账单会马上到期。

例如，在 2007 年 7—8 月危机愈演愈烈时，专家估计有 3 800 亿—4 000 亿美元与悬而未决的杠杆收购有关的贷款和债券需要调整。市场恶化的速度让很多人感到惊讶，但并未改变银行给私有股权购买者 1—2 个月持有期的搭桥贷款的事实。

- 当市场在 2006 年以及 2007 年初还很繁荣的时候，银行认为短期内不会有什么问题；
- 但是随着次贷的爆发和股市的崩盘，银行面对的前景是账上将会永远有一大笔债务和损失。

关于这对银行资产负债表的损害程度众人各持己见。测量损失的方法之一是依靠二级市场上杠杆贷款交易的贴现价格。问题在于由于投资者和银行家捂紧了钱袋，这种贷款的市场价格下降太快。

而且，除收购问题之外，银行还面对渠道和结构性投资公司的震荡。通过渠道和结构性投资公司购买商业票据的投资者突然间认为风险太大而不继续购买或持有。其后果就是许多银行发现想要为它们之前承诺的付款融资要么不可能，要么就只能在比较高的利率水平下才能获得，这种承诺就包括证券化的次级贷款。

对市场主体而言，偿债能力不足的问题很突出。银行本应该了解相互之间的风险敞口，但操作的不透明性却导致事实并非如此。更糟糕的是，没有人知道信用危机下自已将会怎样，所以所有的银行都在贮藏而非借出资金。

除了偿债能力问题之外，在所涉及的时间范围内还存在严重的流动性挑战。细心的读者会记得本章第1节曾讲过流动性指实体有能力偿还其现期债务。因此，流动性是一个相对概念，与到期债务的大小和相互之间的关系有关，还与可能为这些支付承诺提供资金支持的现期资产有关。在银行业，当订约方要求债务支付，而流动
214 性机构不能予以满足时，流动性危机就发生了。这些订约方包括：

- 储户；
- 资金供应者；
- 债权银行;
- 其他借款人；
- 中央银行（可能会有预付款项）。

当储户得知其储蓄的银行正面对压力时，就会发生挤兑现象。1929—1933年的大萧条之所以比预期的结果更糟，这就是原因之一。

流动性危机和由此引起的流动性匮乏可以定义为不能够以合理的价格出售资产。几乎在任何一次金融危机中，广义的流动性匮乏都会引起资产的廉价出售和市场动荡的发生。要想更好地理解次贷危机给流动性缺乏带来的余波影响，我们必须知道一些新兴事物已经大大改变了金融体系。这些新兴事物包括：

- 新的市场主体，例如对冲基金；
- 新的金融工具，例如结构性产品。

银行家本以为他们一劳永逸地解决了流动性问题，因为他们可以自由地对任何账面资产进行证券化。但是这看似很高级的战略实则演变成了一场噩梦。更为严重的是，银行做了它们永远都不该做的事：借入短期流动资产，投资于长期非流动资产。自己给自己招来了不匹配的风险。

市场也进一步加强了银行家误算的影响。随着商业票据融资市场（参见本章第 5 节）的关闭，投资者纷纷放弃有风险的交易而保命退出，大银行及其渠道和结构性投资公司都面临着流动性的缺乏。这个后果波及到了整个银行系统：

- 被迫进行的破产清算降低了资产的价格；
- 随着结构性投资公司的倒闭，银行也被套牢了。

上述事件极具讽刺意味的地方在于，从风险控制的角度来讲， 215
现代金融系统可以广泛分散风险这个饱受吹捧的优点却不再是事实。由于银行管理上的短视，使其不得不花费成本为其结构性投资公司和其他表外工具融资。它们正绝望地寻求一个救世主：

- 有信心且财力雄厚的买家的出现解决了 19 世纪初期的流动性危机，例如 1907 年出现的 J. 皮尔庞特 · 摩根；
- 20 世纪早期，资产聚集者如养老基金和保险公司被认为财力雄厚，但它们没有足够的灵活性，而对冲基金则正面临着融资收紧和未来赎回的压力。

现代金融体系缺乏透明度则进一步增加了市场的不确定性。因为制度不透明，没人确定谁拥有什么，所以投资者对待所有订约方都持怀疑态度。

银行本希望流动性问题能够自己解决，但事实并非如此。结构性投资公司、银行和对冲基金都赌定中央银行和政府会被迫对其施以援助之手。而相反，亚洲和中东的主权财富基金则因西方银行业的自作自受而获益。

3. 流动性担忧

2002 年，时任欧洲中央银行董事会成员之一，后任意大利财政部部长的托马索·派多·亚夏欧帕（Tommaso Padoa - Schioppa）博士指出金融市场的流动性日趋重要。基于此，他提出了一个有预见性的警告，即市场的深入在正常时期增强了银行融资的能力，但是流动性很可能在最急需之时枯竭。

那时，没有人注意到派多·亚夏欧帕博士的警告，因为那时接近于最低点的利率给了人们一个幻想，即廉价的资金总会随处可得。人们也没有注意到其他警告，直到 2007 年 7—8 月份高度杠杆化的次贷泡沫破灭。

例如，信用评级机构穆迪投资者服务公司于 2006 年警告指出，
216 有些英国银行已面临批发市场出现波动的风险，因为它们发放贷款的速度大于吸收存款的速度。这个警告没有引起人们的注意。但是 2007 年北岩银行“自告奋勇”向人们证明了这种“看不见，听不到”政策有多不合理，同时也强调了有两种流动性必须引起人们的高度重视：

- 融资流动性关系着一个实体资产的质量；
- 市场流动性表明资产以公允价格出售的难易程度。

融资流动性的问题在于银行不愿持有收益低的流动资产。它们更愿意将其资产杠杆化以赚得更多钱。市场流动性的问题在于缺乏信心时，流动性就消失，这使得廉价出售资产更有可能发生。

在繁荣时期，没有几个监管者，更没有几个商业银行和投资银行家会表现出流动性担忧，即使每个人都知道所有市场主体的风险欲望都在持续增加，也都知道终有一天会出现大问题。问题就发生在 2007 年 8 月及后续的几个月里，那时投资者和银行家被他们在信

贷市场的风险敞口吓到了，他们决定：

- 先出售；
- 然后再提问题。

流动性担忧是风险重新评估过程中的最大障碍。人们还会记得，20世纪80—90年代融资可能性的缺失最终导致当时野心勃勃的垃圾债券银行——德崇证券破产（1990年2月），并且导致美国长期资本管理公司于1998年破产。而投资银行不断在其投资组合中加入无流动性的资产，这使市场对流动性的担忧雪上加霜。这些无流动性的资产包括：

- 搭桥贷款；
- 私人股权投资；
- 新生、复杂且几乎不交易的衍生工具。

房地产泡沫显现出美国按揭巨头是一个非常明显的系统性威胁。两房（抵押信贷市场中两个政府赞助的企业）共有1.4万多亿元的留存的抵押贷款和抵押支持证券的投资组合。更糟糕的是，它们两者都因其使命不明确而缺乏纪律。 217

- 不管它们承担多大风险以及如何管理风险，它们总能以最低的利率借入资金；
- 而且如果它们陷入麻烦，纳税人和银行也会被套住，因为银行可以随心所欲地给两房放贷。

许多美国信贷机构拥有的两房贷款超过了其监管资本，这使得这两个政府资助的企业成为了美国银行业兴衰的裁决者。这显然不是一个好兆头，因为即使存在强大的资本市场，银行依然在经济财富中占据着重要地位，这种重要地位体现在它是：

- 信贷提供者；
- 支付的“处理器”。

银行系统的流动性立法和监管肯定要为信贷机构在流动负债和

非流动资产之间的不匹配负责，这种不匹配使得它们很容易出现融资的突然缺失。在恐慌中，个体储户有动机提取他们的现金。如果他们牢牢持有，他们和银行都会好过一些，然而这却不符合人性。

从整体上看，部分流动性立法和监管也告诉我们银行绝不是完美的现金提供者（以及性质相似的其他几项服务的提供者）。这个很重要，因为很多银行的流动性计划都是有缺陷的，原因仅仅在于：

- 对流动性的需求是不可预测的；
- 持有流动性资产就意味着要放弃其他更盈利的投资。

这两个问题和不时引起现金短缺的协调困难共同要求对监管进行补救，而这种补救不仅限于为解决清偿能力问题而设立资本需求。为解决流动性问题，专家建议涉及范围要广，偿还速度要快。而这说起来容易做起来难。

218 批评者建议，正如商业银行所发现的，其盈利能力很大程度上过度依赖作为流动性提供者的中央银行。若这种现行制度继续存在，那么将来更大的冲击就需要中央银行更大的干预。

这让我们联想到时下正在讨论的一个提议，即由监管机构在整个经济周期内持续一致地监管银行的流动性状况。同时也需要一个系统来评定银行在未来是否有足够的流动性，这个系统应该设立在基于局外人、极端事件和压力违约概率下的场景内（本章第 5 节会介绍更多关于压力测试的内容）。

4. 流动性管理

2000 年，巴塞尔委员会发布了“银行业组织内流动性风险管理的稳健做法”。2006 年 12 月，委员会又成立了流动性工作小组。2007 年 7—8 月份事发后，工作小组发现虽然 2000 年的指导文件依然有效，但是很多地方有必要进行更新和强化。

流动性工作小组在次贷危机爆发之后发现了几件有趣的事情。其中一件就是，随着结构性产品和银行间市场流动性的收缩，以及表外支付承诺成为表内业务的可能性增加，致使某些银行出现了严重的融资流动性紧张。而且，金融创新和全球化已经改变了流动性的性质。

- 随着“发行并分散化”模式变得日益普遍，证券化市场的产品范围扩大，增长速度加快；
- 金融工具的复杂性增加对流动性的估计提出了更高的要求。

对债务和证券化的狂热创新最终变得难以控制，而市场崩溃就是它所带来的悲惨结局。信用风险本应该被最擅管理的买家买走，但最终实际买家却只是被收益所吸引，而对这些收益的风险敞口并不了解。这些买家完全没有能力控制其流动性。

2007 年 7—8 月份次贷危机之后的事件打破了一个理论，即金融创新使得银行和其他实体可以从以前流动性匮乏的资产中取得流动性，且不需要支付额外的成本并承担额外的风险。因为同时这样的 219
政策也使得它们对运行正常且稳定的金融市场更具依赖性。相反，正如市场实践证明的一样：

- 创新的工具正引导银行储存了一批需要融资的资产；
- 银行投资组合中其他部分的流通能力是有限的，特别是处于压力之下（参见本章第 5 节）。

因此，从监管者以及商业银行和投资银行的角度来看，都必须持续地管理好流动性以确保公司能够从危机中存活，不管危机的背景是一次极端的市场事件，一场影响银行业的地方波动，还是单个大实体独有的问题。虽然并非总是如此，但通常来讲，不能偿还到期债务的公司：

- 没有足够高质量的资产来抵押进行贷款；
- 没有足够的流动性资产来变现，而低价出售资产总会严重损害其价值。

正如以上理由所示，治理良好的机构认识到流动性管理必须具有前瞻性，以不损害经营金融业务的特许权而安然渡过危机为目标，并且要避免像 2007 年花旗银行、美林证券、瑞银以及许多其他金融公司一样，不得不求助于可能的贷款人。银行资产的长期稳定和安全能够在危机时保证其流动性状况。

有前瞻性地管理流动性的做法比较新颖，但是这背后的思想却很早就存在了。沃尔特·白芝浩（Walter Bagehot）早在 1872 年就写过一部著作《伦巴德街》，在这本书里他敦促英格兰银行通过贷款来阻止一场恐慌。这种贷款可以很快、很自由而且随时都可以，但是贷款利率必须是罚息利率，并且借款银行必须能够提供优质债券作为抵押品。那时，人们批评这种做法为“恶作剧似的战略”，但是今天这已变成了通行的做法（除了采用罚息利率这一点）。

尽管白芝浩的理论可能成为了中央银行普遍认同的看法，但那些在最后一刻还在寻求紧急流动性援助的商业银行和投资银行都是典型的治理不良的银行。人们不常讨论的事实是它们的流动性计划一直都不乐观，而且正如艾·赫胥黎曾经说过的，“事实并不因为被忽视而不复存在”。

220 稳健的流动性管理方法会全盘考虑到所有分公司和子公司，并且能够确保信贷机构在正常状况和压力状态下都会有足够的流动性以偿还到期债务，同时不会引起过高的损失，也不会对其市场地位造成损害。这就要求对以下几点进行稳定地评估：

- 所有的承诺支付；
- 预期现金流；
- 能够用来进行额外融资的高级抵押品的信用水平。

良好的治理要求在一系列潜在情景下评估和管理银行的流动性状况。这些潜在场景要求包括短期、中期和长期的正常以及有压力的市场状态。必须在保护性假设下计划一天之内、每天、每周、每季以及每年的流动性状况，这些计划要反映出每一天的净累积融资需求。

- 以提供一个阶梯型累积的现金流，目的是和已定的承诺支付相匹配；
- 同时确保这符合正常的承受能力和压力损失限度。

相反，不良的治理（2007 年出现了很多这样的例子）却没有进行积极严格的流动性管理，只是依赖中央银行向市场注入流动性这种紧急流动性资金援助，这成为了标题报道的事件。传统上，它通过允许个体银行以充足的抵押品向货币机构借款而实现，但 2008 年 3 月，中央银行公布的抵押品质量急剧恶化，一位意大利银行家这样形容，“这些抵押品就像那不勒斯街上高高堆积的没人捡的垃圾一样”。

正如 2007 年和 2008 年的事件所暗示的一样，至少理论上如此，匆忙地向市场注入流动性，对无流动性的信贷机构来说是一次例外且暂时的援助。即使如此，这种做法仍然伴随着道德风险。风险偏好型的银行现在可以依赖一个能够扭转局面的人物来解救它们，因而也就不再需要重视流动性管理。

这里并不是批评流动性注入这种做法，而是批评商业银行和投资银行管理流动性的方式。“管理”当然是个误称，因为风险偏好型的银行所做的事情就是利用监管中的漏洞（参见本章第 1 节）使得资产负债表上出现很多错误的投资，即使它们知道风险很大而收益很微薄。 221

面对商业银行的放肆以及希望出现监管失察，中央银行不得不有所作为。它们试图确保银行间市场继续发挥作用。银行间市场是金融系统的润滑剂，能保证现金流通到最需要的地方（除了信贷，银行间市场也为银行间短期借款定价）。这个目标失败后，它们就转向了通货膨胀政策。

批评者认为注入流动性的做法是棋行险招，除前述原因外，还有引发通胀的可能性。2007 年 7—8 月，全球经济依然在增长，且增势强劲。美英之外的货币政策依然温和[4]。流动性在保持迅速增长的同时，中央银行也不得不兼顾其另外两个主要功能：

- 确保金融稳定；
- 以及管辖范围内的物价稳定。

这两个功能都被瞬间降级了。赞成者认为注入流动性和市场心理一夜之间转为消极很有关系。批评者认为这种干预有其局限性，二者围绕是继续升息以停止通胀，还是降息以取悦过于杠杆化的市场而不惜将货币价值推向深渊展开了讨论。

决策者还未决定哪种政策更好。但或多或少都认为市场不会复苏，除非市场参与者相信银行很坦诚地承认了自己的损失。以现在清理的速度来看，这个项目不会在短期内完成。

5. 流动性压力测试

银行业的次贷危机表明我们有必要改变风险管理的指导方针、方法和工具。必须在正常和压力两种状态下建立未来现金流的需求，即使在正常市场状态下，估计动态现金流也是一个挑战，因为它们
222 需要从各种银行操作中搜集信息。但正常状态不足以评估极端事件对流动性融资可获性的影响。

- 压力测试是每个控制流动性操作的重要组成部分；
- 而且压力测试这种文化必须成为稳健治理不可缺少的一部分。

的确，管理良好的银行会定期进行压力测试，这种压力包括信用评级下调和出现不适宜的市场状况。针对整个市场、某些特定部门或者机构持有的相关投资组合都会做这样的测试。然而，很少有

机构将相似的原则应用到流动性测试中去。

与压力状况相关的假设应该包括未预料到的商业干扰、无担保融资渠道的丧失、有担保融资渠道的日趋减少、借款（不仅是存款）的流出以及其他的现金流出。试验者必须特别注意表外结构性工具融资所造成的损失以及这些工具所带来的额外现金需求。这项实验包括：

- 潜在的融资策略；
- 融资行为中的步骤；
- 或有融资计划；
- 以及整个金融市场的流动性状况处于压力下时要执行的步骤。

我们必须在极端事件下评估压力下的流动性风险，在其偿付其他债务和持续经营的同时，测验其迅速变现资产以偿还短期借款的能力。挑战性的问题在于，在货币不同、利率变化、合同条款可接受与否未知的状况下，我们有可能无法筹集一笔期限适当的资金。

我们也必须注意到这个事实，即在压力状态下，融资和市场流动性风险的基本假设变化得很快：首先，作为市场通过订约方行为变动来反映的一种功能，这种功能会影响到金融工具的全部流动性以及资本的可获得性；然后从实体的投资组合构成及其质量来讲，这两者都会影响投资的流动性。

流动性压力测试包括定量方法和情境分析，其目标是找出在不 223
利条件下偿债能力中潜在的弱点和漏洞。测验应该在 99.9% 和 99.99% 的置信水平下进行。通过情境详细阐述的解决方案必须检验现有支付承诺的未来轨迹、融资来源的多样化以及或有流动性债务的变化。这些变化包括：

- 表外业务的风险敞口；
- 极端事件的影响；

- 内部和外部定价；
- 影响很大的小概率因素的后续影响。

流动性压力测试必须在风险分布的峰值处进行，并且包含将流动性支持延伸至渠道、结构性投资公司和所有其他资产负债表外工具的情况。他们也必须考虑到当银行不得不给附属机构甚至竞争对手提供资金和流动性支持时，或有事件会发生。2008 年 3 月 14 日摩根大通和美联储一起为贝尔斯登注资就是这种情况。

银行强有力的流动性风险管理以及设计良好的流动性制度都明确地从另一个角度表明了稳健的整体资产负债表管理。同时这也强调了财务部门、所有业务流程以及各个营业单位之间密切配合的重要性，这种密切配合能够确保正确认识以及解释流动性中的潜在压力，并突出强调了以下几方面的影响：

- 新产品；
- 发展中的商业惯例；
- 以及国外业务。

压力测试应该为银行在给内外部或有流动性定价时不是很严格作出补救，因为银行这样做会使得它们在危机发生时满足流动性需要的能力大大降低。高管关于未来压力下的流动性需求的认知并不准确，因为流动性风险监管的报告机制并不及时，同时报告的内容不充足且没有报告极端条件下的数据。

另外，流动性压力测试不应重蹈现在流动性研究的覆辙，现在的流动性研究通常按国界来分，研究的内容也主要是发行国以安全
224 性为目标的支票。在全球化的金融市场中，流动性问题因跨界原因可以出口、进口，也可以被放大。

确实如此，跨界流动增强了流动性破坏的可能性，而且这种破坏能够迅速传导到不同的市场和清算系统中。与此同时，持续改进的支付和清算系统，例如大额资金支付采取日终结算的处理，则进

一步加速了流动性的变化。流动性压力测试必须包含：

- 与转账跨界货币和证券相关的挑战，尤其是同日内的；
- 集权化流动性管理中的风险，除其他因素之外，这种风险依赖于外汇掉期市场。

因此压力测试必须考虑到“其他”市场的条件、管理条例、跨管辖范围转账资金或者抵押品需要的时间，还要考虑到跨国界流动性不可行的可能性，这通常发生在存在市场恐慌或者重大政治变故时。

除了要注意跨界现金流动及其对流动性的影响，还需要注意证券化的后续结果。读者已经知道，虽然理论上信贷机构可用证券化来拓宽融资渠道，放开更多的资产负债表容量，或者通过购买和证券化发起人并非银行的第三方资产而盈利，但是实际上证券化会带来流动性风险。

筹集资金、信用评级、将之卖给特殊功能公司以及获得并发行新的证券，这整个过程充满了市场挑战。很重要的一个事实是银行储存资产必须比原计划时间长，并要保持其资本充足性和流动性，以保证有足够的流动性和充足性来应对市场波动时的压力。

资产支持商业票据（参见本章的第 6 部分）也提高了或有流动性风险。次贷危机表明银行可能会在已经处于压力的情况下被迫突然提供流动性。纳入循环贷款证券化的早期分期偿还条款也会带来
或有流动性风险，而其他流动性需求则发生在银行为了名誉原因而 225
资助的渠道和其他表外工具时。

而且，过去 10 年间银行机构发生的很多变化也对流动性存在影响。抵押品的使用就是其中一个。国际互换和衍生产品协会 2006 年的收益率调查显示，2006 年约有 11 万份抵押担保协议，而 2000 年只有 1.2 万份。增长率为 916%，年增长率为 152%。基本原因为：

- 金融实体间交易性质的改变；

- 批发融资市场中证券回购协议和衍生工具的繁荣；
- 越来越多地将抵押品作为一种风险调和工具。

流动性压力测试应该考虑到尽管使用抵押品减轻了订约方违约的风险，但是它增加了融资的流动性风险，因为订约方不得不即刻提供附加担保。比如 10 年前通常是每周通知一次是否需要补充保证金，而现在则是在每日以及日间基础上进行。而且双边抵押担保协议中双方都可以要求抵押品，这就使得抵押品及其管理成了流动性压力测试的关键因素之一。

6. 资产支持商业票据

资产支持商业票据（ABCP）是一种短期融资工具。因为全球化的银行一直用它来为像担保债务凭证（CDOs）和其他结构化信贷产品同样有风险的工具融资，这些银行现在都是主要的短期融资存在难度的机构，所以这也是对这些银行的一个惩罚。2007 年 7—8 月的事件给全世界或大或小的金融机构传递了一个信息：

- 在压力下，资产支持商业票据市场几乎消失了；
- 这个问题需要数月或者数年才能解决，因此现在至关重要的是争取时间。

一般而言，资产支持商业票据由抵押贷款等资产支持的短期贷款构成，这种产品危机之前备受吹捧，危机之后投资者却唯恐避之不及。突然间，资产支持商业票据市场很担心美国家庭贷款的价值日趋下
226 滑，也担心以这种产品为融资来源的结构性投资公司、银行渠道也有崩溃的风险和其他缺陷。根据欧洲中央银行，这些缺陷包括：

- 工具的高度复杂性；
- 估值的困难；
- 过分依赖评级；

- 金融机构结构性投资公司和表外工具风险敞口的信息不充分。

市场崩溃暴露了结构化信贷市场的脆弱，扭转了人们过去的观念。欧洲中央银行的月报如是评论说：

担保债务凭证市场的弱点，尤其是其估值困难，自从金融市场震荡开始就造成了这些工具流动性匮乏。担保债务凭证需要用高级的理论模型来估值，而且这些模型的定价通常都会对基本的相关性假设和方法高度敏感[5]。

危机前后市场对资产支持商业票据反映的对比很鲜明。风险偏好扩张的 2005—2007 年早期，很多投资者都很愿意买商业票据，因为理论上它是资产支持的，表现形式为抵押贷款。即使退一步说，这些“资产”是不可靠的而且与美国次贷风险相关，投资者的热情依然不减。

之后情况就变了。次贷市场泡沫破灭之后，因为对抵押支持贷款价值的担忧，投资者大规模地拒绝购买商业票据。这导致结构性投资公司和拥有它们的银行更急需资金，而且它们不确定资产支持商业票据估值的变化情况，而且对结构性投资公司将被迫出售它们的抵押品以偿还投资者。

随着 2007 年 7—8 月的风险偏好转为风险规避，资产支持商业票据市场瞬间缩水了大约 30%，如图 9.1 所示。那些不明智的试图依靠短期为长期巨额融资的银行都发现自己处于进退两难的境地。但并不是所有银行都遭受了损失。

问题在早期是可以解决的，加拿大的银行就是一个很好的例子。它们比其他大部分银行都好过一些。当 2007 年 8 月美国抵押资产市场信心崩溃时，很多资产支持商业票据渠道都面临资金枯竭，由于加拿大评级惯例中存在的“怪癖”，加拿大的银行声称它们不必给这些资产支持商业票据渠道提供后备的资金支持[6]。后续结果就是：

227

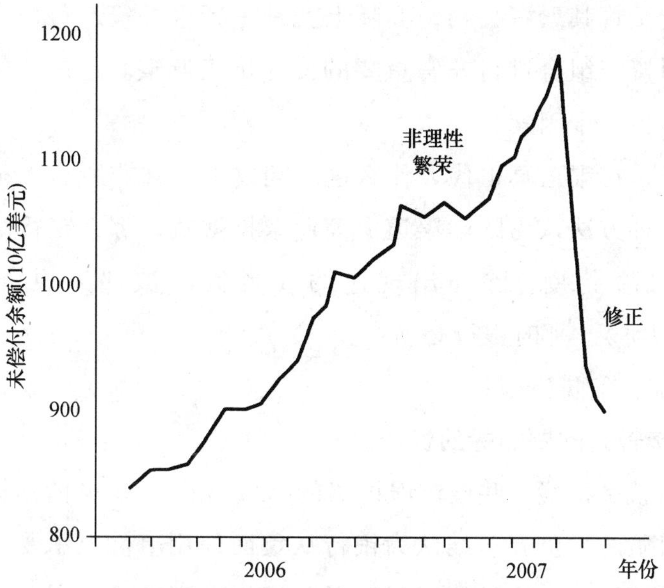

图 **9.1**　美国的资产支持商业票据

- 银行和非银行渠道坐到一起；
- 谈判出一个 60 天的交易暂停期间以等待报表周期结束。

一些专家认为这个方法可能会有效，因为那期间各方都应该在用商业票据交换以获得与担保品到期日相匹配的长期融资，商业票据是短期的且很难再融资。反对的人则认为要理清资产支持商业票据这团乱麻，仅仅两个月是绝对不够的。主要的原因是：

- 每个渠道都有其独特的性质；
- 内置资产的复杂。

反对方是正确的，主要因为渠道是为支持既定长期投资而设立
228 的，它们各自之间都不同。有些很结构化，也高度杠杆化。其他的则相对简单。但是最终要解开如此多的种类和承诺支付的迷宫，必须将渠道拆开，并将资产支持的商业票据至于放大镜之下。

其他的特点也有影响。只要资产支持的商业票据渠道是持续经营的实体，它们就不必按市值计价其资产。但如果其母银行决定或

被迫决定接管其融资公司，实际上就是重新合并资产负债表，它就不得不对资产组合进行非常重要的公允价值调整。这是从反面影响流动性的另一个因素。

另外，在渠道真正代表什么这一问题上，并非所有人都达成了一致。一种方法认为既然渠道由商业票据融资，那么银行一般就会对信用风险免疫，除非出现违约或者资产被评为投资级以下（BBB - 以下）。那时银行必须：

- 加强信贷措施；
- 接管有问题的标的资产。

然后就是担忧一些被错误评级的 AAA 和 AA 垃圾债的标的资产质量。机敏的投资者总结认为银行从负面信用事件上承受损失比较好。至于银行，无论是依据国际财务报告准则还是美国公认会计原则，它们都必须执行公允价值会计。随着资产支持商业票据市场的加速收缩，这个事实在 2007 年 10 月得到了证实。

批评者认为只有那时候金融机构要员才想到资产支持商业票据危机和支持它的次贷危机还会继续存在。流动性撤出并非雷达屏幕上的一个点儿。这些批评者也认为住房价格在未来 10 年内都不可能升值到 2007 年 10 月的估值水平，这就使得 2008—2009 年市场上将会充斥着各种悲惨故事，而这些悲惨故事都缘于 2004—2006 年经验所误导的理念，即资产价格将会无限期上涨。

7. 套息交易

在 21 世纪初的大部分时间，波动性较小并且发达国家之间的利差较大，这大大刺激了套息交易的发展。比较具有代表性的是对冲基金和大银行的合约，通过这些合约金融机构，特别是美国的金融机构，用低利率货币（例如日元和瑞士法郎）获得了各种程度的债 229

务。这些低利率货币在日本和瑞士等国家都很普遍。相对来讲，这些金融机构还买入了高利率证券，这种证券伴随着大量的：

- 信用风险；
- 市场风险。

这种交易在某种程度上是有利的，但是如果金融条件突然改变，那么这种交易就会很容易变成一次灾难。例如，在 20 世纪 90 年代末，全世界的投资者都大量地投资日元套息交易。他们利用了日本利率几乎为零这一事实以及当时日元贬值的趋势。但是当日元突然在 1998 年 10 月出人意料地暴涨时，一场全球性的恐慌就此爆发了。

有两组作用和反作用可以快速地改变交易数量。第一组以投资者和对冲基金经理的行为为例，他们会在收益差距变小或收益期望使交易没有吸引力的时候平仓。另一组是资金流，例如日本银行向非日本银行提供的大额跨国贷款。后者的数量在 2005 年大幅度增加，而在 2006 年有所回落，随后又开始增加。

在套息交易中，对未来趋势的预测往往是不可靠的。2006 年 2 月 24 日，在伦敦《每日电讯报》上刊登的一篇名为“全球信贷海洋干涸”的文章被认为是即将来临的金融灾难即套息交易崩溃的触发点。当估计风险的大小时，几位被该报采访的分析家提出了警告：

- 如果日本对美国利率上升的反映是提高日本的零利率，那么这就会使得日元套息交易结束；
- 靠投机赚钱机器来提供燃料的整个金融系统将会马上陷入危机之中。

然而事情并不是这样发展的。相反，在 2006 年的 3 月，欧洲的一个国家正处于破产的边缘。冰岛的货币和股票市场巨幅下跌，而且其银行也在挣扎着偿还短期债务。冰岛大规模的经常账户赤字相当于其 GDP 的 16%，这使得这个小经济体成为了一个极端的例子，并导致冰岛在 2008 年实质上破产了。但是澳大利亚、匈牙利、印度尼西亚、墨西哥、新西兰和土耳其的货币也出现了贬值。

所有这些陷入困境的国家之间以及它们与美国之间都存在着相
230 同之处。其经济都有着巨额的经常账户赤字，这些赤字绝大部分是由在资本和信贷繁荣的背景下快速增长的消费所造成的。在 20 世纪的最后几十年里，经常账户的赤字通常靠不同货币当局之间的协议和外国直接投资来支持，但是在 21 世纪它们却变成了货币投机行为的对象。

全球资本市场的自由化和扩张本应该能够规范不同国家的经济政策，但事实并非如此。相反，在十国集团中许多国家的利率在 21 世纪初都降至历史新低。廉价的货币吸引资本进入套息交易，这些套息交易以冰岛和新西兰等国家发行的高利润债券为目标，并且大大地支持了这些国家的经济。

- 通过低估风险，投资者有效地资助了奢侈的借款人；
- 他们还允许借款人不断地增大赤字直到下一个重要且痛苦的调整的来临。

套息交易一个有趣但危险的方面在于，它已经被证明是银行和对冲基金的无限提款机。银行和对冲基金以接近于零的利率在日本借款并以极低的利率在瑞士借款，然后再借给世界上利率更高的任何地方，不管是风险巨大的阿根廷债券，还是像次级债一样的投机性投资或者是其他纯粹的赌博。理论上来说，在套息交易中利润和损失是受以下两个因素影响的：

- 货币政策的方向；
- 相关金融市场普遍存在的波动性。

事实上，主要标准是由贪欲给这些事件所作出的解释。当十国集团的货币政策方向给定时，套息交易最大的挑战便是确定低收益货币胜过高收益货币的时间。上升的全球利率和许多中央银行紧缩政策的影响迫使套息交易平仓，就像 2008 年发生的那样。

历史资料也表明高波动通常与套息交易的平仓相关联。然而，关键在于全球利率变化和外汇波动的方向，而非大小。据分析家的 231 解释，把外汇和全球利率信号结合在一起可以提高预测的可靠性。同样重要的是对货币政策的阈效应。一旦利率超过了所谓的中性水平，套息交易就很可能会平仓。

套息交易的后果并不一定是中央政府所喜欢的。瑞士信贷集团 2007 年的一个评论是这样说的：

对美国次贷影响担忧的减少和所有对更高风险的追求，都把压力带回给了瑞士法郎……瑞士国家银行担心如果风险厌恶情绪产生，本币就可能大幅度升值。因此，它正致力于限制瑞士法郎的下降趋势。而且，虽然通货膨胀率很低，但当欧洲中央银行提高利率的时候，瑞士国家银行仍可能跟随[7]。

非常相似的是当面对套息交易混乱的平仓时，如果在日本发生套息交易危机，日本的中央银行将成为一个强大的参与者。日本的货币当局可能会在国际社会的压力下，通过出售日元来干预货币市场。这一举措可能会导致通货膨胀，并因此降低储蓄的真实价值。它还可能使得仍旧虚弱的日本公司和公众无法应付上升的利率，并最终导致日本经济崩溃。

8. 流动性和套息交易

人们普遍地认为由套息交易得到的现金是对其他资产估值的一个重要支撑。虽然这种理解有些夸张，但是市场却真的是以这一信条为基础来运作的。其中的一个例子就是股票的估值与日元的变动有关，而日元会因套息交易而走弱。

然而，市场可以逆转这种趋势。在 2007 年 2 月底和 3 月初，股市正处于混乱之中。那时，日元对许多货币大幅升值，造成了套息交易损失。在这之后，日元再次走弱，结果是：

- 它使得投机者得以脱身；
- 也暗示着其中可能有一些微妙的联系。

232 作为套息交易的筹资货币，日元和瑞士法郎全面升值，套息交易的参与者开始恐慌。外国投资者的空头补进以及日本投资者普遍在会计年度结束之前将资金汇回本国的行为使得日元升值。逆向投资者认为在 2007 年 4 月 1 日，日本新的会计年度开始时以及全球市场平静之后，不利于日元的基本面因素将会再次出现。

套息交易的悲观者担心日本银行明显的冷淡态度会使日元突然大幅度升值。然而，如果中央银行不能同时提高利率，那么日元将会有贬值的压力，这会使得随后由于日元突然升值引起的潜在冲击的影响更大。在美国信贷和次贷危机爆发之前，即 2007 年第二季度开始时，有数据显示：

- 在货币市场的日元套息交易是其历史最高成交量的 97%；
- 同时，占总量 1/3 的瑞士法郎的套息交易是其历史最高成交量的 93%。

据估计，每年有多达 2 500 亿美元的日元从日本银行借出，在世界范围内投资。就像一位基金经理所承认的那样："如果你没有进行日元的套息交易，那么你 2006 年就没有在国际货币交易中赚钱[8]。"

从某种程度上来说，是日本和瑞士中央银行断断续续地把这场灾难招致自己头上。相对于美联储和英格兰银行在那段时间 5.25% 的贴现率而言，日本银行的贴现率仅仅从 0.25% 上升到 0.50%。因此，储备洪水般的从日元和瑞士流出，按次序流入英镑、美元和欧元，并对这 3 种货币的流动性造成充分的影响就并不那么令人惊讶了。

套息交易持久的吸引力之一便是只需要很小的储备，投机就会长期处于双赢的局面。哪怕是在 2007 年年初，在套息交易者的生活伴随着越来越多的危机时候，情况仍然是这样的。另一方面，如果日元或瑞士法郎突然止跌回升，或者美国的利率下降，或者许多不可预测的事情发生，在世界的某一处的套息交易就有可能会平仓并导致严重的后果。根据学者的意见，这：

- 将会引起日元和（或）瑞士法郎停止下跌并大幅上升；
- 使得所有廉价借入了这些货币的投资者遭受巨大的损失。 233

在这些无偿债基金的债务之后是这样一个事实，那便是 2006—2007 年套息交易以空前的速度发展。而上一次套息交易以这种方式在金融系统中兴盛起来是在 1997 年和 1998 年初，能够想起这一点的人是足够聪明的。在那个时候，或者说在俄罗斯 1998 年 8 月的金融危机之后，套息交易以一种戏剧性的方式平仓，并且带来了 1 个月后美国长期资本管理公司的破产。

就像在 1997 年一样，2007 年低收益的货币被用来当作全球取款机，在总决算之前持续不断地向资本市场注入了越来越多的流动性。无怪乎监控者会担心对日元套息交易的大规模投机可能会造成世界范围内金融市场的不稳定并最终导致系统风险。

套息交易需要越来越多的注意的原因之一是：与影响全球平衡的其他因素不同，日元已经走在了错误的方向上。到 2008 年 3 月中旬，日元兑美元的汇率已升至 100 日元兑 1 美元。尽管日本的经常账户盈余在增加并且国内经济也在缓慢但稳定地恢复，但是日元仍在贬值。七国集团的财政部部长和中央银行官员：

- 出于对全球经济不平衡的关心，已经依照票面价格将风险与日元套息交易联系起来；
- 使货币政策制定者夜不能寐的并不仅仅是套息交易和不平衡问题。

今天西方国家所面临的经济和金融或者说社会问题的规模是巨

大的，并且都可能变成推翻它们对世界经济认识的大问题。世界市场上的所有东西都空前紧密地联系在一起，而且杠杆作用已经超出了人们认知的这一事实加剧了危机的传导。

大投行雷曼兄弟已经将杠杆率增加至 40 倍。相对原本就已经很高的全部贷款的违约平均值 6% 而言，次贷的违约在美国已经高达 18%。而中央银行发现为了拯救像贝尔斯登那样陷入困境的金融机构，不得不接受由垃圾证券资产构成的抵押品。但是当像贝尔斯登那样陷入困境的金融机构的首席执行官应为巨大的失败负责时，它们要么继续管理这个亏损的银行，要么就从“金降落伞”条款中获得巨额离职费然后离开。

234 到目前为止，造成资本主义系统当前严重危机的最主要原因不是我们所目睹的银行业和证券的失败，而是没有任何本该为这次灾难负责的人受到制裁这一事实。当一座桥倒塌时，工程设计师和承包人会接受法庭的审判。但是政府、中央银行和监管者却纵容了那些将经济推到前所未有的衰退的元凶。

第 10 章

银行监管问题有补救措施么？

1. 受损的银行资产负债表 235

通过本书前 9 章的描述，读者应该已经清楚地了解到银行业在表内、表外业务上都使自己处于极其困难的境地。虽然这种状况已经很糟糕，但次级贷款并非是投资银行、商业银行、抵押贷款人以及其他非银行金融机构身陷囹圄的唯一原因。

2008 年 3 月，J. P. 摩根大通仍愿以每股 2 美元的价格购买贝尔斯登的股票，这表明在 2007—2008 年的低迷形势之后，金融业的资产负债表仍然被严重高估，而低于账面价值的重新估值正在盛行。在表内业务上，银行面临着逾期贷款以及其他可疑资产的问题，而在表外业务上，银行的风险主要存在于：

- 外来衍生品；
- 各式各样特殊用途的衍生工具；
- 其他诸如残值[1]、本金收益率、信用证等担保。

甚至连首席执行官、董事或者高层管理人员也都没能充分认识到银行表内、表外业务（尤其是后者）所暴露的风险究竟会对其持续经营能力造成多大的损伤。对此，花旗集团的例子可以充分说明，当管理层认定银行除了“缩水”之外别无选择时，数千亿的资产是怎样轻而易举地烟消云散或者廉价出售的。

2008 年 5 月 1 日，当由次级贷款所导致的资产减计列表最终呈
236 现在人们面前时，花旗集团从各种来源（包括主权财富基金）中获得了 421.5 亿美元的资金注入。市场上认为这个美国最大银行的资本注入已经达到顶峰，但在 2008 年 5 月 9 日，突然有传闻说花旗还需要 3 000 亿美元来弥补其在资产负债表上的漏洞。

2008 年 5 月 12 日，当花旗集团首席执行总监潘伟迪表明，经高层决定在 3 年内剥离 4 000 亿美元资产并增加 400 亿美元的筹集资本时，这个空前的巨额资金量再次发生了改变。与此同时潘伟迪还宣布对留存收益以及股利的相关决定在“将来某个时间”再做讨论，对此，分析师目瞪口呆。

对于潘伟迪在未来两三年内通过剥离 4 000 亿美元所谓的“非核心资产”来修整其资产负债表的计划，有的分析家评论说这种收缩对花旗是有利的，但大多数分析人员以及投资者对此持怀疑态度，他们认为由房地产、杠杆贷款、复杂债务以及杠杆工具等组成的“资产”将很难出售，假如：

- 信贷市场紧缩；
- 这些资产当中可能会有更多资产出现减计。

同时评论家们也发现潘伟迪资产负债表重组计划的前后是矛盾的。计划声称要扩大投资银行部门在风险很大的机构经纪业务及其衍生品上的投入，但同时又试图降低风险；这表明他所想达到的目标之间是相互冲突的。

所有卷入这场由担保债务凭证和信用违约互换所引发的危机的银行在重整资产负债表的过程中，都面临着与花旗银行相同的困境。信贷危机还在持续，银行关于怎样出售不良资产都是无法定夺的，更别提该怎样增加内部生成的“额外资本”了。市场已经变为“风险厌恶型”，而银行已经丧失了其作为控制中介活动从而控制贷款渠

道的能力。

唯一可以确定的是在对次级贷款、次优抵押贷款以及其他不明智的金融操作下，信用机构和其他金融实体将会继续遭受损失、痛苦挣扎。基于国际货币基金组织的数据，从图 10. 1 中我们可以看到在不同的估计方法下，起于 2007 年的连锁反应会延续数年，直至 2012 年甚至更晚。

237

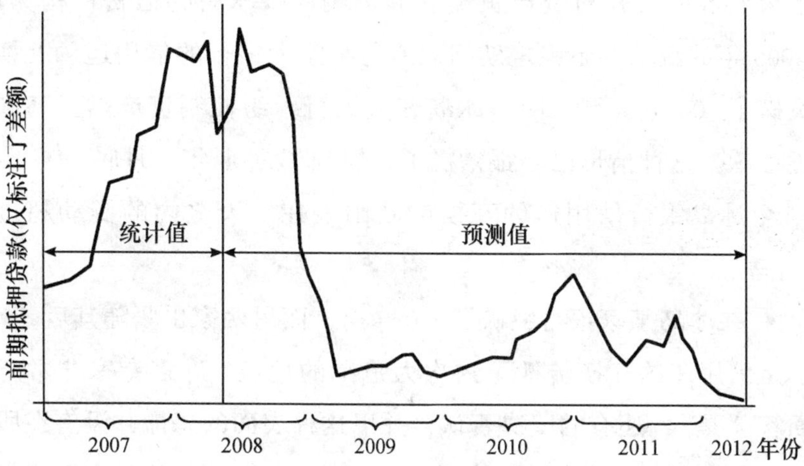

图 10. 1　直到 2012 年初美国抵押贷款预期划减情况（IMF 的统计和预测）

在整个银行界，管理层的决议都不是以事实为基础的，因为自 2002 年或者 2003 年起，损失（即使没有完全消耗）数量已经太大，使得远景规划极为模糊。在 2008 年 4 月 9 日彭博的一次访谈节目中，国际货币基金组织首席经济学家说银行在这场次级贷款危机中的损失将接近 1 万亿美元[2]。如此庞大的资本划减额比自 2007 年 7—8 月份至声明发表当天 9 个月期间发生损失的 4 倍还多。

怎样给不同的表内表外“资产”，包括最可疑的那部分估值是一个关键问题。因为在放宽流动性、信贷以及违约限制时，银行必须保证后期执行政策的实施，比如给特殊功能公司关于证券化以及结构化金融工具的保证，以及在银行或者第三方是承租人时，对所出租的特殊功能公司相关残值的承销保证等。

还有一种表外业务在给交易对方的备用信用证或者附加在贷款销售上的报销协议中可以找到。再有就是和某些特殊投资基金相关，比如基金合同终止日时初始本金投资的回报率。这些基金通常要求必须以一般投资和流动资产的混合形式持有。

238 除了上述的挑战之外，另一项艰巨的任务便是估计信用违约互换的公允价值及其对资产负债表的影响。以冰岛的信贷机构为例，在 2006 年的流动性不稳定期间，冰岛某家大银行的信用违约互换上涨突破了 100 个基点，使得冰岛三大银行纷纷控制资产增长率同时追逐存款。这种情形已经很糟糕了，但到了 2008 年 3 月底，

- 冰岛银行信用违约互换的晴雨表在 1 天之内的变动超过了 100 个基点；
- 在冰岛某家银行突破了 1 000 点，而另两家也紧随其后。

是信用违约互换传播了这次大范围的危机？许多专家非常肯定的回答“是”，还有的坚决否认，并以这种表面的恐慌并没有在股票市场上相应呈现，三家大银行在股票市场上都具有很高的市盈率为例加认论证。而且，冰岛的大银行声称通过利用私人配售，它们可以以低于衍生品指示的价格为自己融资。

技术上的原因可以解释专家的意见为什么会有差别。担保债务凭证的迅速扩展以及高度杠杆化的对冲基金影响了冰岛各银行的利差，因为许多对冲基金发现它们同一些过度持有垃圾债务的担保债务凭证。这在一个非流动性市场中也加剧了价格的波动，但同时这种利差是不能忽视的，因为在许多状况下，过高的信用违约互换利差盛行意味着灾难的即将来临。

上述以及其他对银行资产负债表稳定性的担忧，主要是基于银行资产负债表严重受损的事实，因为那些实质上已成为垃圾证券的新的衍生品被宣称为信用度最高（AAA）的一级资本，作为安全的

储蓄产品售卖，以高度杠杆化进行交易，而最多仅仅只在表面对其进行风险控制。再加上监管力度的不足，这就进一步巩固了银行家们关于现代融资可以成为一个使高额红利永存的机器的观念，而忽视了对以下实体造成的危害：

- 银行；
- 经济。

它们售卖这些垃圾证券获得了收益，从而激励它们售卖更多的这种垃圾证券，这种如同核反应般的连锁效应迫使中央银行在接受这些垃圾证券的同时出售国库券。这意味着银行实质上已经国有化了。但是由于大量的金融产品仍然存在着缺陷、房价依旧大幅跌落， 239
而要担保一项贷款却越来越难，因而国有化并没有改变银行的资产负债表仍旧存在问题的事实。银行给其自身带来了这场危机，但是国会、政府以及监管机构是否应担负得转移系统风险和重组金融业的责任呢？

2. 金融稳定论坛

自 20 世纪 80 年代金融全球化全面开展以来，市场似乎就在不断地超越自身和经济的发展，同时也一路地改良修正。历史上我们经历过 1987 年、1990 年和 1991 年、1994 年、1997 年和 1998 年的危机以及更为严重的 2000 年股票市场泡沫。现在，类似的情况本可能在 2007 年和 2008 年发生了，要不是这次次级贷款泡沫变得更加：

- 丑陋；
- 全球化。

全球性的挑战需要全球共同作出反应，于是国际清算银行的金融稳定论坛便担负起了协调统筹全球对 2007 年和 2008 年金融市场混乱所做出的反应的责任。它所召开的会议，尤其是 2008 年 3 月 28 日的会议着重体现了政策制定者对金融崩溃的深切关注以及采取极端措施解决问题的意愿，诸如：

- 暂时中止对银行资本充足率要求，对此许多中央银行提出了适当的反对；

- 用纳税人的钱资助大银行进行资本重组，这样做会导致通货膨胀的抬头；

- 对价值不高的抵押担保债券采取拍卖与公众直接购买相结合的形式，即美联储对贝尔斯登使用的解决方案。

一些市场参与者，尤其是那些在繁荣的投机时代中错误地估计了风险而在危机中受伤最大的人，一直都希望对资本要求的限制可以放宽以继续进行高风险的交易。换句话说，就是他们认为在收益好的时机下，资本要求是有利的，而在收益差的时机下，银行应该继续杠杆化而非改善资产负债表或使一切都有序化。这简直荒谬，一派胡言。

240 处在惨淡的格林斯潘年代的投资银行和商业银行家们已经习惯了疯狂的举动，他们不会考虑要确保资产安全，而是希望可以继续这样。但同时他们也非常清楚，各项事实都表明信用危机还远未结束：

- 七国集团政府支付的用于贷款的利率和七国银行支付的利率差额并没有减小；

- 所有事实都表明 2008 年引入的美联储定期拍卖工具（第 2 章）并没有解决货币市场紧缩的问题。

信贷危机所处的环境并没有改变，美林公司首席投资策略师理查德·伯恩斯坦提及全球环境下的经济金融形势时说，这是一场“越来越严重的全球信贷危机[3]”。他说，贝尔斯登的消亡不能被视为一个特例，而是一系列破产收购消亡事件的开始。在 1989—1991 年这一周期中，金融部门大概 25% 的公司都通过兼并、收购或者破产

的形式消亡了。相比较而言:

- 到 2008 年 3 月中旬止，2007 年和 2008 年的危机导致金融领域缩水了 7%;
- 可能还有 18% 的即将缩水，或者至少 2/3 将走向金融行业整合的道路。

金融稳定论坛在这件事情上所面临的挑战是，即便金融业的溃败肇始于 2007 年美国的次级贷款事件，但英国、德国、瑞士及其他国家银行的巨额亏损却表明这不再仅仅是美国的问题，而演变为全球的信贷问题。因而明智之举就是要加强对金融行业的监管，因为它们的风险很大、资产被高估、盈利增长势头不足，而且市场已经开始体会到这次信贷泡沫所涉及的范围之广、程度之深。

因而，2007 年 3 月金融稳定论坛为政府、银行以及监管机构准备了一份选项文件。意大利中央银行行长德拉吉所领导的小组概括出了一系列的步骤，其中很有意义的一项便是让一些重要银行在“通用的报告模板”下同时公开其财务状况，披露的信息需要包括:

- 不同证券的价格;
- 推导这些证券价格的方法; 241
- 担保债务凭证披露的准则。

更进一步的目标便是建立一个披露表外业务、银行资本和流动资产来源的行业准则。正如第 9 章所描述的，在 2007 年和 2008 年的银行危机之后，流动性问题成为了中央银行忧虑的焦点。

专家预计金融稳定论坛的提议会引发很多争论，而这些争论需要一定的时间和大量的谈判来解决。乐观者认为，事态危急，因而不难在新的监管原则上达成一致意见。而悲观者却觉得即使协议的延迟会使得糟糕的情况变得更坏，但是迅速达成协议却是一个不切实际的白日梦而已。事实上，悲观者的观点是对的。期待中果断而关键的七国集团 2007 年 4 月 11 日至 13 日在华盛顿的会议上却一点也不果断。七国的财政部部长和中央银行人员以最模糊的方式达成：

- 保证消除导致最近危机的过剩资本；
- 但是关于怎样清除，具体的方案并没有达成一致，更别提清楚地描述出来。

金融稳定论坛要求监管机构设置更高的资本要求，同时银行需要在 2008 年上半年度的业绩报表中充分披露其全部业务范围内的损失。但究竟该怎样计算“全部业务范围”的损失？对此，七国集团称国际会计准则委员会（IASB）应加紧制定一个“更好的方法”，以估计在最近这场危机中受到冲击的资产价值。由此可以看出，IASB 的使命其实是不够明确的。

这实际上是很具有欺骗性的，因为政策制定者早就有各种机会来按照金融稳定论坛的提议消除金融市场上信贷危机背后德拉吉所称的“非正当投机动机”。对此，纽约联邦储备银行行长盖特纳认为“我们必须在效率、创新、资本公积金与稳定性之间找到一个更好的平衡点”。的确是这样，但是怎样找到这样的一个平衡点？我们怎样找到：

- 理念；
- 工具；
- 更好的方法呢？

242 英国国际发展委员会秘书长道格拉斯·亚历山大认为，国际上需要对市场的混乱和商品的价格有一个更为协调的反应。他说，“世界银行、国际货币基金组织和联合国应共同努力使国际上应对这次危机的各个方面都有着协调一致的反应，这是很重要的”。而我们注意到这 3 个机构很少能够在彼此间达成一致协议。

七国集团的政策制定者唯一达成的决定是，要在 100 天内“完成大部分的工作”而在 2008 年底全部完工。但究竟是什么工作？结果并不是十分的明朗，都是一些笼统的陈述和声明。世界银行行长罗伯特·佐利克指出达到这样的一种协调一致反应的重要性，他说这样才能“抓住机遇”来帮助发展中国家改善医疗保健、降低营养不良和婴儿死亡率，关注气候变化以及控制食品价格，而银行危机却不在话题之内。

国际货币基金组织总裁多米尼克·斯特劳斯·卡恩对食品价格也做出类似的警告，他指出如果发展中国家尤其是非洲的食品价格还是如此居高不下的话，后果将不堪设想[4]。斯特劳斯·卡恩进一步指出这些问题将导致贸易的不平衡进而影响主要发达国家的经济。“所以，这不仅仅是一个人道主义的问题[5]。”

讨论集中在油价和食品价格上，而对需要采取强硬措施以避免第二次经济大萧条的讨论热情却减弱了。这是使市场恢复平静的最糟糕的方式，因为它所传达给市场参与者的信息是政府和中央银行仍旧不知道该干什么，而且它们还远未就政策框架或者紧急措施达成一致协议。

3. 影子银行系统破坏了经济稳定

为了调查这次金融危机，2008 年 4 月 3 日康涅狄格州一位很具影响力的民主党人克里斯托福·多德主持了一场参议院银行委员会的听证会。在听证会上，来自纽约联邦储备银行，美国证券交易委员会和美国财政部以及 J. P. 摩根大通和贝尔斯登的高级官员提供了证词。在公众的视野中，这次听证会本身仅仅提出了温和的问题，并给出了银行自我辩解的答案，而实质上很可能真正的行为是在暗中发生的。

- 所有委员会问题的答案都暗示着系统正在经历着一个临时的动乱但是将会恢复，因为它的“基本面还是好的”。
- 但是很多有识之士认为这是一个彻底的骗局，旨在为用纳税 243

人的钱救助银行设计一个借口，且受助银行比例之高史无前例。

奇怪的是，各个大银行所建立的允许投机同时又不受审慎监管所扰的影子银行系统没有被提及。这种影子系统停留在中央银行和监管者视线以外的关系网中。其节点和连线由渠道和结构性投资公司提供，一旦系统开始动摇，它就会完全毁灭。

在他们的证词中，J. P. 摩根大通和贝尔斯登的高管紧紧追随中央银行人员和监管者。纽约联邦储备银行行长盖特纳说，J. P. 摩根大通联系他来接管受损严重的贝尔斯登，并补充说，他在 2008 年 3 月 13 日才接到通知说，贝尔斯登将要破产并将于第二天正式登记。他说，如果以上事情发生的话，结果将极有可能是：

- 广泛蔓延的破产事件；
- 对金融系统严重持续的损伤；
- 最终将给整个经济带来高风险。

盖特纳坚持认为联邦储备银行的行为，包括给 J. P. 摩根大通和贝尔斯登 300 亿美元来进行收购事务，减小了系统风险。他声称财政部副部长罗伯特遵循同样的底线，认为贝尔斯登破产所带来的金融混乱将远远超出华尔街的范围。

而美国证券交易委员会主席考克斯有他自己的“不是我的错”的版本。依据他的观点，贝尔斯登在任何时候所持有的资本缓冲都远远高于监管所要求的水平。这样一个“资本雄厚，又有高品质抵押品”公司的倒闭是一件史无前例的离奇事件。而华尔街一直盛行着布什总统领导下证券交易委员会在监管方面一路失职的观点，显然两者的观点是相互矛盾的。

此外，同盖特纳所宣称的 J. P. 摩根大通首先与联邦储备银行联系相反，J. P. 摩根大通的首席执行官说，是纽约联邦储备银行主动问他是否有意愿收购贝尔斯登。主席多德要求对这个说法差别给出一份书面解释，但至今公众还是没有见到任何答复。

仿佛觉得听众对最近的事件都没什么记忆，贝尔斯登首席执行官艾伦·施瓦茨在其证词中，将贝尔斯登描述为被毫无根据的流言
244 和投机所毁灭的受害者。“你永远不可能以流言传播的速度找出事实”，他抱怨说，“似乎仿佛有人要故意引起恐慌。”至于贝尔斯登自身对其破产是否负有责任，施瓦茨说，“我仅仅是想不到任何办法，即使在事后看来也是这样。”

同前面所陈述的“不是我的错”相反，2008 年 3 月 20 日（即美联储给 J. P. 摩根大通和贝尔斯登 300 亿美元后的第四天）林顿·拉鲁什认为国会应该就美联储和财政部救助奄奄一息的投行贝尔斯登[6]的行为进行调查看是否有违法规。1933 年 3 月 9 日国会通过的紧急银行法规定政府应向保护重要银行职能提供协助，但是：

- 它限制了这种拨款必须是给构成经济重要组成部分的特定商业银行；
- 经纪公司和投资银行不在法案规定之类，因而美联储注资贝尔斯登的行为实际上是迈出法律边界之外的。

仿佛没有意识到影子银行系统会破坏经济的稳定，无论是布什政府还是美联储都没有在还有可能打破这个系统的时候提起注意。反而在银行和信贷危机之后，开始集中精力调低利率，但这个时候它们明明清楚这样会加剧信贷市场上的问题，尽管：

- 利率的降低不会渗透到房屋拥有者的层次上；
- 而如果渗透到房屋拥有者的层次，那么原本经营良好的公司就会面临流动性的问题。

没人真正清楚这次危机究竟能到多么糟糕的程度，因为在房价总值达到 20 万亿美元，即大多数家庭全部财富时，没有人曾经历过房屋市场这样迅猛的价格跌落。现如今最好的状况是，其他经济只受到资产缩水的影响；而最坏的情景是，如果每一个无力还款的抵押贷款人都将房屋还给出借方，那么整个美国银行系统的资本将会

被完全耗尽。

就银行自身而言，由于危机不断地从一种资产传到另一种，而任何一种估值都是不可信的，影子银行系统的网络已经脱离了其控制。银行开始通过大量购入可疑的表外业务衍生工具来逃避要求储 245
备资本的谨慎规则，而这样则带来了灾难性的后果。

仿佛是为了证明监管者正在担心目前的危机将走向何处，联邦存款保险公司在2008年初的时候增加了破产管理和决议部门的人手，以为即将到来的银行倒闭浪潮做准备。同时，它在网站上招聘金融机构倒闭方面的有识之士，而此时联邦存款保险公司“问题”机构名单上的数额增加了50%，即：

- 从2006年的50个；
- 增加到2007年的76个。

不论你翻阅大银行还是小银行的资产负债表，都可以看到可怕的资产管理失误和大量的资源损失。既然资产保全是首席执行官、董事会成员以及高层管理人员的基本和全部的责任，面对现如今的银行和信贷危机，人们便要求国会就导致危机的决策介入调查，看是否有违法规，以便对做恶者做出法律的制裁。

4. 试图速战速决是不可行的

对冲基金公司保尔森的创始人约翰·保尔森，在2007年获利37亿美元。这是在华尔街历史上，一年之内通过某些抵押贷款以及基于这些贷款的复杂金融工具盈利最多的一位[7]。保尔森看到了高收入的国家元首、政府官员、中央银行职员以及监管人员没有察觉到的信息：次级债总有一天会崩盘的。

《机构投资者阿尔法》杂志关于对冲基金最高收入年度排行表表明，乔治·索罗斯和詹姆斯·H. 西蒙斯也都在2007年各自获利了近

30 亿美元。众所周知，凡是跻身于排行表之中的对冲基金经理 2007 年的获利都不低于 3.6 亿美元，这将近是 2002 年的 20 倍。下面列出的是同其他 2007 年收入的强烈对比：

- 美国平均家庭收入 60 000 美元；
- 蓝领平均收入 36 000 美元；
- 非技术人员平均收入刚超过 18 000 美元。

246 过去最低收入同最高收入间的比率为 1∶20，随后涨到了 1∶40，这个时候很多评论家都称这一比例太高了，而现如今这个数据是 1∶20 000。太平洋投资管理公司（PIMCO）的比尔 - 格罗斯对 2007 年某些人收入过亿的现象评论说，“这的确没什么不对，是合法的，但是这也是丑陋的。”

其不理性还体现在它抹杀了整个自由经济的意义。那些将自由理解为盗窃的人士则推崇 20 世纪社会主义、共产主义、法西斯主义和纳粹主义的振兴。而美国中产阶级、蓝领以及非技术人员的房子在这 1∶20 000 的收入比率中就如同炮灰一般，被银行带来的龙卷风吹得一干二净。

这次破坏的范围很广，也无法进行快速的修补。布什政府的政要和银行业的提议都是要寻找一个简单的方案来迅速处理这次危机。他们让联邦住房管理局 FHA（1930 年大萧条时成立）发放贷款，然后让房利美和房地美来购买这些贷款。据报道说虽然两房本身已经赤字，但还是被指示要开始购买大额房贷（那些大于 41.7 万美元的）[8]。

- 2007 年第 4 季度，房地美报告损失 25 亿美元；
- 同时期，房利美损失 36 亿美元；2008 年 5 月 6 日，报告称资产负债表的 42% 都是所持有的次优抵押贷款[9]。

美国财政部部长汉克 · 保尔森（注意同 2007 年 37 亿美元获利者约翰 · 保尔森的区分）在宣扬其自身的救助方案的同时，攻击其他一些救助投机者的提议。当一些银行家大声疾呼要求用纳税人的钱来拯救他们的时候，曾做过银行家的保尔森其实清楚至少一半以上的损失是被其前任同事给吃掉的。同时，正如表 10.1 所示，大银行的资本本身是在减少的，市场要惩罚他们，因为：

表 10.1　大银行的市值在 2007 年危机前与危机后的变化 247

（单位：10 亿美元）

机构	2007 年最高点	2008 年 3 月
花旗集团	250	120
瑞银	152	70
苏格兰皇家银行	140	74
巴克莱银行	100	64
瑞士信贷	99	65
苏格兰哈里法克斯银行	83	42
德意志银行	82	62
美林	80	44
摩根斯坦利	68	53
雷曼兄弟	40	23

- 低水平的管理；
- 空前数额的账面资产划减。

为掩饰这些缺陷，一些银行企图将游戏规则转变为对自己有利的模式。既然按市值计价将会带来账面资产减计的风险，他们就向友好的监管者协商不再客观估值，而是换成由管理者宣布他们所认为的（无用的）“资产”价值。

（需要注意的是，美国 FASB 会计准则，欧洲 IASB 的会计准则，以及巴塞尔 Ⅱ 财务报告准则是基于公允价值的准则。这引发了金融工具价值数十亿的资产减计和一片的抱怨声。大银行要求不以市值计价的一个最滑稽的观点就是当今的市值所反映的是非正常的市场，而非其资产“真正的”潜在价值[10]。）

拼命地寻求解脱，一些金融机构希望证券交易委员会能够批准它们在销售被强行拍卖或者廉价出售的资产时能够不以市值计价。而忽视了规则既在好的光景下适用，也应该适用于不好的年头的，如果在中间改变，那就毫无规则可言了。

但是一些高级银行家并不赞成这种理论，他们大力推广银行系统的批量改革。德意志银行首席执行官约瑟夫·阿克曼呼吁政府干涉的时候总结道："我不再信任市场的自我愈合能力[11]"，这句话暗示着：

• 如果市场不能使由于其自身冒险行为所造成的伤口自我愈合；

• 那么最初就不应该鼓励这种冒险行为（参照本章的第 6 节）。

重组最终将会导致积极的银行监管，而非英国金融服务署
248 （FSA）的"老男孩俱乐部"及其"基于原则"的无效方案。北岩银行的惨败损害了英国金融服务署的形象。除此之外，这里还需要有一个短期的解决方案和长期的重组计划。拿瑞典的例子同英国金融服务署和美联储的相对比，将引人深思。

在日本因为过度的银行业和房产业而导致的经济大幅萧条一年之后，1991 年瑞典面临着自第二次世界大战以来世界经济所遇到的最糟糕的金融危机。对此，瑞典的解决办法同日本完全相反：

• 日本选择的解决方案是将利率降到接近于零，如同美联储在 2001—2002 年和 2007—2008 年所做出的决策；

• 与此相反，面对危机，瑞典货币政策当局所做的快速应对方案则是提高利率水平。

提高利率的措施大大超出投机者的预计，使其得以先发制人、抢占上风，从而抑制了损害的程度，使瑞典十几年都得以维持较高的增速。这经过证实是正确的解决方案，但可惜的是，美联储主席以及财政部部长复制了日本失败的解决方案，而非成功的瑞典方法。

当然，任何一个方案都是要付出代价的。瑞典的 GDP 在 1990—1993 年间下降了 6 个百分点，而且虽然当时在精简过剩的银行，但这个方案掀起的银行破产浪潮威胁了金融系统的稳定。为了制止 1992 年对货币的投机，瑞典银行主席本特·丹尼斯将对银行的借款利率提高到了 500%（这样也给了他们一个教训）。

我们从瑞典 1991—1992 年及其以后的经历中还可以学到一点，那就是与布什政府、格林斯潘、美联储以及美国市场上其他参与者的做法不同，自上述银行危机以来，瑞典人都在抑制开支，他们经常都是处于财政盈余的状态。而瑞典的中央银行紧盯通货膨胀，甚至在 2008 年 2 月 20 日的时候，不顾美国将有可能引致的经济衰退，选择将利率提高了 0. 25 个百分点。

5. 保尔森的重组：呼吁零管制

《金融时报》的一篇特写中陈述了非常清楚的一个事实，那便是：精简是一个好方案，但是没有处理好金融系统激励措施问题的改革将不会起到任何作用。说得好！按照这种观点来看，美国所提 249
议的新监管规则只不过是虚张声势，因为：

- 如果充满贪欲的错误激励措施没有消除，那么诸如 2007—2008 年的金融危机将成为一个常规的经济模式；
- 如果使美国和世界经济陷入混乱的相关人士没有得到制裁，那么将会有更多的人来效仿他们；
- 如果监管者不是机构健全的自主实体，那么商业银行和投行将继续这场做秀，由此导致的后果我们清楚有多严重。

为了处置这些风险，2008 年 3 月 31 日，美国财政部部长汉克·保尔森宣布了他对美国银行监管系统的重组计划，其中包括加大美联储对投资银行的监管权利和限制投行风险的条款。保尔森说这项计划将需要很多年的时间来执行，而财政部将首先以解决目前的市场动乱为重点。但他们真的在解决关键问题吗?

打着“现代化金融监管架构蓝图”的标签，财政部部长的计划将为美国创造一个“仅仅原则上”的监管体系，从根本上降低联邦和州政府对银行业的监管力度。同时增强美联储对以下实体和行为的救助权利（目前是违宪的）:

- 投资银行;
- 其他投机事项。

在纽约，对这份提议的看法有着很大的分歧，从“保尔森的赌博”到“力图修改规则使其变得更有意义的一次尝试”（事实并非如此）。评论家指出这只是一次大胆而不受欢迎的尝试，他们试图以此将用公众的钱为投行家和对冲基金的损失弥补缺口合法化。

支持者观察到财政部自 2007 年 3 月开始就在为这份提议做准备工作，以尽可能合法地让美联储采取行动。他们将保尔森的这份提议视为在海外竞争日益激烈的环境下，通过增强美国的竞争力来主动支持美国的资本市场（对此，次级贷款业务、担保债务凭证和信用违约互换已经表明了后果）。

250 但参议院银行委员会主席克里斯托福·多德，在评论财政部提议时说，“瞎投，一点也不贴近实际。”其他的评论家指出汉克·保尔森的重组计划由于会引起新一层的官僚政治而更无效率可言，比如房屋贷款监管人和很多借款人都将与政府并驾齐驱。他们更多地将此方案视为把银行监管和总统捆绑地更为紧密的方案——从而使其面临各种政治压力。

这种批评是在财政部扩大总统工作小组（PWG）在金融市场上的权利，建立由财政部和美联储（权利将极力扩大）主宰的大监管者俱乐部等计划的背景之下提出的。这同很多专家所信奉的政府的干涉减弱了监管者的监管力度相左，而这种干涉有可能再次发生。

甚至连投资银行家也为此担忧。投行韦斯特伍德管理合伙人丹珀特表明："目前的灾难并非起源于监管的缺乏，而是由于没能运用、执行和保持从过去的危机中所建立起的监管防护措施[12]。"

《全球策略信息》杂志2008年4月11日的一篇文章中表达了同样的担心：

财政部部长保尔森、总统工作小组以及银行家们清楚他们破产了，而且只有政府才有能力来救助他们。但在他们急切地寻求政府救助的同时，又不愿意政府来干涉他们的事情。他们坚持认为国际金融只有高于单个政府才能更加有效[13]。

换句话讲，零管制才是最好的管制。

小布什任命下的克里斯托弗·考克斯任职期间，证监会没有执行监管投资银行的责任，于是导致了贝尔斯登的丑闻。而在过去，美国的证监会其实是最有效的监管者。因而，保尔森的重组计划：

- 将证监会作为不插手、不干预政策的执行者而将其摒除；
- 将其很多职能向美联储转移；
- 通过与另一个机构合并而准备将其消除。

三位前证监会的高层立即表明，布什和保尔森提出的金融监管
措施修整方案将会削弱监管力度，而（考克斯领导下的）证监会已 251
经这样做了。证监会前任主席大卫罗德、阿瑟列维特和威廉·唐纳森指出财政部让证监会与美国商品期货委员会（CFTC）合并是一个错误的决定。

- 证监会采取"谨慎的态度"是"没有必要的"。因为"监管机构会通过与市场参与者非正式的讨论而让他们改正不恰当的行为"，罗纳德·里根总统下的证监会主席大卫·罗德在一次采访中说，"我们迫切需要的是执行的方法。"

- 比尔·克林顿总统下1993—2001年的证监会主席阿瑟列维特则认为，财政部提出的条款是"固执的、错误的"，因为这将会使贸

易委员会占据"首席地位"。

- 因提出要对对冲基金监管而被布什（2005 年 6 月）开除的威廉·唐纳森主席也同样对保尔森的计划持批判态度："在开始重组金融监管机构之前，你必须先要明白这些（混乱）全都是如何发生的[14]。"

而国会议员们也对证监会是否已经停止打击欺诈行为表示质疑，尤其是证监会将会计准则和证券交易的监管责任移交给了海外监管者。克里斯多德和杰克里德要求政府调查为何证监会对公司和个人的制裁减少了 51%，即减少到监管机构最近财政年度的 16 亿美元。同时证监会的年度报告表明，该机构在同一时期的调查减少了 15%。

多德和里德在 3 月 20 日给政府问责局（美国政府的审计机构）的信中写到，罚金的减少，让人质疑证监会执行的理念或者调查范围是否改变。从而，他们要求政府问责局检查去年关于代理机构在谈判公司罚金之前必须先在委员会处获得批准这一政策变更是否执行。

6. 保尔森监管重组的具体细节

理论上看，保尔森的"现代化金融监管架构的蓝图"呼吁扩展银行监管的范围，并赋予一小部分监管者以更大的权利。比如说，
252 证监会将同商品期货委员会合并，而实际上，这就如同打开了潘多拉的盒子。

商品期货交易委员会主席沃尔特·卢肯立即警告说这样做会导致"一个更大的监管官僚主义的诞生"。而且这两个机构的合并在通过国会审核的过程中由于其分别隶属于国会不同的两个部门，也必将遭遇重重阻力。在保尔森的这份提议递交给国会之前，立法者就应当先问问他们自己：这样的一次合并有意义吗?

摩根斯坦利亚洲区主席、著名专家史蒂芬·罗奇在谈到保尔森的

银行监管重组计划时，将其看作是“就如同在泰坦尼克号的甲板上重新调整手扶椅的摆设”。依他来看，立法者应该强调中央银行对于金融稳定的责任，而保尔森的计划中却对这样的基本任务只字未提。

• 美联储的主要责任不是银行监管，而是执行货币政策和维持金融稳定；

• 但在格林斯潘和伯南克任职的 20 多年间，美联储却没有履行这种核心责任。

证监会同商品期货交易委员会合并已不是一个新鲜的话题，早在 20 世纪 90 年代就有过这种提法。1998 年 12 月 16 日，美国参议院农业委员会就场外衍生工具市场和对冲基金举办了一场听证会，这场听证会的基本目标就是商品期货交易委员会重新规范场外市场的计划。

听证会上出席的一些前任政府官员似乎认为衍生工具市场运行良好，没有必要重新规范（别开玩笑了）。美联储理事、1983—1987 年间商品期货交易委员会主席苏珊·菲利普斯表示说：“美联储没有必要对场外衍生工具市场进行特殊的管制，而对期权期货交易市场也应该相应地减少管制。”

菲利普斯的继任者温迪格兰姆博士（1988—1993 年）持有相同的观点，他说：“挑战在于要让法律法规避免阻碍创新，否则市场就会受到损害”。他还补充说：“监管机构看起来是起了作用的。”其他人则建议让商品期货交易委员会并入证监会，但之后的事实证明这是没有希望成功的（保尔森是持相反的观点，即证监会并入商品期货交易委员会，这同样是无稽之谈）。

同这些证词相反，1998 年商品期货交易委员会主席布鲁克斯 253
利·伯恩坚守自己的立场，他认为对场外衍生工具市场参与者的信息披露要求不够，致使“潜在地允许他们在联邦监管之外做出有碍于市场监管的举动。”2007—2008 年的金融危机证明布鲁克斯利·伯恩是对的（但他因为坚持自己的观点而被克林顿辞退）。

沿着同样的参考体系，另一位见证者马丁·梅耶陈述道，“法律赋予了商品期货交易委员会以裁定商品化的金融衍生工具的权利，这些金融衍生工具违反了包括纽约州在内许多州的反赌博和反投机法，并且这些州都为大多数的国际掉期合约制定了监管法律。”梅耶同样也是对的。

- 如果现存的美国法律能够先发制人，那么金融业也就不会走向自我毁灭的道路；
- 但废除格拉斯—斯蒂格尔法的比尔·克林顿，和开除掉要求对对冲基金进行监管的证监会主席的乔治·W. 布什，都在拼命地讨好金融赌徒们。

关于财政部银行监管重组计划和总统的金融市场工作小组，很令人好奇的一点就是，他们都没有谈及（至少没有公开谈到过）布鲁克斯利·伯恩要求场外衍生工具市场进行报告或者威廉·唐纳森呼吁对对冲基金进行注册和监管的方案。这便引发了一个最为烦扰的问题：

- 难道总统的金融市场工作小组人员和起草保尔森计划的人能力都不够胜任吗?
- 或者他们只是受自身利益的影响盲目地听从上级的指挥?

财政部银行重组计划的另一个具体合并就是关于他自己的货币监理署（OCC）和储蓄机构监管委员会（OTS）的合并计划。储蓄机构监管委员会是于1989年银行存储危机（储蓄、加强社会建设）的背景下创立的一个独立政府机关。

- 储蓄机构监管委员会要监管大约840家主要业务是抵押贷款的银行[15]；
- 相比而言，货币监理署的责任完全不同，其所监管的是美国的大银行以及外国银行的美国子公司。

254 换句话说，储蓄机构监管委员会和货币监理署除了在减轻危机方面都没做出什么贡献之外，在监管的深度、细节以及复杂度上都没有任何共同点。储蓄机构监管委员会所负责的840家大银行都是高额次级贷款的主要持有者，在2008年3月31日（保尔森的计划公布之时），他们自身都有250亿美元的赤字。货币监理署所监管的机构情况更糟。其损失则已比前者高两个数量级，其所确认和潜在的损失达到数万亿美元。

另外，作为高盛的前任老板，汉克·保尔森应该清楚只有在具体细节都研究到位、问题都分析清楚并很好地解决之后，合并才有可能发生。合并是投资银行得以获得大笔财富的重要资金来源，但合并过程中所要求的细致分析和透彻研究原则却没有在商品期货交易委员会与证监会，储蓄机构监管委员会与货币监理署的合并计划或者保险业的监管制度中体现。

保尔森提议的另一个具体细节则是承保人可以选择联邦政府的监管而不是州政府的监管。具有讽刺意味的是，在银行业的监管中，类似这样的选择已经存在了很多年，但它们所造成的结果是弱化的监管，而非更有力的监管。那么为什么要让承保人的情况有所不同呢？

另外，更令人费解的是，这个金融业审慎监管的重组计划并没有提及联邦储备银行在提供货币的时候，能否接受垃圾债券及其他无利可图的钱作为抵押，即我们在第2章中所讲的美联储的新政策：提供国库券，而换回的却是毫无价值的担保债务凭证。

通过用国库券来换各类过期的抵押贷款，美联储实际上是在帮助银行和证券公司减少资产负债表因过多的不良抵押贷款而带来的压力[16]。但这真的应该是美联储的使命吗？何况担保债务凭证不都仅限于次级贷款产生。次级贷款虽然仍旧是一个很大的挑战，但它只是昨天的首要问题，今天更大的新问题则在于其他的资产类别上：

- 优先级抵押贷款；
- 杠杆贷款；

- 一堆其他形式的金融杠杆。

如果明天信用违约互换相对于担保债务凭证带来了新的更大危机，将来会变成怎样？美联储会成为高度杠杆化的信用违约互换的最后担保人吗？它会抛出大量的资产来救助那些没用的资产，同时允许伪装成银行家的赌徒给自己分得数以亿万计的红利吗？职能拓展了的美联储会将那些被钱财冲昏头脑的金融操作人员绳之以法吗？如果答案是肯定的，那为什么这些没能在担保债务凭证上得以实现呢？ 255

7. 专家们在银行监管问题上的观点

随着金融以及信贷危机的进一步深化以及 2008 年第一季度所显示的银行业资产减计和其他损失的持续增长，几位美国著名金融专家都批判格林斯潘和伯南克任职 20 年间美联储的政策。在他们看来：

- 美联储松动银根太快；
- 它又太过着急地救助因投机而造成错误投资的机构。

评论家表示，这不是中央银行的使命。美联储的首要责任是稳定物价，但是格林斯潘和伯南克却让市场上的流动性过剩而不管这给美元价值所带来的通货膨胀冲击。现在，美国居民却必须为损害美国经济发展的错误政策所带来的通货膨胀而付出代价。

甚至连华尔街的投资银行家现在也说，美联储带给市场的错误信息是从 1998 年 9 月对长期资本管理公司的救助开始的。这实际上是表明银行家和投资者可以追逐他们所看中的一切风险，因为美联储时刻都准备好了把他们从自己挖的坑中救出来。

对伯南克和格林斯潘政策的批判还有，在他们领导下，美联储不再像其他西方中央银行那样用更广义的货币供给度量 M3 来作政策目标。这两任主席都清楚（或者至少是应该清楚）这会使印制钞票有了更多的自主权，而美联储也不能无止境地扩大货币供给。

在 2008 年的一次聚会上，备受敬仰的美联储前任主席沃尔克（他成功抑制了美国 1980 年的通货膨胀）说："2008 年的信贷危机是以往所有的信贷危机之母"，这是自 1923—1933 年大萧条时期以来美国所经历过的最严重的危机。他还明确地指出，"金融系统显然没有通过市场的检验"。

256 这位美联储的前任主席还解释说，虽然他最担心的是美国的经济，但这次信贷危机的起源以及结果都不仅限于美国，而是波及到全球。因此，他认为不仅为实现更完善的银行监督，需要建立一个独立的超级机构，还需要建立和维持一个全球监管方案。

对于沃尔克所表明的美元迫切需要重新估值的意见，很多金融专家表示，实际上美元的危机进一步加剧了信贷危机，因为它给外国人持有美元的数量设定了限制。他们同样还批判了贬值美元比强势美元好，因为贬值的美元能够大力促进出口的说法。但是正如美国经常账户的巨额赤字所表明的，美国进口额是大大超过其出口额的。

投资银行家也认同布什政府的政策是起反作用的说法，因为他将一个原本就很差的情况弄得更糟了。史蒂芬·罗奇在 2007 年 4 月 5 日的一次电视采访中说道，78% 的美国经济在"此时"都陷入了困境。而风险问题还在年复一年的累计，从而导致经济陷入现在的混乱之中。

罗奇强调说应该负责的人是格林斯潘领导下的美联储，其次便是伯南克。美联储最大的错误便在于它没有插手来分散逐步堆积的金融风暴，而是一直等到泡沫爆炸后才来清理混乱。其他的专家则认为银行的问题不是它们缺乏资金，而是其资产负债表中有过多的：

- 无价值的贷款；
- 低水平的结构性证券。

很尖锐的一个批评便是，对于亟待提高的低水平的银行业风险管理，财政部的重组计划和美联储当务之急中却没有提及银行业需要改进的措施。而与此相对比的是，商业银行家却很着急。在 2008 年 4 月 9 日彭博社的一次采访中，约瑟夫·阿克曼指出必须要加强和扩展风险管理措施。银行必须将目光焦点转向其他方面：

- 问问在假设的风险暴露下会造成什么样的后果；
- 多关注一下自身的流动性问题；
- 少依赖于外部的评级，更多关注一下自己的信誉评估。 257

这些评论是在 2007 年 7—8 月份到 2008 年 4 月金融环境并没有稳定甚至更加恶化的背景下做出来的。这也让银行家更加关注信贷紧缩外的新情况。对于 2008 年银行为什么不愿意往外贷款的问题，阿克曼解释说这是因为它们不知道明天将会是怎样的状况。

- 资本需求的情况还不清楚；
- 它们必须保留现金以预防灾难的发生。

优秀的经济学家都很清楚对大银行的监管和对中等及小银行的监管是截然不同的。2008 年 4 月末的一次彭博社电视访谈中，亨利·考夫曼博士指出有 30 家美国的机构太庞大了以致于无法倒闭，但是我们急需建立一个特殊的监管机构来稳定地监督它们（同沃尔克的超级代理机构类似）。

考夫曼是对的，而且这不单单对于美国是“必须的”。可以合理地推测还会有 30—40 个这样的机构存在于欧洲以及世界上包括中国、日本、韩国、印度、巴西等其他国家，这些机构对世界经济影响很大，因而无法倒闭。

这些核心金融机构一旦破产或者损失严重便会导致从道德风险到通货膨胀和系统风险爆发等一系列的影响。贝尔·斯登破产的影响就是后者的一个例子。因而，那些大的银行应该被禁止赌博投机，这也是为什么其监管制度必须尖锐稳定的原因所在。此外，不管在理论上有多么有效地解决方案，最重要的问题就是监管者应该怎样运用手中的权利，即绝对的监管到位，同时又无碍于金融机构的创新。

有一天，监管者又会遇见像眼下次贷危机和结构化产品所带来的系统中堵塞的问题。而如果监管者听信大银行关于“限制创新”
258 或者“败给海外竞争者”的抱怨，已经准备好了接受（或者甚至是鼓励）银行的行为，那么他们将很难让银行的行为有所收敛。毕竟损失一些生意总好过于损失一些银行。

* * *

这些首先是银行的危机。大概所有人都会同意银行的财富决定了我们目前的这种危险处境将会持续多久、有多严重。如果不及时制止，那么不断恶化的经济形式所带来的连锁反应将会导致整个金融系统以致于整个社会体系的坍塌和崩溃。

其次是市场和监管者的失职，没有让经济保持活力的同时又处在良好的控制之下。所以现在我们必须改变监管方式，同时也需要对市场进行重组。

后 记

这是一个被恐惧驱动的市场。2007 年年中，由于次级抵押贷款 259
给了基本上没有负担能力的人们，并被用于证券化的原材料，于是银行危机爆发。银行采用的系统是复杂的，它们大规模地使用担保债务凭证（CDOs）、表外业务以及为了进行管制套利而设立的特殊投资公司（SIVs）。

当亏损激增，企业信心低迷时，信贷违约就成为全球金融与银行业地震的震中。危机的下一个阶段就成为了信任问题。银行不再相互信任，因为它们知道财务报表是不准确的——在信用衍生工具广泛使用后，特别是信用违约互换（CDSs）的合约价值达到天文数字后，这种恐惧急剧上升。

2008 年 9 月 17 日，随着雷曼兄弟公司的破产，摩根斯坦利的 CDSs 息差达到 900 个基点[1]，这意味着违约概率达到 13%。专家认为，如果美国国际集团（AIG）破产的话，德意志银行和瑞士信贷很可能也会破产，因为这样它们从 AIG 以 CDSs 形式购买的大量信用保护就会灰飞烟灭。

由于美国和欧洲的银行监管都出现了缺失，所以信任的缺失问题进一步恶化。监管者没有各尽其责。曾经认为市场受到严格监管的观点被证明是虚幻的。问问任何一家与美国证券交易委员会或英国金融服务署打过交道的企业就知道了。

2008年10月初，在众议院政府监管委员会主席亨利·魏克斯曼
260 （Waxman）以及美国参议院银行委员会的委员们激烈的质疑下，破产的雷曼兄弟的CEO迪克·福尔德公开承认其银行没有受到证券交易委员会的监管。

- 如果美国证券交易委员会和美联储各尽其责，那么雷曼兄弟、贝尔斯登和16家美国商业银行（截至2008年）就不会破产。

- 如果英国金融服务署尽职尽责，那么北岩银行、联合莱斯特银行（Alliance & Leicester），布雷福德—宾利集团（Bradford & Bingley）、苏格兰哈利法克斯银行以及苏格兰皇家银行就不会误入歧途。

贪婪、欲望以及掉以轻心解释了为什么我们现在越过了全球信贷危机的边界、为什么银行持有了大量有毒资产以及为什么任凭监管的缺失。只有信心恢复时，我们才能看到金融市场表现良好，而在当前，虽然全世界投入了数以万亿计的美元、英镑和欧元以解决危机，但信心仍是一种稀缺商品。

- 流动性不足已经从贷款市场蔓延到商品市场、债券市场和股票市场；

- 股票、债务工具和弱势货币正跌到关键支撑价位以下；

- 制造业和其他产业公司在削减影响其核心业务发展的工作岗位和投资；

- 政府正在大量增发货币，稳住股票市场，并对资金流动施加限制。

全球股票市场都大幅下挫。仅仅在2008年9月17日一天，摩根斯坦利的市值就下跌了38%，高盛则下跌了25%。一天之后，通用电气的股价下跌21.5%，人们日益担心通用资本的股价，这支股票直到中央银行注入大量流动性后才略有反弹。

一个月后，2008年10月18日，日经指数出现了21年来最大下

跌。就在这一天，与1年前相比，印度的孟买（Sensex）指数下跌48.1%，香港的恒生指数下跌46.8%，日本的日经指数下跌45.9%，德国Dax指数下跌43.7%，法国的CAC40指数下跌43.5%，英国的《金融时报》指数下跌39.1%。俄罗斯的股价指数跌得最凶，下跌了近70%。

虽然美国财政部在7 000亿美元的经济刺激计划中，通过问题资产救援项目（TARP）“不惜一切代价”地稳定金融市场——并宣布 261
其中包括一系列未明确说明的措施。英国和欧元区国家（特别是德国、法国与荷兰）的救援计划超过了美国，其规模相当于2.2万亿美元。但这3万亿美元足以解决规模至少是其20倍之大（据估计）的问题，即至少60万亿美元的问题吗？后者可能就是全世界在近40年所花销的粗略估计：

- 这些花销是入不敷出的；
- 并由此积累了巨额不安全的债务。

目前正在进行的超级金融救援计划，无意中会产生一个后果，即它可能导致通货膨胀。随着全球经济进入严重衰退以及危机深化阶段，这会使得西方国家和其他经济体回到20世纪70年代的滞涨局面。已经成为21世纪全球经济发电机的中国经济，也将收缩，所以我们可能都将承担无法预见的后果。

还有一个问题，这3万亿美元被用在了最好的方面了吗？现在我们能说的是，政府在牺牲非银行部门来拯救银行业。但没人能确保大规模的金融机构救援计划能够成功。有些银行规模太大，问题太深，以致于很难愈合其自身造成的伤口。2008年10月17日，花旗集团和美林银行都公布了新的数十亿美元的亏损，这使美国9家最大的银行资产减记规模达到3 230亿美元，超过了它们在近几年的全部利润。

包括银行最高管理层在内，没有人知道这个无底洞有多深。我们记得 2008 年 8 月，美林银行向一家得克萨斯的秃鹰基金——孤星公司，以 5% 的实际价格出售了 300 亿美元的 CDOs 和其他有毒资产[2]。银行在最近减记资产后，剩下的资产质量仍然令人堪忧。损失日益严重，这对西方国家政府的计划提出了严重的质疑：

- 贷款银行能够如政治家所期望的那样，迅速将其新近获得的资金放贷出去吗？
- 它们能够重新让资金流动起来，以促使经济复苏吗？
- 或者它们会囤积资金以自保吗？如果这样，中央银行、监管机构和政府又该怎么办呢？

262 至少有些政界要人说他们希望改进监管方法，并增强监管能力。2008 年 10 月中旬欧盟委员会宣布将设法控制信贷衍生产品市场的风险，因为后者在全球金融危机中扮演了非常负面的角色。“监管者需要更好地知道这些金融工具到底有哪些实际的风险”，欧盟金融服务委员查理·麦克科瑞维说。

麦克科瑞维呼吁各国监管机构和金融业应该就信贷衍生产品带来的真实风险以及为了防止未来的损失而去限制它们达成共识。法国总统及 2008 年 7 月 1 日至 12 月 31 日欧盟轮值主席尼古拉斯·萨科奇呼吁最大的 30 家全球金融机构要接受来自其国家的监管者组成的小组的监管，并要求国际货币基金组织进行协调。

细心的读者会记得本书提出的建议之一，就是让美国最大的 30 家银行以及全球其他国家与地区的 100 家大银行在信贷配置的全过程中，都由同一家机构进行监管和严格控制。为了防止 2007 年至 2009 年的大灾难再次发生，这么做是非常必要的。但乔治·布什反对对所谓的“自由市场”进行监管[3]，事实上当时监管职责被弱化了，而不是加强了。

2008 年 10 月上旬，授权 7 000 亿美元救援方案的问题资产救援项目（TARP）就是一例。为了让法案通过，美国的标准制定者强迫放松了要求银行盯市的规则。而且旨在迫使银行减少表外资产证券化业务的财务会计准则（FAS），（刚刚）被推迟到2010年才实施。

欧盟也当仁不让地弱化了国际财务报告准则（IFRS）中有关盯市的会计准则，其声明的理由就是欧盟银行在竞争中不能比美国银行处于劣势。在大西洋的两岸，政客们都忙着扭曲少数正确的监管规则——这种行为将被证明是非常具有破坏性的，原因在于：

- 它将以损害银行资产负债表的代价来影响市场信心，而不是恢复信心；
- 它将降低透明度，并使人们更加担心银行在其资产和负债问 263
题上说谎，这将使银行信贷重回正轨的时间进一步推迟。

毋庸置疑的是，2008年10月15日美联储主席本·伯南克提出了防范泡沫形成的一套宏观上的谨慎监管体系。这当然不错。分析师将此解读为美联储将转换政策的第一个信号，即其将阻止金融泡沫的发展。但这还只是一个概念，而且只是必要解决方法的一部分而已。

总之，市场下跌的规模与速度是既大而又无法预测的，所以读者阅读此书时的情况与作者写书时的情况可能大相径庭。当前局势发展方向是，市场将出现越来越深的“跳水”局面，更糟糕的是，实体经济亦将如此。

美国金融业的消融过程近乎像一场完美风暴。因为其形成时间既在可以说是美国历史上最差的总统任期内[4]，也在一个长达18年中以自负和货币政策失误著称的美联储主席任期内，还在华尔街处于史无前例的权力巅峰时期内。

注 释

264 第1章 信用风险管理不善

1.《经济学人》，2008年2月23日。
2. 欧洲中央银行，《金融稳定性报告》，2007年12月。
3.《金融时报》，2008年2月4日。
4.《经济学人》，2008年2月16日。
5. 在美国，经济成为了格林斯潘时代政策的牺牲品，因为当时的政策是向市场倾斜的同时，一次解决一个问题；而相反，欧洲中央银行则有一套方法以取得稳定经济、抑制通货膨胀和保持经济增长之间的平衡。
6. D. N. 克拉法斯，《银行业的火箭专家》。拉夫尔提出版公司。伦敦和都柏林，1995。
7. 名义本金金额从互换交易中借出，由合同责任确定，并且用来作为计算损益的参照。
8. 场外交易是银行对银行的承诺（更准确的说是交易商对交易商），并不通过交易所进行。因而很难控制，也很难按照市价估值；场外工具通常没有一个市场。
9.《经济学人》，2008年4月19日。同一篇文章也指出2007年年底信用违约互换（CDS）的风险敞口（参见本章第5部分）高达62万亿美元。
10. 伯纳德. M. 巴鲁，《巴鲁：我自己的故事》。亨利·霍尔特出版公司，纽约，1957。
11. 沃伦·巴菲特，“避免一场大灾难”，《财富》，2003年3月12日。
12. 期权最初由古代贤人之一泰利斯发明。它是买卖双方之间的一种契约，规定履行契约时买者有权却没有义务要求卖者履行特定的财务责任。而期货则顾名思义是现期承诺可以等到将来履行，期货在交易所交易。远期和期货类似，但不在交易所交易。基本上远期就是没有活跃市场的客户化了的双边合同。标准的互换包括定期收入预先确定的固定金额，以及相对应的定期支付一单位参考资产的即期价值。互换一般涉及合同的双方，合同约定一定时期内他们会定期交换支付，例如，以浮动利息交换固定利息。

13. D. N. 克拉法斯，《衍生金融工具介绍》。麦克劳·希尔出版公司，纽约，2008。
14. 担保债务凭证（CDO）是一种结构化的金融工具。它以评级过的债务（一篮子贷款或其他债务）证券为担保，通常是为购买某种资产提供融资支持。它是之后成为主流的最复杂且不透明的工具。
15. 《经济学人》，2008 年 8 月 9 日。 265
16. 2008 年 2 月 27 日，一份路透社的报告指出挪威国家石油海德罗公司宣布了 2007 年衍生品交易税后 8 亿克朗的损失。
17. 资料来源：《经济学人》，2007 年 9 月 1 日。
18. D. N. 克拉法斯，《替代投资及风险管理不善》，帕尔格雷夫·麦克米伦出版公司，伦敦，2003。
19. 德意志银行坚持认为其在营销的资料中都已经详细说明了各种风险。不过等候法官裁决是明智之举。
20. 据 2008 年 2 月底纽约基金管理者的一份报告称：信用违约互换（CDS）的风险敞口为 50 万亿美元。但是 2008 年 4 月 19 日，《经济学人》估计截至 2007 年年底这一数字为 62 万亿美元。
21. 巴塞尔委员会，《流动性风险：治理和监管的挑战》，国际清算银行，巴塞尔，2008 年 2 月。
22. 《执行信息报告》（EIR），2008 年 1 月 25 日。
23. 注意信用违约互换的损失超过了次级贷款所带来的损失，2008 年 4 月 9 日，国际货币基金组织首席经济学家估计后者为 1 万亿美元，或者截至当天银行业损失的 4 倍。
24. 应该为 2000 年的股市泡沫负责，也造就了后来的次贷泡沫。
25. 划减账面资产和信贷损失并不相同，投资银行和其他金融机构按市值计价其资产，无论这些资产是贷款、证券、债务抵押证券还是其他。当价值下降时，它们就会划减其账面资产。而信贷损失是贷款的冲销。

26.《金融时报》，2008 年 2 月 8 日。

27. 2008 年 4 月中，英格兰银行为银行业注资 500 亿英镑，银行可以用不值钱的按揭和抵押证券换取有价值的英国政府债券。

28.《华尔街日报》，2008 年 2 月 1 日。

29. 另一方面是自 20 世纪 90 年代以来，保险商的出现使得复杂的结构化金融交易变得可能，因为这些保险公司以第三方的身份承担了其他方不能或不愿承担的部分信用风险。

30. 借助于花旗银行和德累斯登银行。

31. 银行或其他机构放出贷款，并且购买保险以备借款者违约时，可以得到偿还，这种保险常常名不符实，这个银行或其他机构就是保护的购买者。

32. 或有支付是指一种通常在某些事件发生时才会要求履行的支付，这些事件包括：破产、信用评级下调或者其他得到确认的原因。

33. 一个银行、保险公司、对冲基金或者其他实体收取一定费用，同时担保当借款者违约或其他特定信贷危机事件发生时保护的购买者会得到偿还，这些机构就是保护的卖方。

34. 贷给借款者的款项总会存在信用风险（而且依合约而异也存在市场风险）：信用可能有担保（抵押品）也可能没有；借款者可能会违约；被降级；被杠杆收购；抑或其抵押品变得一文不值（如次级贷款一样）。所有这些都是信用危机事件的例子。

266 35. 当我们谈到贷款、交易或其他金融操作时，订约方是指与银行进行合法交易的另一方（通常是客户）。

36. 国际互换交易协会（ISDA）已经为 ISDA 主协议下的交易制定了标准化的文件。

37. 二进制的清算是孤注一掷的清算，最后要么都占有，要么一无所有。

38. D. N. 克拉法斯，《巴塞尔资本协议Ⅱ下的资本有效配置：成本收益分析》，巴特沃思出版公司，伦敦和波士顿，2004。

第 2 章　美联储错了

1. 中央银行的第四个职能，即作为政府的商业银行，不在这部分的探讨之内。

2. 20 世纪 20 年代，卡罗庞氏，意大利裔的美国人，在波士顿工作，他用新储户的高额利息来作为旧储户的回报，最终直到资金和他本人的运气消耗殆尽，东窗事发。

3. 财政部部长保尔森在2008年3月31日提出的美国监管重组计划是远远不够的（参见第10章）。
4. 高于西方国家的平均值。
5. 《金融时报》，2008年1月24日。
6. 《商业周刊》，2008年2月11日。
7. 美林，《投资策略更新》，2008年1月22日。
8. D. N. 克拉法斯（D. N Chorafas），《巴塞尔资本协议Ⅱ下的资本有效配置：成本收益分析》。布特沃斯-海纳曼，伦敦和波士顿，2004年。
9. 欧洲中央银行，《金融稳定报告》，2007年12月。
10. 英国、美国和日本也有这样类似的一个大银行集团名单列表。
11. 证券交易委员会进行了不下20次这样的调查，包括银行所设计的一款旨在向市场推迟或者实际上隐藏潜在损失的对冲基金。
12. 《经济学人》，2007年12月22日。
13. 《经济学人》，2008年8月2日。
14. 《执行信息报告》，2008年1月11日。
15. 评论家的批判相对其他行业的大公司而言，政府和美联储对自伤的大银行给予了特殊的关照，这样对某些行业和市场而言很不公平。
16. 《经济学人》，2008年2月23日。
17. 《金融时报》，2008年5月17/18日。
18. 《经济学人》，2008年6月14日。

第3章　信用风险的全球化

1. 《金融时报》，2008年2月6日。
2. 《经济学人》，2003年5月3日。
3. 它们同样被股票和助学贷款所青睐。
4. 7天、14天、28天和35天是更经常使用的时间间隔。
5. 但到了2008年，它下降到了2 000亿美元。
6. 《经济学人》，2008年8月9日。

7.《彭博新闻》，2008 年 8 月 11 日。

8.《金融时报》，2007 年 2 月 27 日。

9. 美林，《最新投资战略》，2008 年 2 月 19 日。

10. 欧洲中央银行，《月报》，2008 年 1 月。中国在美国、韩国、日本和德国之后，位列第五。相反，印度排在墨西哥、阿根廷和土耳其之后，仅列第 24 位。

第 4 章　次级抵押贷款市场的地震

1. 克拉法斯，《可靠财务报告与内控：一个全球执行准则》，韦立出版社，纽约，2000；克拉法斯，《对内控体系的执行与审计》，帕尔格雷夫·麦克米伦出版社，伦敦，2001。

2. 在与贷款相关的术语中，一个优先借款人是指其信用资质足够好，能享受合理的低利率。实践中，该词汇基本涵盖了所有合格的借款人。次级借款人是指那些不能满足适当信用条件的人。

3.《执行信息报告（EIR）》，2007 年 11 月 9 日。

4.《执行信息报告（EIR）》，2007 年 11 月 23 日。

5. 在 2008 年 3 月 1 日，高盛声称，银行业将在资产减记中面临 600 亿美元的额外亏损。

6. 人们特别是政府官员没有吸取教训。1994 年，橘子郡损失了大量财富在所谓“逆向漂浮者（inverse floaters）”——另一种风险工具，其风险对其持有者来说是未知的。随后几个月，橘子郡没有资金支付教师和其他市政服务人员的工资。

7. 借款人的信用评级是对其偿债能力的评估。

8. 次优抵押贷款的信用评级是 A。但此评级具有欺骗性，因为与正确的信用分析不同，次优抵押贷款只依靠虚假借款人自己申报收入。

9.《金融时报》，2007 年 10 月 17 日。

10.《金融时报》，2007 年 3 月 21 日。

11.《金融时报》，2007 年 10 月 17 日。

12. 大型的荷兰银行业和保险企业集团。

13. 给无工作的客户提供的无担保贷款。

14. 克拉法斯，《债券投资与交易的管理》，巴特沃斯·海因曼出版社，伦敦，2005。

15. 威廉·科汉，《最后的巨擘》，双日出版社，纽约，2007。
16.《彭博资讯》，2007 年 4 月 2 日。
17.《经济学人》，2007 年 3 月 24 日。
18.《彭博资讯》，2007 年 4 月 2 日。
19. 2007 年，糟糕的汽车贷款在美国上升了 30%。法国 Le Figaro 上的一篇文章（2008 年 1 月 31 日）曾说到，美国车主的平均债务要比其汽车的价值高出 4 221 美元。

第 5 章 信用风险的产业化

1. D. N. 克拉法斯，《巴塞尔协定Ⅱ下的风险控制压力测试》，埃尔塞维尔出版社、牛津和波士顿，2007 年。
268 2.《执行信息报告（EIR）》，2007 年 9 月 14 日。
3. 引用于一个私人的访问。
4. 斯特林·西格雷夫，《宋朝》，阔基出版社，伦敦，1996。
5. 实际上存在一个被其设计者和出售者称作“安全气囊”的结构性投资工具；克拉法斯，《财富管理：私人银行业，投资决策和结构性投资工具》，巴特沃斯·海因曼出版社，伦敦和波士顿，2005。
6. 威廉·科汉，《最后的巨擘》，双日出版社，纽约，2007。
7. 克拉法斯，《在巴塞尔协定Ⅱ后：确保服从并缩小分歧》，拉弗蒂/VRL 出版社，伦敦，2005。
8.《经济学人》，2007 年 6 月 30 日。
9. 可变利益实体（VIE）被美国财务会计标准委员会在 FIN 46 中使用，它是指投资人控制其利益，但不是通过大多数投票权的方式而获得的。这与一个更加流行的概念特殊功能公司相近，本章第 5 部分将会讨论，但实践中两者是有区别的。
10. 基于债券研究公司 Creditsights。
11. 自此，我们将会运用更加普遍的特殊功能公司，而不是可变利益实体。
12.《经济学人》，2007 年 8 月 18 日。
13. 美林，《经济评论》，2007 年 11 月 19 日。
14. 部分专家认为，伴随着可调整利率的次级贷款和次优抵押贷款危机，危险状况将会持续到 2010 年底。

15. 《经济学人》，2007 年 12 月 1 日。
16. 欧洲中央银行，《月报》，2008 年 7 月。
17. 《执行信息报告（EIR）》，2008 年 1 月 25 日。
18. 《金融时报》，2008 年 2 月 6 日。
19. 在 2007 年 12 月，美国经常账户赤字达到 640 亿美元，这一数值是 14 个月以来的最高值，同时也比预期高出了 5%。这证明了如下论断的错误，即保持美元贬值是为了减少经常账户赤字。

第 6 章　杠杆性工具、其信用评级以及其他非正统的操作

1. 《经济学人》，2008 年 8 月 2 日。
2. 《金融时报》，2007 年 7 月 3 日。
3. 《金融时报》，2007 年 5 月 19/20 日。
4. D. N. 克拉法斯，《衍生金融工具简介》，麦克劳·希尔出版公司，纽约，2008 年。
5. 美林，《全球研究摘要》，2007 年 6 月 29 日。
6. 莱恩引用了以下事实，对冲基金占全部交易活动的 30%—60%，根据资产等级以及工具的不同而不同。他同样指出了一个流行观点，流动性的不稳定导致了放款标准的降低。
7. 美林，《欧洲股票战略》，2007 年 8 月 14 日。
8. 根据个人采访得出。
9. 《金融时报》，2008 年 4 月 1 日。 269
10. 在希腊俚语中，para 就是"钱"的意思。这很符合 parachutes 的讽喻，因为失败的 CEO 们所做的就是拿着大把的钞票自我满足。
11. D. N. 克拉法斯，《管理风险：瓶颈就在瓶口》，帕尔格雷夫·麦克米伦出版社，伦敦，2004 年。

第 7 章　北岩银行案例

1. 《经济学人》，2007 年 12 月 1 日。
2. 它通过向主权财富基金出售了 5% 的股权来得到现金（本列，第 4 章）。
3. 在 2008 年 1 月 19 日的《经济学人》第 19 页发布了主席这一职位空缺的招聘启事。

4.《经济学人》，2008 年 12 月 8 日。

5. 德意志银行，《月报》，2000 年 9 月。

6. 由柯林斯 · 斯考特于 2007 年 9 月 13 日发布的统计数据。

7. 英国民众无疑想知道为什么政府对其理应关注的方面漠不关心。

8.《经济学人》，2007 年 10 月 20 日。

9.《执行信息报告》，2002 年 12 月 20 日。

10. 美林，《利率委员会的预测》，2007 年 11 月 19 日。

11.《经济学人》，2007 年 12 月 1 日。

第 8 章　金融监管的责任

1. 美林，《贝尔斯登》，2008 年 1 月。

2. 之所以这种情况会发生，是由于各家银行都人为地控制了其风险敞口的相关系数。这使得巴塞尔Ⅱ中的相关系数变得不稳定、不可控且不可信。

3. 在 2008 年早期，彭博社电视台认为通过计算在险价值（VAR），美林最大的风险敞口将达到 6 500 万美元。但实际上这一数值为 80 亿美元。

4. 对单个银行和整个银行业都很重要的流动性计划将会在第 10 章连同偿付能力、资产支持商业票据和套息交易一起向读者介绍。本章将主要介绍在银行业里作为新的监管工具的信用担保。

5. Leuven 大学的一名经济学教授；《金融时报》，2007 年 11 月 2 日。

6. 克拉法斯，《可靠财务报告与内控：一个全球执行准则》，韦立出版社，纽约，2000。

7. 最初的 12 个国家或地区，再加上斯洛文尼亚、塞浦路斯和马耳他。

8. 美林，《最新投资战略》，2008 年 1 月 22 日。

9.《全球私人银行家》，1995 年 6 月。

10. 乔治 · 索罗斯，《索罗斯：走在曲线之前》，韦立出版社，纽约，1995。

11.《金融时报》，1994 年 8 月 1 日。

12. 伯纳德 · 贝纳什，《贝纳什：我的自传》，霍尔特出版社，纽约，1957。

13. 美林，《欧洲银行》，2007 年 10 月 29 日。

14.《金融时报》，2008 年 2 月 6 日。

270 15.《经济学人》，2007 年 7 月 21 日。

16. http://www.manager-magazin.de/unternehmen/artikel/0,2828,druck53214,00.html.

第9章 偿付能力、流动性、资产支持票据和利差交易

1. 在10个银行业监管者的国际合作下的结果。
2. 《经济学人》，2006年5月20日。
3. 1984年，Continental Illinois 最大的七家银行在一夜之间损失了近一半的资本金后，美国监管者开始对所有银行的资本金规定了严格的要求。在此之前，美国的大银行没有遭遇过最小资本金的要求，因为监管者认为银行可以自己管理其资产负债表。
4. 以下情形的货币政策被称为是“适应性的”，即中央银行将利率保持在低位，要么是由于政府在降低失业率和提高消费上的压力，要么是对银行业和资本市场进行援助，这正如美联储在2007年和2008年所做的那样。
5. 欧洲中央银行，《月报》，2008年2月。
6. 在2007年年中，加拿大有1 150亿加元（1 100亿美元）的资产支持商业票据市场。
7. 瑞士信贷，《经济学/研究月报》，2007年4月24日。
8. 《执行信息报告》，2007年3月2日。

第10章 银行监管问题有补救措施么？

1. 例如，银行本身是那些受到管制、可出租的实体的承租人。
2. 国际货币基金组织（IMF）确切的投资数额是9 450亿美元，虽然这只是一个粗略估计的数字。
3. 美林证券于2008年3月17日出版的《投资策略》。
4. 斯特劳斯·卡恩并没有忘记给银行危机提供更多的帮助，他赞成政府的紧急援助。2008年4月8号、9号，国际货币基金组织发表的《全球金融稳定报告》以及《全球经济展望》支持了以下观点，即美国的房贷危机与“对主要的金融机构进行风险管理所犯下的深刻错误”这两者的结合，从而导致了全球金融危机的发生。这些错误是紧密相连的，但是这些错误并非是偶然，而是蓄意的。多明尼克·斯特劳斯·卡恩也指出，法国对银行业的救助模型就是20世纪90年代对里昂信贷银行所实施的救助。这件事情很荒谬，因为作为一家国有银行，里昂信贷银行在密特朗时代因所有政客滥用权力而出现危机，最后也只有法国那些纳税人为其买单。

5.《国际先驱报》，2008 年 4 月 14 日。

6.《执行信息报告》，2008 年 3 月 28 日。

7.《纽约时报》，2008 年 4 月 16 日。

8.《执行信息报告》，2008 年 3 月 7 日。

9.《彭博资讯》，2008 年 5 月 6 日。

10. 另外一个疯狂的看法是，住房通货紧缩应该被算作与能源和商品价格的通货膨胀进行抗衡的结果。但是如果房价上升，那么这也不被视为通货膨胀。271

11.《经济学人》，2008 年 4 月 5 日。

12.《金融时报》，2008 年 4 月 1 日。

13.《执行信息报告》，2008 年 4 月 11 日。

14. 网址：http：//www. bloomberg. com/apps/news 08/04/2008。

15. 1998 年，我在进行由美国储蓄监管局（OTS）参与的一项研究中，发现有 1 100 家储蓄机构。而在近 10 年，这个数字有着显著下滑。

16. 贷款是针对 28 天的而非隔夜的。

后记

1. 这意味着用 9% 的成本为银行债务的违约可能作保险。

2. 公布的价格是每美元付 21 美分，但孤星要求从美林公司获得一笔相当于交易金额 75% 的贷款，这实际上把部分信用风险转移给了别的机构。

3. 这肯定不会是“自由的”，因为政府为它们提供了巨额资金，并在大银行中获取了关键职位，即实际上对它们实行了国有化。

4.《纽约时报》的莫林·道得在《财富》杂志上把其 8 年的任职称为“错误的治理”。